社会学前沿问题论丛
SOCIAL STUDIES FRONTIER ISSUES

差序政府信任的
生成与弥合
——基于CGSS 2010 的实证研究

胡晓利○著

GENERATION AND BRIDGING OF
HIERARCHICAL GOVERNMENT TRUST
——Empirical Research Based on CGSS 2010

吉林师范大学学术著作出版基金、教育部人文社会科学
研究一般项目"当代中国差序政府信任的生成机理与正向弥
合研究"（项目批准号：18YJAZH029）联合资助

经济管理出版社
ECONOMY & MANAGEMENT PUBLISHING HOUSE

图书在版编目（CIP）数据

差序政府信任的生成与弥合：基于 CGSS 2010 的实证研究／胡晓利著. —北京：经济
管理出版社，2022. 3

ISBN 978-7-5096-8330-9

I. ①差… II. ①胡… III. ①国家行政机关—行政管理—研究—中国 IV. ①D630. 1

中国版本图书馆 CIP 数据核字（2022）第 037776 号

组稿编辑：王光艳
责任编辑：李红贤　姜玉满
责任印制：黄章平
责任校对：王淑卿

出版发行：经济管理出版社
　　　　　（北京市海淀区北蜂窝 8 号中雅大厦 A 座 11 层　　100038）
网　　　址：www. E-mp. com. cn
电　　　话：(010) 51915602
印　　　刷：北京晨旭印刷厂
经　　　销：新华书店
开　　　本：710mm×1000mm /16
印　　　张：13. 75
字　　　数：239 千字
版　　　次：2022 年 3 月第 1 版　　　2022 年 3 月第 1 次印刷
书　　　号：ISBN 978-7-5096-8330-9
定　　　价：68. 00 元

前　言

政府信任是政治学、公共行政学与社会学共同关注的重要论域。进一步说，政治学或公共行政学运用社会学的研究方法形成了政治社会学或行政社会学的交叉学科，政府信任成为其中的重要论题。因而，对于政府信任的研究而言，国内外学者往往以各自从事并擅长的学科为基点，并适当结合其他学科的研究方法与研究成果，进行多维度或视域的综合研究。政府信任是政权合法性和治理有效性的重要保障，对于良善公共生活建构的重要性不言而喻。民众对本国政府信任度的高低，既是一国政府是否为本国民众认同的"晴雨表"，又是一国政府是否具有公信力与执行力的重要表征。从 2500 多年前孔子"自古皆有死，民无信不立"的告诫，到古罗马史学家塔西佗"当政府不受欢迎的时候，好的政策与坏的政策都会同样地得罪人民"的执政感受，直至新时代党和国家高度重视政务诚信建设的政治现实，无不昭示着较高的政府信任度对于传统社会治理与现代国家治理的重要价值。

就政府信任的现实状态而言，根据爱德曼全球信任度调查相关数据，2012年至 2018 年，在中国、美国等 25 个主要国家中，各年度各国民众对本国政府的整体信任程度平均指数均在 38~45（取值范围 0~100），且均处于不信任等级（0~49），这在一定程度上表征了，全球范围内各国民众对本国政府整体信任的平均水平处于持续低迷之恶性状态。其中，中国受访者对本国政府的整体信任指数则分别是 71、71、70、75、79、76、84，不仅远远高于平均信任指数，而且均处于信任等级（60~100）。各年度美国受访者对本国政府的整体信任指数分别是 32、38、32、35、39、47、33，均处于不信任等级（详见第一章第一节）。这在相当程度上表明，我国居民对本国政府的整体信任度近年来持续走高，在全球主要国家中位居前列，可谓"风景这边独好"。

就政府信任的国内外研究而言，政府信任的正负效应、分布特征、生成机理（或影响因素）与提升对策成为学者们研究的基本论域。学者们在对一国政府信任进行总体研究的过程中发现，一国民众对本国中央政府的信任与地方政府的信任并非完全相同，存在不同程度的差异。学者的理论推衍、相关访谈与问卷分析基本形成了以下共识：我国部分民众存在着信任中央政府而疏远地方政府、政府信任度随着政府层级的降低而逐级递减的政治心理倾向，有学者称之为"差序政府信任"，为学界普遍接受。问题由此而来，如何解释差序政府信任？此种"差序政府信任"如果过于显著，如何在确保民众对中央政府高度信任的前提下实现其正向弥合？与此相关的问题还有，我国居民差序政府信任在全国总体、城乡（城市与农村）以及区域（西、中、东部）的分布特征如何？如何界定相关概念？如何诠释其正负效应？以何种理论基础与分析模型作为工具进行分析？如上种种，均是摆在学界同仁面前的重要课题。

差序政府信任研究的难点在于，一是对基本概念和相关理论的理解存在很大的差异，甚至相互矛盾；二是问卷样本及数量的选择、变量设计以及实证分析方法的厘定，可以说是众说纷纭，甚至迥异有别，故而进行生成机理的科学建构十分困难。本著作首先从基本理论展开，在阐释差序政府信任的概念由来、特定内涵和正负效应的基础上，回溯与评析了新制度主义、政治文化、政治传播三大理论，并据此厘定差序政府信任研究的分析模型，作为变量设计的基本遵循。其次，选定大样本国家调查数据，从全国总体、城乡、区域（西、中、东部）三个层面，对差序政府信任的分布特征进行科学描述，对其生成机理进行实证检验与比较分析，得出主要的研究结论。最后，以主要研究结论为基础，在保证中央政府高位信任的前提下，从制度绩效、行政文化与政治传播三个维度给出了正向弥合居民差序政府信任程度的策略建议。

本书对差序政府信任生成机理的揭示与正向弥合策略的探讨，不仅为提升地方政府信任提供了较为精准的施策方向，而且为研判差序政府信任的演化以及政府信任结构的变迁确定了基本的研究参照，从而具有较强的现实关照意义和未来指引作用。

由于笔者水平与能力所限，本著作定会存在不足之处与改进空间，恳请学界同仁不吝赐教。

胡晓利

2021 年 6 月

目　录

第一章

差序政府信任的研究缘起

第一节 选题背景与研究意义

一、选题背景

信任既是维系社会稳定与社会和谐的基石，又是个人生活和公共生活实现良性运转的基础条件。信任在相当程度上与风险紧密相连。现代社会，经济形态上正处于从工业社会向后工业社会转型，人际形态上已经从熟人社会步入陌生人社会，思想形态上趋近于价值多元和个性张扬。在这样一个特殊的社会转型时期，人际交往的复杂性和不确定性空前增加，现代社会的风险展现出了不同于传统社会风险的人为特质、全球特质与结构特质，信任在众多场域的缺失乃至危机因此成为一种普遍状态。在公共领域，政府信任下降乃至政府信任危机则成为其中的突出表现。这和国家治理及社会治理所致力追求的多元合作服务模式产生了明显的疏离。因而，消弭信任危机和重建政府信任成为国家重视和学者关注的重要课题。

政府信任，简而言之，就是民众对政府的认同和支持。政府信任是政府合法性的重要来源、政治民主的前提条件和政府有效施政的基本保障。从某种程度上说，"拥有较高水平的政府信任意味着政府政策能够得到更稳定的支持，为政府提供更大的施政空间和更从容的试错空间①"。因此，良好的政府信任

---

① 卢春龙，严挺. 中国农民政治信任的来源：文化、制度与传播［M］. 北京：社会科学文献出版社，2016：1.

是一国深化改革和促进发展的重要软实力。政府信任的严重流失不仅会引发群体性事件及公共信任危机，而且对政府治理乃至国家治理都构成了巨大障碍。

就整体意义的政府信任而言，自 20 世纪 60 年代以来，全球主要国家居民对政府及政治组织的平均信任水平一直处于持续走低的趋势，表现于青年一代的政治冷漠、投票率的下降、公共生活参与的减少等诸多方面①。2016 年，英国脱欧公投的意外成功、特朗普竞选总统的离奇制胜、意大利修宪公投的黯然失败，标志着民粹主义已经在世界政治舞台上悄然登场。这主要是因为，在精英阶层长期主导的国家秩序和世界秩序中，社会中产阶级甚至下层社会群体不仅没有从公共行政的改革中分享额外的红利，而且在职业选择上面临任由雇主宰割甚至失业的危险；不仅自身处境艰难，而且直接影响到下一代的教育和发展，相对剥夺感甚为强烈。因而，他们便选择了用戏谑性的方式来对待政治和政府，而这种方式本身就表达了对政府当局及其精英阶层的不信任。

在爱德曼全球信任度调查中，从 2012 年到 2018 年，参与调研的全球 25 个国家受访者对本国政府的平均信任指数分别是 38、41、39、42、43、43、45，均属于"不信任"（0~49）等级。其中，美国受访者对本国政府的信任指数分别是 32、38、32、35、39、47、33，除 2017 年外，其他年份均低于平均信任指数。而中国受访者对本国政府的信任指数则分别是 71、71、70、75、79、76、84，不仅远远高于平均信任指数，而且均属于"信任"（60~100）等级②。从中我们可以看出，我国居民对本国政府的整体信任度持续走高，在全球主要国家中位居前列，可谓"风景这边独好"。

政府有层级，政府信任可能出现层级差异。在一国范围内，政府信任水平可能会随政府层级的变化而呈现出非均衡的现象。近年来，学术界已不再局限于对政府信任的生成机制、正负效应和提升对策进行总体性研究，很多学者对政府信任的层级差异问题展开了较为集中与深入的探讨。研究机构的已有数据和学者的分析在相当程度上揭示了这样一种现象：与美国等西方国家民众信任地方政府而疏远联邦政府的信任结构不同，我国政府信任的基本结构是民众信任中央政府而疏远地方政府，政府信任度随着政府层级的降低而逐级递减。此种信任结构在农民、城市居民、大学生、流动人口、网民乃至全国性样本中均

---

① 张成福，边晓慧. 重建政府信任 [J]. 中国行政管理，2013（9）：7-14.

② 爱德曼公司. 2018 年度爱德曼信任度调查报告 [EB/OL]. https：//www.useit.com.cn/thread-17833-1-1.html，2019-09-13.

得到验证，并表现出足够的韧性。最为典型的例证是，肖唐镖和王欣（2010）在 1999~2008 年先后对江西等五省份的 60 个村进行了四轮跟踪调查，发现政府每降低一个层级，农民政府信任度就下降 10%左右①。对于民众的政府信任选择在不同层级上呈现出来的这种非均衡状态，香港中文大学的李连江教授将之称为"差序政府信任"，此后这一概念被国内学术界广泛使用。差序政府信任在政治效应上存在着损害中央权威、弱化地方治理、制约国家整体治理效能提升等消极倾向，因而对其进行全面深入探讨就显得尤为必要而迫切。国内学术界对此主要进行了全国总体层面的研究，并未基于同一样本进行城乡与区域层面的深层比较研究。因此，本书在此基础上对我国居民的差序政府信任进行全面研究与深化研究，主要追问如下问题：差序政府信任缘何而起？在全国总体、城乡与区域层面呈现出怎样的分布特征？全国、城乡与区域居民的差序政府信任程度分别受到哪些因素的显著影响，具有怎样的生成机理？实现差序政府信任的正向弥合、建构良好政府信任生态路在何方？

二、研究意义

（一）理论意义

拓宽政府信任研究的理论视野。政府信任既是政府有效治理的心理前提，又是衡量政府治理绩效的重要指标。习近平总书记在《之江新语》中指出："企业无信，则难求发展；社会无信，则人人自危；政府无信，则权威不立。②"政府信任是当代社会广受关注的焦点话题，众多中外学者对其进行了理论探索与实证研究，形成了丰富的研究成果。其中，当代中国差序政府信任已经成为国内政府信任研究的一块新垦区，但已有研究在理论基础方面存在着一般性有余而中国化不足的问题。已有学者指出，国内的政府信任研究缺乏"理论自觉"意识。因而，增强研究的"理论自觉"意识，"在把握政府信任一般个性的同时，注重提炼和总结儒家文化下中国政府信任的特性，构建具有

---

① 肖唐镖，王欣. 中国农民政治信任的变迁——对五省份 60 个村的跟踪研究（1999~2008）[J]. 管理世界，2010（9）：88-94.

② 习近平. 之江新语 [M]. 杭州：浙江人民出版社，2007：8.

本土特色的理论框架"是中国政府信任研究的重要方向①。因此，本书将力争克服上述缺陷，从地理分布、人口特征、制度、文化、媒介五个方面全面揭示差序政府信任的生成机理，力争带来新的认识突破和学术景象。因而，本书能够开拓中国政府信任问题的本土化视野，补充和丰富我国差序政府信任的研究文献。

夯实政治生态的理论根基。政治生态是由自然生态延转引申而来的，是一种借喻，大致指的是从政环境、政治风气和选人用人通行的规则等②。政治生态是党风、政风、社会风气的综合反映，影响着公职人员的价值取向和从政行为③，已经成为政治学与行政学的新兴研究领域。政治生态必须立基于政府信任。民众对政府的信任度高，人心就顺、正气就足，政治生态就会趋向良好；民众对政府的信任度低，就会人心涣散、邪气盛行，政治生态就会日益败坏。因此，和谐、融洽的政府信任关系既是良好政治生态的基础，又是良好政治生态的重要参数。本书将为我们把脉我国居民差序政府信任的真实样态与生成原因，进而提炼政府信任结构优化的理论维度与基本路径，这对于夯实政治生态的理论根基具有非常重要的理论意义。

（二）现实意义

对增强地方治理能力，顺利推进国家治理现代化具有一定的政策参考价值。良好的政府信任生态是国家治理现代化的助推器和润滑剂。在我国，"央强地弱"的政府信任结构具有典型性和持续性，一方面表明我国居民对中央政府持有高度信任，这对于强化中央政府的权威和集中统一领导，全力推进和全面深化各项改革具有积极作用。另一方面居民与地方政府恶性政治接触的积累，以及在强力反腐过程中对地方政府及其官员腐败案件的更多披露，相当数量的居民对地方政府的低度信任仍将在较长时期内持续。对此现象如不加以正视和警醒，任其发展，导致地方政府信任严重弱化，最终必将危及整体意义的政府信任，甚至损害中央政府权威，对国家治理现代化构成阻滞。地方政府公信力弱化问题已经引起党和国家的高度重视。"增强政府的公信力"几乎是改

---

① 汤志伟，钟宗炬. 基于知识图谱的国内外政府信任研究对比分析 [J]. 情报杂志，2017（2）：201-206.

② 张晓林. 营造一个好的政治生态 [J]. 前线，2015（3）：22-25.

③ 石平. 要有一个好的政治生态 [J]. 求是，2014（18）：57.

革开放以来党的历届政治报告和国务院历年政府工作报告反复强调的政治命题。本书在对差序政府信任的分布特征和生成机理进行阐释的基础上，就正向弥合央地政府信任差值提出对策建议，对增强地方治理能力，顺利推进国家治理现代化具有一定的政策参考价值。

对社会诚信体系建设与社会信任机制形成具有一定的政策示范意义。诚实守信的社会风气与良善融洽的信任关系既是社会稳定的安全阀，又是社会和谐的凝结剂。目前，社会诚信体系的建设依然任重而道远，社会信任机制尚未在全社会普遍形成。社会诚信失范以及社会信任感的缺乏"是当前一系列社会问题产生的重要根源，也是直接影响全面发展与小康建设的一个短板①"。而政府信任是社会信任的基石，对社会诚信与社会信任具有引领和示范作用。"上者，民之表也，表正则何物不正？"（《大戴礼记·主言》）、"民无信不立"（《论语·颜渊》）等古训在相当程度上表明，为政者的诚信示范与政府率先取信于民是非常古老的治理经验。政府失信于民，不仅会滑入"塔西佗陷阱"危及自身的权威性和合法性，而且会对社会诚信体系与社会信任机制产生"破窗效应"。对当代中国差序政府信任的分析与探讨，其最终目的是厘清地方政府信任缺失的多重原因，找寻建构良好政府信任生态的施策方向与基本路径。因而，本书将对社会诚信体系建设与社会信任机制形成具有一定的政策示范意义。

第二节　研究现状及简要评价

差序政府信任这一术语是香港中文大学李连江教授在 2012 年率先使用的，用来表征民众对各级政府的信任度随着政府层级的降低而依次递减的现象，在政府信任结构上以"央强地弱"为典型特征。由于我国差序政府信任在亚洲主要国家中最为显著，因此广受我国学者及国外华裔学者②关注，相关研究成果较为集中。正如方雷和赵跃妃（2017）所指出的那样："中国的差序政府信

---

① 邵景均. 以政府诚信带动社会诚信建设 [J]. 中国行政管理，2016（8）：5.
② 在下文中，出于行文简便的考虑，本书将研究政府信任以及差序政府信任的我国大陆学者、港台学者统称为国内学者，将其研究成果统称为国内研究。将海外华裔学者与外国学者统称为国外学者，将其研究成果统称为国外研究。

任现象不仅与当前的政治体制、经济发展等因素有关，更深受中国传统文化与价值观的影响，因而对中国有深入了解的学者的相关研究文献更具参考价值。[①]"国外学者的研究虽然有所涉及，但主要聚焦于政府信任层级差异的一般性研究，直接研究中国差序政府信任的文献极少。考虑到以上情况，本书不再明确区分国外研究与国内研究两个方面进行文献综述，而是在相应研究论域之下，遵循由先国外后国内的顺序进行总体性的文献综述，以便对差序政府信任的相关研究成果有更为系统、更符合认识规律的把握。

一、关于差序政府信任测量与分布特征的研究

对于我国政府信任结构存在的差序化现象，国内学者多将其形象概括为"央强地弱"政治信任结构或政府信任格局。自李连江教授在 2012 年正式提出"差序政府信任"这一专用术语后，国内学者在相关研究中对它的使用频率最高，渐成共识。

国内学者对我国居民差序政府信任的测量主要基于问卷调查、访谈或实地调研，发现在农民、城市居民乃至涵盖城乡居民的局部性和全国性样本中都存在较为明显的差序政府信任。

基于全部样本的总体性分析是研究的主流。Li（2004）[②]、胡荣（2007）[③]、肖唐镖和王欣（2010）[④]、谢治菊（2011）[⑤]、刘伟（2015）[⑥]、卢春龙和严挺（2016）[⑦] 等学者发现了差序政府信任在农民中的存在。胡荣等（2011）[⑧]、中

① 方雷，赵跃妃. 关于差序政府信任研究的文献考察——以 1993—2016 年华裔学的研究为分析文本 [J]. 学习与探索，2017（10）：38-44.
② Li L. Political Trust in Rural China [J]. Modern China，2004，30（2）：228-258.
③ 胡荣. 农民上访与政治信任的流失 [J]. 社会学研究，2007（3）：39-55.
④ 肖唐镖，王欣. 中国农民政治信任的变迁——对五省份 60 个村的跟踪研究（1999~2008）[J]. 管理世界，2010（9）：88-94.
⑤ 谢治菊. 论我国农民政治信任的层级差异——基于 A 村的实证研究 [J]. 中共浙江省委党校学报，2011（3）：77-82.
⑥ 刘伟. 政策变革与差序政府信任再生产——取消农业税的政治效应分析 [J]. 复旦学报（社会科学版），2015（3）：157-164.
⑦ 卢春龙，严挺. 中国农民政治信任的来源：文化、制度与传播 [M]. 北京：社会科学文献出版社，2016：18.
⑧ 胡荣，胡康，温莹莹. 社会资本、政府绩效与城市居民对政府的信任 [J]. 社会学研究，2011（1）：96-117.

国社会态度与社会发展问卷调查（2013）[1]、Zhao 和 Hu（2015）[2] 验证了差序政府信任在城市居民中的存在。高学德和翟学伟（2013）[3] 在南京等六个地区的局部性样本中，段雪辉（2016）[4] 在全国六省区市的局部性样本中，朱蕾蕊（2018）[5] 在覆盖全国26个省市的小样本（1317）中均发现城乡居民中存在差序政府信任。谢秋山和许源源（2012）[6]、谢星全和陈光（2017）[7] 基于中国综合社会调查（CGSS）2010年数据；黄信豪（2014）[8] 基于世界价值观调查（World Values Survey）2012年数据，验证了差序政府信任在年度全国性样本中的存在。吕书鹏（2015）[9] 基于亚洲民主动态调查（The Asian Barometer Survey）跨度为十年的三次调查数据，验证了差序政府信任在跨年度全国性样本中的存在。除上述情况外，学者们还验证了差序政府信任在大学生[10]、网民[11]、汶川震后灾民[12]、地方官员[13]、上访群众[14]等亚群体中的存在。

少数学者对差序政府信任的分布特征进行了城乡或区域比较。首先，在城乡比较层面，胡荣和池上新（2016）基于不同样本的三次研究，发现农村居

① 李汉林.中国社会发展年度报告2013［M］.北京：中国社会科学出版社，2013.
② Zhao D.，Hu W. Determinants of Public Trust in Government：Empirical Evidence from Urban China［J］. International Review of Administrative Sciences，2015，83（2）：1-20.
③ 高学德，翟学伟.政府信任的城乡比较［J］.社会学研究，2013（2）：1-27.
④ 段雪辉.政府信任与政治参与研究［J］.中共福建省委党校学报，2016（3）：61-68.
⑤ 朱蕾蕊.中国差序政府信任的特征、生成机理及形成机制研究［D］.杭州：浙江大学，2018.
⑥ 谢秋山，许源源."央强地弱"政治信任结构与抗争性利益表达方式——基于城乡二元分割结构的定量分析［J］.公共管理学报，2012（4）：12-20，122-123.
⑦ 谢星全，陈光."央强地弱"政治信任结构与群体性事件——基于中国综合社会调查的定量研究［J］.山东警察学院学报，2017（1）：98-109.
⑧ 黄信豪.解释中国社会差序政府信任：体制形塑与绩效认知的视角［J］.政治科学论丛，2014(1)：55-90.
⑨ 吕书鹏.差序政府信任：概念、现状及成因——基于三次全国调查数据的实证研究［J］.学海，2015（4）：148-157.
⑩ 管玥.政治信任的层级差异及其解释：一项基于大学生群体的研究［J］.公共行政评论，2012（2）：67-99，179-180.
⑪ 张洪忠，马思源，韩秀.中央与地方：网民的政府信任度比较［J］.新闻与传播研究，2016（S1）：78-84.
⑫ 罗家德，帅满，杨鲲昊."央强地弱"政府信任格局的社会学分析——基于汶川震后三期追踪数据［J］.中国社会科学，2017（2）：85-102，208.
⑬ 肖唐镖.当代中国政治改革与发展的体制资源——对地方官员的一项初步分析［J］.国家行政学院学报，2005（4）：70-74.
⑭ 于建嵘.抗争性政治：中国政治社会学基本问题［M］.北京：人民出版社，2010：233-235.

民的央地政府信任均值差高于城市居民①。高学德和翟学伟（2013）② 基于
2011 年南京等六地区的局部性样本，陈波和苏毓淞（2017）③ 基于中国城乡社
会治理调查（CSGS）2015 年全国性样本，均发现农村居民对中央政府的信任
度要高于城市居民，农村居民的差序政府信任程度比城市居民更为显著，而在
城乡居民的地方政府信任差异方面则有着截然相反的发现。其次，在区域比较
层面，卢春龙和严挺（2016）基于九省市农民的局部性样本发现，在高层政
府与基层政府的差序信任程度方面，内陆欠发达省份农村要远远大于沿海发达
省份以及大都市地区的农村，农民的差序政府信任表现出明显的地区差异④。
高巍（2015）选取了 CGSS 2010 的部分样本（20~65 岁 9948 位居民）对央地
政府信任进行了区域比较。发现在央地政府高度信任的比例方面，东部、中部
和西部居民对中央政府的高度信任比例明显高于地方政府，并且呈现依次递增
的演进态势；东部、中部和西部居民对地方政府的高度信任比例基本呈现出
"西部和东部高、中部低"的"U"形格局⑤。

二、关于政府信任生成机理的研究

对于我国居民差序政府信任生成机理的研究而言，关于政府信任生成机理
的研究对其更具有指导与借鉴意义，而关于政府信任某一生成机理的具体研究
结论对其借鉴意义不大。因此，在本部分，主要综述政府信任及其层级差异生
成机理方面的研究成果。

（一）关于政府信任及层级差异生成机理的国外研究

1. 关于政府信任生成机理的国外研究

国外学者对政府信任的生成机理进行了较为全面的研究。纽顿和诺里斯
（Newton and Norris，2000）通过对 17 个国家数据的比较研究，概括了政府信

---

① 胡荣，池上新. 社会资本、政府绩效与农村居民的政府信任 [J]. 中共天津市委党校学报，
2016（2）：62-75.
② 高学德，翟学伟. 政府信任的城乡比较 [J]. 社会学研究，2013（2）：1-27.
③ 陈波，苏毓淞. 政治信任的城乡比较——基于 2015 城乡社会治理调查数据的实证研究 [J].
华中科技大学学报（社会科学版），2017（4）：85-95.
④ 卢春龙，严挺. 中国农民政治信任的来源：文化、制度与传播 [M]. 北京：社会科学文献出
版社，2016：20-22.
⑤ 高巍. 当前中国居民政府信任的区域比较 [D]. 济南：山东大学，2015.

任生成的三种思想流派："一个流派聚焦于个人的社会心理特征；一个流派寻求个人、群体和共同体的文化环境因素；一个流派关注政府绩效。①"但个人的社会心理特征仅仅是实证分析中的控制变量，并非主要的解释变量。多数国外学者认为，制度主义和文化主义是政府信任的两种基本理论来源（见表1-1）。除了制度因素和文化因素外，一些学者也强调了媒介因素在政府信任生成中的作用。

表1-1　政府信任的两种基本理论来源

理论来源	类型属性	生成来源	影响时间	影响程度与范围
制度主义	具体的政治支持	内生	短期	时效性、局部性
文化主义	扩散的政治支持	外生	长期	基础性、全面性

资料来源：陈波，苏毓淞. 政治信任的城乡比较——基于2015城乡社会治理调查数据的实证研究〔J〕. 华中科技大学学报（社会科学版），2017（4）：85-95.

（1）制度因素的解释。制度主义认为政府信任源于政治领域，是民众对政府行为可信度的一种理性评估②，因此常被称为"内生性路径"。制度主义以科尔曼（Coleman）、达斯古普塔（Dasgupta）以及赫瑟林顿（Marc J. Hetherington）等为代表。这种理论视角以经济学的理性选择理论为基础，从政治领域自身来思考政府信任的来源，关注政府绩效对政府信任的影响。这种研究取向既符合西方对人性和政府的价值预设，又契合由内而外的逻辑认知规律，是政府信任研究早期阶段的重要特点。

对于制度主义，Mishler和Rose（2001）从层次上进一步细化为宏观和微观两种视角。宏观制度理论强调政府在促进增长、有效管理和避免腐败等问题上的总体表现。微观制度理论则强调个体对政府绩效的评估是以个人的感知和经验为条件的③。因此，制度主义一般也称为政府绩效的视角。对于政府绩效，从种类上可以分为政治绩效、经济绩效和公共服务绩效。政治绩效指向政

---

① Newton K., Norris P. Confidence in Public Institutions：Faith, Culture, or Performance〔A〕// Pharr S. J., Putnam R. D.（Eds.）. Disaffected Democracies：What's Troubling the Trilateral Countries?〔M〕. Princeton：Princeton University Press, 2000：59.

② Newton K. Trust, Social Capital, Civil Society, and Democracy〔J〕. International Political Science Review, 2001, 22（2）：201-214.

③ Mishler W., Rose R. What Are the Origins of Political Trust? Testing Institutional and Cultural Theories in Post-communist Societies〔J〕. Comparative Political Studies, 2001, 34（1）：30-62.

治事件、政治制度、政治透明度等方面；经济绩效指向国家的宏观经济绩效和个人的经济状况[①]；公共服务绩效则指向民生福利和公共服务[②]。哈佛大学教授小约瑟夫·S. 奈（2015）认为，民众"不信任政府的最主要原因是政府低效、浪费和开支不当"[③]。Hetherington（1998）认为，相对于公共服务绩效而言，经济治理绩效对民众的政府信任影响更大[④]。Rudolph 和 Evans（2005）指出，无论是政府的客观治理绩效（如经济增长、公共服务提供、失业率控制等），还是民众对政府治理绩效的认知和评价，都对政府信任有重要影响[⑤]。Robert 和 Sharkansky（1971）认为，"低收入人群对政府及其政策最为不满[⑥]"。Long（1978）在此基础上提出了社会剥夺模型，从绝对剥夺的客观经济条件和相对剥夺的社会心理状况来阐释民众对政府信任的程度差异。并由此认为，民众与政府之间的疏离或隔阂并不是主要取决于政府在公共事业上的宏观绩效，更为重要的是个人在社会生活体验中形塑出来的价值判断与情感心理[⑦]。

制度主义虽然对于政府信任生成具有较强的解释力，但并不是放之四海而皆准的灵丹妙药。小约瑟夫·S. 奈（2015）发现，经济增长与政府信任度并不是正相关关系："在美国（虽然不在欧洲），政府信任度下降幅度最大的时间段是 1964 年到 1974 年，而此时是经济增长最快的时候，并且 20 世纪 80 年代早期的经济衰退却伴随着政府信任度的上升。[⑧]"尤斯拉纳（2006）也认为，这种基于理性选择的信任是一种"策略信任"，而"策略信任是脆弱的，因为新的经验能够改变人们对他人可信度的看法[⑨]"。也就是说，良好的政府绩效

① 熊美娟. 政治信任研究的理论综述 [J]. 公共行政评论，2010（6）：153-180.

② 卢春龙，严挺. 中国农民政治信任的来源：文化、制度与传播 [M]. 北京：社会科学文献出版社，2016：28.

③ 小约瑟夫·S. 奈. 导论：政府信任度的下降 [A]//小约瑟夫·S. 奈，菲利普·D. 泽利科，戴维·C. 人们为什么不信任政府 [M]. 朱芳芳，译. 北京：商务印书馆，2015：5.

④ Hetherington M. J. The Political Relevance of Political Trust [J]. American Political Science Review，1998，92（4）：791-808.

⑤ Rudolph T. J.，Evans J. Political Trust，Ideology，and Public Support for Government Spending [J]. American Journal of Political Science，2005，49（3）：660-671.

⑥ Robert L.，Sharkansky I. Urban Politics and Pubic Policy [M]. New York：Harper & Rom，1971.

⑦ Long S. Personality and Political Alienation among White and Black Youth：A Test of the Social Deprivation Model [J]. The Journal of Politics，1978，40（2）：433-457.

⑧ 小约瑟夫·S. 奈. 导论：政府信任度的下降 [A]//小约瑟夫·S. 奈，菲利普·D. 泽利科，戴维·C. 人们为什么不信任政府 [M]. 朱芳芳，译. 北京：商务印书馆，2015：14.

⑨ 埃里克·尤斯拉纳. 信任的道德基础 [M]. 张敦敏，译. 北京：中国社会科学出版社，2006：29.

并不能使政府信任始终保持较高的恒定水平，从而保证民主政体的长期稳定。

（2）文化因素的解释。制度主义解释的局限性促使学者们去思考制度背后的深层文化因素对政府信任的影响，由此引出了文化主义的解释路径。文化主义兴起于 20 世纪 70 年代，自 2000 年以来已经成为政府信任研究的主流路径。文化主义认为，政府信任形成于政治领域之外，源自一个共同体的文化规范和长期形成的根深蒂固的信念①，因此常被称为"外生性路径"。

对于文化主义，Mishler 和 Rose（2001）从层次上进一步将其细化为宏观和微观两种视角。宏观文化理论强调民族传统的同质化趋势，并且很少考虑社会内部个体之间信任的变化，微观文化理论的重点在于个体社会化经验的差异，以此作为不同个体乃至不同社会之间政府信任重大变化的来源②。文化主义者一般从个体政治社会化经历、政治文化、社会资本等因素来解释政府信任的来源。

首先，社会化理论是用来解释政府信任文化生成的常见机制。就信任的认知发生而言，人们的信任感源于对历史经验的习得，其基础在于幼年时期心理发育阶段形成的经验③。尤斯拉纳（2006）认为，政治价值观和信念是习得的，个体价值观、早期社会化过程和政府信任之间是有机联系在一起的④。

其次，政治文化及价值观是政府信任文化生成的重要因素。在政府信任研究的早期阶段，包括阿尔蒙德和维巴（1989）等在内的政治文化流派学者发现，不同国家的政治文化差异形成了不同的人际信任关系和政府信任关系。社会信任与合作的角色是公民文化的基本成分，并渗透到政治领域，转化为政府信任，成为民主政体有效运行的动力来源⑤。在经历了对文化分析学派质疑和理性选择学派应用的中期阶段之后，政府信任研究自 1984 年以来进入了文化与制度交融的第三阶段⑥。文化主义的研究路径再度兴起，研究维度也变得多

---

① Putnam R. D. Bowling Alone：America's Declining Social Capital ［J］. Journal of Democracy，1995，6（1）：65-78.

② Mishler W.，Rose R. What are the Origins of Political Trust? Testing Institutional and Cultural Theories in Post-Communist Societies ［J］. Comparative Political Studies，2001，34（1）：30-62.

③ 上官酒瑞. 现代社会的政治信任逻辑 ［M］. 上海：上海人民出版社，2012：125.

④ 埃里克·尤斯拉纳. 信任的道德基础 ［M］. 张敦敏，译. 北京：中国社会科学出版社，2006：97-98.

⑤ 阿尔蒙德，维巴. 公民文化——五国的政治态度和民主 ［M］. 马殿君，等译. 杭州：浙江人民出版社，1989：587.

⑥ 虞崇胜，陈鹏. 政治信任研究：历史、逻辑和测量——基于 1955 年来全球政治信任研究成果的文献分析 ［J］. 比较政治学研究，2012（1）：77-97.

元和丰富起来。这一阶段，可以分为两个流派：一是以英格尔哈特（Ronald Inglehart）、达尔顿（Darton）和诺里斯（Pippa Norris）为代表的世界文化价值流派；二是以罗伯特·帕特南（Robert D. Putnam）、弗朗西斯·福山（Francis Fukuyama）、卢克·基尔（Luke Keele）为代表的社会资本流派。

世界文化价值流派认为，个体价值观是影响政府信任的基础性因素之一。英格尔哈特（2013）指出，西方社会在经过了较长时期相对稳定的经济增长和物质繁荣之后，人们的价值观会由强调经济和人身安全的物质主义价值观逐步转变为崇尚自我表现、生活质量的后物质主义价值观[①]。他由此认为："随着人们的价值标准从生存转向生活质量，对权威尊重度的下降是现代和后现代价值观的一部分。[②]" Norris（1999）则提出"批判性公民"的概念。他认为，"二战"以后特别是 20 世纪 70 年代以来，"批判性公民"的成长严重消解了民众的政府信任情感[③]。"批判性公民"与政治文化的变迁密切相关。因为，个体价值观的变迁必然引起政治价值观的变化，进而影响民众的政治心理与政治态度。随着人们的价值标准从生存转向生活质量，政治价值观的模式也由权威主义转向自由主义，这一转变的典型特征是由政治顺从转向政治抗争，政府信任度也由非常信任转向不太信任[④]。Shi（2001）将政治文化定义为社会共同的价值观和规范，不包括态度和信念，为考察传统政治文化对政府信任的影响清除了认知上的障碍[⑤]。

从文化主义的立场来看，政府信任是人际信任的延伸，而人际信任与社会资本密不可分。因此，社会资本属于文化主义范畴。国外很多学者都对社会资本进行了系统研究，但由于对社会资本的界定存在较大差别，对于社会资本的构成要素也是众说纷纭。多数学者把信任、规范与社会网络作为社会资本的核心要素。罗伯特·帕特南（2001）通过对意大利长达 20 年的实证研究，考察

---

① 罗纳德·英格尔哈特. 现代化与后现代化：43 个国家的文化、经济与政治变迁 [M]. 严挺，译. 北京：社会科学文献出版社，2013：2.

② 小约瑟夫·S. 奈. 导论：政府信任度的下降 [A]//小约瑟夫·S. 奈，菲利普·D. 泽利科，戴维·C. 人们为什么不信任政府 [M]. 朱芳芳，译. 北京：商务印书馆，2015：17.

③ Norris P. Conclusions：The Growth of Critical Citizens and Its Consequences [A] //Benjamin B. Critical Citizens：Global Support for Democratic Governance [M]. New York：Oxford University Press，1999：1-27.

④ 李路路，钟智锋. "分化的后权威主义"——转型期中国社会的政治价值观及其变迁分析 [J]. 开放时代，2015（1）：171-191.

⑤ Shi T. Cultural Values and Political Trust：A Comparison of the People's Republic of China and Taiwan [J]. Comparative Politics，2001，33（4）：401-419.

了社会资本与政府绩效、政府信任的关系，对西方学术界产生了重要影响。他的基本观点是，公民的社团参与行为促进了公共精神，增进了利益表达和利益集结，提升了地方政府的运作绩效和公众的政府信任①。弗朗西斯·福山（2003）则将社会资本理解为有助于群体成员相互合作的非正式的互惠性规范（价值观和准则）。在他看来，信任、网络、公民社会等是社会资本的结果，而不是社会资本本身②。由此，人际信任就可以投射到政治领域，影响政府绩效，从而进一步扩展了政府信任起源的文化视角研究。卢克·基尔（2012）对美国1970~2000年社会资本与政府信任的关系进行了动态研究。他认为，除政府绩效外，社会资本也是影响政府信任的重要因素。社会资本包括公民参与和公民信任的态度。社会资本的减少会削弱信任，它不会对信任产生即时性的影响，但会影响信任的长期变化。在过去40年里，社会资本是导致政府信任下降的主要因素③。

（3）媒介因素的解释。民众对政府的信任主要来自于民众在与政府互动过程中所形成的体验和感知。在现代社会，这种体验和感知不仅来自于民众与政治系统的直接互动，同时也来自于以媒介为中介的间接互动。西方学者不仅关注传统媒介，而且特别注意到网络等现代媒介对政府信任生成的影响。Walker（2006）指出，互联网、移动通信终端等新媒介的兴起导致政府控制负面信息变得越来越困难，同时导致社会资本的下降进而拉低政府信任④。

当前，关于媒介使用和认知对政府信任的影响，西方学者的已有研究呈现出三种取向：一是媒介使用使民众形成了对政府及政治的负面认知，如政治冷漠、政治犬儒主义、政治不信任等。Robinson（1976）在考察电视与政治心理关系的基础上提出了"媒介抑郁论"，由于商业竞争机制的存在，电视新闻主要集中于对政府部门和公职人员的负面报道，强化了民众的政治不满和政治冷漠，从而降低民众对政府的信任⑤。Patterson（1995）也指出，自20世纪60

①　罗伯特·帕特南.使民主运转起来 [M].王列，赖海榕，译.南昌：江西人民出版社，2001：195.

②　弗朗西斯·福山.公民社会与发展 [A]//走出囚徒困境：社会资本与制度分析 [M].曹荣湘.北京：生活·读书·新知三联书店，2003：72.

③　卢克·基尔.社会资本及政府信任动态研究 [J].蒋林，章莉，译.国外理论动态，2012（12）：67-78.

④　Walker K. L. Gangster Capitalism and Peasant Protest in China：The Last Twenty Years [J]. Journal of Peasant Studies，2006（1）.

⑤　Robinson M. J. Public Affairs Television and the Growth of Political Malaise：The Case of "the Selling of the Pentagon" [J]. American Political Science Review，1976（2）：409-432.

年代开始，在美国、英国、瑞典和意大利等国家，报界和电视新闻变得更加消极、更加以新闻记者为中心、更加关注冲突而不是内容①。二是媒介使用使民众形成了对政府及政治的正面认知。Norris（2000）根据对新闻媒介和政党在欧美 29 个后工业社会中的作用的比较研究，提出了"良性循环论"，尽管负面新闻会削弱公众对具体政策问题的支持，但总的来说，关注新闻媒介与政治知识、信任和参与之间存在着持续的积极关系②。三是认为媒介仅仅是作为政治资讯的传输带，扮演着相对中性的角色。媒介因为报道负面事件而使社会对其呈现负面认知，这并不能表明媒介本身是负面的，并且，民众的政治态度在很大程度上决定了媒介的内容。Garment（1991）认为，媒介内容是民众政治态度变动的起源也是结果③。通过以上梳理，我们可以看出，媒介因素对政府信任的影响颇为复杂。不同的媒介类型、媒介内容、受众使用媒介的频率以及公众对媒介的信任程度构成了多样化的传媒变量，从而对政府信任产生差异化的影响④。

2. 关于政府信任层级差异生成机理的国外研究

在一国政府系统内部，政府信任的分布往往并不是均等的，本国居民对不同层级政府的信任度往往存在着差异，这就是政府信任的层级差异。如前文所述，无论是"亲近基层厌恶高层"的美国式距离悖论，还是"亲近高层仇视基层"的中国式距离悖论（即差序政府信任）均属于政府信任的层级差异。因此，国外学者关于政府信任层级差异生成机理的研究对于研究当代中国差序政府信任生成机理具有一定的参考价值。

据国内学者叶敏和彭研（2010）在其研究成果中转述，Hibbing 等学者认为，民众对不同层级政府的信任程度受政府曝光率（visibility）和政府亲近性（closeness）两种因素的影响⑤。Jennings（1998）则认为，造成政府信任层级差异的根本原因是"公民对不同层次的政府应用不同的标准，拥有不同的期望"。这些标准和期望所占权重的大小、先后顺序造成信任在不同层级政府间此消彼长。这些标准包括三个维度，其一是绩效（performance），其二是公民

① Patterson T. E. Out of Order [M]. New York：Times Books，1995.
② Norris P. A. Virtuous Circle [M]. Cambridge：Cambridge University Press，2000.
③ Garment S. Scandal：The Crisis of Mistrust in American Politics [M]. New York：Times Books，1991.
④ 胡荣，庄思薇. 媒介使用对中国城乡居民政府信任的影响 [J]. 东南学术，2017 (1)：94-111.
⑤ 叶敏，彭妍. "央强地弱"政治信任结构的解析——关于央地关系一个新的阐释框架 [J]. 甘肃行政学院学报，2010 (3)：49-57.

与政府之间的连接（linkage），其三是政府工作人员正直、诚实还是腐败等品格因素[①]。Norris（2000）认为，媒介因素是导致西方民主国家民众对中央政府信任度降低的重要原因。他认为，中央政府与民众日常生活距离较为遥远，大众对中央政府或领导人的认知大多来自于媒介报道而非亲身接触。在民主国家大众传媒扮演第四权的监督角色下，民众倾向于接收中央政府机关、官员的负面信息[②]，降低了中央政府信任，进而可能影响到央地政府信任差值的变化。

（二）关于我国居民政府信任生成机理的国内研究

国内学者的研究同样基于制度、文化、媒介等因素，既有以某一因素为主的深入分析，又有基于多元因素的综合研究。多数国内学者认为，应当在制度与文化相融合的多元视角下探讨当代中国政府信任的生成机理。李艳霞（2014）认为，对当代中国政府信任生成机理的研究应当基于两种理论："一种是以理性选择理论为根基的制度生成论，一种是以社会资本等理论为根基的文化生成论。[③]"胡荣和池上新（2016）则将这两种路径表述为政府层面的政府绩效和公民层面的社会资本[④]。刘一伟（2018）[⑤]、罗家德等（2017）[⑥] 基于社会资本重要地位的认同，将社会资本从文化因素中分离出来，以制度主义、文化主义与社会资本三种理论作为解释政府信任生成的主要路径。

三、关于差序政府信任生成机理的研究

国内学者以制度、文化、媒介等因素作为理论基础与具体路径，结合中国

① Jennings M. K. Political Trust and the Roots of Devolution ［A］//Braithwaite V., Levi M. Trust and Governance ［M］. New York：Russell Sage Foundation，1998.

② Norris P. The Impact of Television on Civic Malaise ［A］//Pharr S. J., Putnam R. D. Disaffected Democracies：What's Troubling the Trilateral Countries? ［M］. Princeton：Princeton University Press，2000：231-251.

③ 李艳霞. 何种信任与为何信任? ——当代中国公众政治信任现状与来源的实证分析 ［J］. 公共管理学报，2014（2）：21-31，144-145.

④ 胡荣，池上新. 社会资本、政府绩效与农村居民的政府信任 ［J］. 中共天津市委党校学报，2016（2）：62-75.

⑤ 刘一伟. 收入不平等对地方政府信任的影响及其机制分析 ［J］. 探索，2018（2）：38-47.

⑥ 罗家德，帅满，杨鲲昊. "央强地弱"政府信任格局的社会学分析——基于汶川震后三期追踪数据 ［J］. 中国社会科学，2017（2）：85-102，208.

本土文化与数据，对当代中国差序政府信任的生成机理进行了具体研究。本书将此类研究成果区分为总体研究、城乡与区域层面的比较研究两个方面。其中，总体研究是指，仅就特定群体或全国居民差序政府信任的生成机理进行总体研究，没有进行城乡或区域层面的比较研究。

（一）关于我国居民差序政府信任生成机理的总体研究

该类研究可以从单一解释路径与多元解释路径两个方面进行说明。

1. 单一解释路径的研究

单一解释路径是以某种解释路径（制度、文化或媒介）为主的深入分析，但这不一定表明学者绝对认同此种解释路径。

首先，制度路径的研究。有些学者从居民对政府的绩效认知和绩效评价进行分析。刘晖（2007）认为，居民对政府的绩效认知是造成政府合法性水平层级差异的根本原因，由于决策绩效与执行绩效的时空分离和公共危机管理这两个作用机制，居民在心理上更容易认为中央政府绩效高于地方政府绩效①。从根源上说，民众对中央政府和地方政府的绩效存在着评价层级差异。吕书鹏和肖唐镖（2015）通过对 25 个省级行政区 3468 位居民的实证分析发现，民众在对中央和地方政府在绩效、动机以及腐败程度等问题进行评价时显著地更青睐中央政府，这种评价上的差异催生了差序政府信任②。也有些学者分析特定制度或政策隐含的政府信任差序化逻辑。胡荣（2007）、Li（2008）分析了上访制度对基层政府信任和高层政府信任落差的影响，农民上访走访过的政府层级越高，对基层政府的信任度越低。随着上访层次的提高，上访也对高层政府的信任产生了显著的负面影响，到过省级政府和北京的上访者，对中央和省级政府的信任度明显降低③④。刘伟（2015）基于五次全国性农民访谈的实证研究发现，取消农业税政策只是促进了差序政府信任的再生产，却基本无助于基

① 刘晖. 政府绩效对合法性水平层级差异的作用机制——中央政府与地方政府的比较 [J]. 北京航空航天大学学报（社会科学版），2007（1）：34-37.

② 吕书鹏，肖唐镖. 政府评价层级差异与差序政府信任——基于 2011 年全国调查数据的实证研究 [J]. 北京行政学院学报，2015（1）：29-38.

③ 胡荣. 农民上访与政治信任的流失 [J]. 社会学研究，2007（3）：39-55.

④ Li L. Political Trust and Petitioning in the Chinese Countryside [J]. Comparative Politics, 2008, 40（2）：209-226.

层政权治理效能的提升①。还有些学者认为中国特有的行政体制是形塑差序政府信任的主导因素。上官酒瑞（2015）认为，压力型体制是生成差序政府信任的主因，通过政策选择执行、政绩过度激励、政治化运作、监督机制失灵和动力结构偏差等机理塑造着差序政府信任②。黄信豪（2014）基于世界价值观（WVS）2012 年的面访资料的分析，将中国差序政府信任的解释框架概括为体制形塑和绩效认知两种路径。体制形塑包括上访制度与政治动员。其中，绩效认知相关因素（中央、地方政府施政评价与家户经济评价）对差序信任态度具有重要中介影响③。

其次，文化路径的研究。胡荣和池上新（2016）研究了社会资本对农民政府信任的影响，他们通过对江苏等三省 20 个行政村 1600 位农民的实证分析，认为居民的社会资本对不同层级的政府信任存在差异性，正式社团组织的参与和社会信任中的普遍信任对于基层政府信任都具有积极的正面影响，但对于高层政府信任均没有显著影响④。因此，较少的正式社团组织参与和普遍信任的缺乏是农民差序政府信任的原因之一。罗家德等（2017）基于汶川震后三期追踪数据的实证分析，发现在乡村社区中个体社会资本与社区社会资本的缺乏是造成"央强地弱"政府信任格局的重要因素。我国乡村社区中自发性组织缺乏是造成人们对基层政府不信任的重要原因，也导致"央强地弱"政府信任格局⑤。

最后，媒介路径的研究。卢春天和权小娟（2015）认为，制度和文化的解释路径存在着忽视媒介作用的不足。制度路径忽视了居民感知政府绩效的媒介途径。在文化因素中，大众媒介在文化观念及个体价值观的塑造中发挥了重要作用。两位学者在实证分析中发现，传统媒介的使用对央地政府信任均有着正面促进作用，但传统媒介对中央政府信任影响较弱，而对地方政府信任仍然

① 刘伟. 政策变革与差序政府信任再生产——取消农业税的政治效应分析 [J]. 复旦学报（社会科学版），2015（3）：157-164.
② 上官酒瑞. 级差政治信任的形成机理、风险及改革思路——基于压力型体制的一种分析 [J]. 中共中央党校学报，2015（5）：53-60.
③ 黄信豪. 解释中国社会差序政府信任：体制形塑与绩效认知的视角 [J]. 政治科学论丛，2014（1）：55-90.
④ 胡荣，池上新. 社会资本、政府绩效与农村居民的政府信任 [J]. 中共天津市委党校学报，2016（2）：62-75.
⑤ 罗家德，帅满，杨鲲昊. "央强地弱"政府信任格局的社会学分析——基于汶川震后三期追踪数据 [J]. 中国社会科学，2017（2）：85-102，208.

发挥着显著的正面影响。新媒介的使用对央地政府信任均产生了负面效应，但新媒介对中央政府信任具有显著消极作用，对地方政府信任仅存在着较弱的负效应①。上述结论与胡荣和庄思薇（2017）的研究结论一致②。

2. 多元解释路径的研究

差序政府信任是高度复杂的心理性和社会性认知和评价，某种单一理论的解释路径都有其局限性。要弄清差序政府信任的生成机理，必须在方法论上寻求解释路径的融合与超越。更多的学者主张，我国居民差序政府信任是多种因素综合作用的结果，应当基于多元解释路径全面系统地分析其生成机理。

首先，有些学者基于规范分析的视角进行理论演绎，有待实证检验。叶敏和彭妍（2010）认为，中央政府在政治图像、政治接触与经济增长机制三个方面比地方政府拥有更多的资源优势，导致差序政府信任的生成③。谢治菊（2011）认为，对民众偏信中央政府的行为可从历史文化主义、制度主义与结构主义三种理论视角来解释④。上官酒瑞（2014）认为，传统政治文化浸润中的清官情节、压力型体制下的形象塑造差异、权能配置结构中的政治接触差异、政治传播中的资源占有差异是差序政府信任的形成原因⑤。刘雪华和辛璐璐（2015）认为，体制性诱因、观念性诱因、地方政府自身原因、公民自身原因构成当代中国差序政府信任独特的形成逻辑⑥。方雷和赵跃妃（2017）进一步将差序政府信任的原因细化为内生性路径（分为理性选择路径与制度规范路径）与外源性路径（分为社会文化路径与个人感知路径)⑦，对制度主义的内生性路径与文化主义的外生性路径均有所扩展。

其次，也有学者通过深度访谈提炼差序政府信任生成机理的基本维度。陈

---

① 卢春天，权小娟. 媒介使用对政府信任的影响——基于 CGSS 2010 数据的实证研究 [J]. 国际新闻界，2015（5）：66-80.

② 胡荣，庄思薇. 媒介使用对中国城乡居民政府信任的影响 [J]. 东南学术，2017（1）：94-111.

③ 叶敏，彭妍."央强地弱"政治信任结构的解析——关于央地关系一个新的阐释框架 [J]. 甘肃行政学院学报，2010（3）：49-57.

④ 谢治菊. 论我国农民政治信任的层级差异——基于 A 村的实证研究 [J]. 中共浙江省委党校学报，2011（3）：77-82.

⑤ 上官酒瑞. 论级差政治信任的结构特质、成因及可能风险 [J]. 内蒙古社会科学（汉文版），2014（6）：19-24.

⑥ 刘雪华，辛璐璐. 公民参与视野下的政府信任差序化危机及应对 [J]. 上海行政学院学报，2015（2）：48-55.

⑦ 方雷，赵跃妃. 关于差序政府信任研究的文献考察——以 1993—2016 年华裔学者的研究为分析文本 [J]. 学习与探索，2017（10）：38-44.

丽君和朱蕾蕊（2018）通过对 56 名普通公民的访谈，结合理论分析和扎根理论编码，将公民对地方资源收支行为偏差的感知、地方政策执行偏差的感知、央地绩效差异的感知以及媒介倾向与个体"亲央疏地"倾向厘定为差序政府信任的五大生成机理，并进一步构建了差序政府信任的微观生成机理模型①。但并未将制度、文化与社会环境因素纳入其中。

最后，更多的学者则基于特定问卷样本进行实证分析。一方面，有些学者研究了农民或城市居民差序政府信任的生成机理。薛立勇（2014）通过对南京等五个地区 2158 位农民问卷样本的分析得出结论：对中央政府和地方政府的评价标准的一元与多元导致了农民差序政府信任的生成②。卢春龙和严挺（2016）通过对全国九个省份 3698 位农民问卷样本的分析，得出经验性结论：传统文化、媒介传播、经济发展和公共服务绩效都是农民对政府信任潜在的重要解释变量。对于中央政府而言，文化因素是最重要的，中国传统的政治文化价值观形塑了农民对于中央政府的信任。对于基层政府而言，制度绩效的作用变得日益重要，尤其是公共服务绩效是影响农民对基层政府信任的最重要因素③。Zhao 和 Hu（2015）基于对中国 34 个大都市 21570 位成年城市居民样本的分析发现，对公共服务质量、城市政府参与、城市政府透明度、一般民主四者的满意度均对城市居民的央地政府信任具有显著正相关关系。相对于其他自变量，公共服务质量的提升对城市居民的本地政府信任和中央政府信任均具有明显托举作用，但对本地政府信任的托举力度要明显大于对中央政府信任。这说明，在政府绩效层面，较低的公共服务质量是形成城市居民差序政府信任的基本原因④。另一方面，有些学者研究了全国居民差序政府信任的生成机理。吴结兵等（2016）基于 2008 年亚洲民主动态调查的问卷样本进行分析后认为，威权主义价值观较弱的人具有更大的差序政府信任，政府回应性差是生成差序政府信任的重要原因⑤。吕书鹏（2015）通过对 2011 年亚洲民主动态调查问

① 陈丽君，朱蕾蕊. 差序政府信任生成机理及其内涵维度——基于构思导向和扎根理论编码的混合研究 [J]. 公共行政评论, 2018 (5)：52-69.

② 薛立勇. 政府信任的层级差别及其原因解析 [J]. 南京社会科学, 2014 (12)：57-64.

③ 卢春龙，严挺. 中国农民政治信任的来源：文化、制度与传播 [M]. 北京：社会科学文献出版社, 2016：198.

④ Zhao D., Hu W. Determinants of Public Trust in Government：Empirical Evidence form Urban China [J]. International Review of Administrative Sciences, 2015, 83 (2)：1-20.

⑤ 吴结兵，李勇，张玉婷. 差序政府信任：文化心理与制度绩效的影响及其交互效应 [J]. 浙江大学学报（人文社会科学版）, 2016 (5)：157-169.

卷样本的分析得出以下结论：全国居民的差序政府信任受到了信息、文化以及政治接触等因素的共同影响。我国半开放式的媒体环境、适度而非绝对的权威取向文化环境以及民众对于基层政府在公共服务上的不满和基层民主参与的匮乏共同催生、强化了差序政府信任现象[①]。

(二) 关于我国居民差序政府信任生成机理的城乡与区域比较研究

有些学者尝试揭示差序政府信任存在城乡差异和区域差异的不同机理。首先，关于城乡差异，胡荣和庄思薇（2017）发现，媒介使用的频率对地方政府信任的影响存在着城乡差异，即媒介使用频率和农村居民的地方政府信任水平没有直接关系，但在塑造城市居民的地方政府信任方面发挥了举足轻重的作用[②]。张小劲等（2017）基于中国城乡社会治理调查（CSGS）2015 年数据的分析，揭示了城乡居民差序政府信任的不同生成机理，即在经济发达且政府治理水平较高的城市地区，城市居民的央地政府信任受到制度和文化变量的双重均衡影响。在经济欠发达且政府治理水平较低的农村地区，文化变量对中央政府信任的影响力更大；制度绩效因素对地方政府信任的影响力相对较高。由此造成了农村居民的央地政府信任差异程度大于城市居民，农村居民对中央政府的信任程度高于城市居民，城市居民对地方政府的信任程度高于农村居民[③]。其次，关于区域差异，仅仅涉及了中央政府信任区域差异的生成机理。吕书鹏和朱正威（2015）通过实证分析就中央政府信任区域差异的生成机理得出以下结论：一个地区的经济发展水平越高、传统文化影响力越小、信息越发达，则当地的个体可能越倾向于不相信中央政府[④]。这说明，中央政府信任的区域差异是在制度绩效、政治价值观和媒介使用等因素综合作用下形成的。

四、关于差序政府信任弥合策略的研究

对差序政府信任弥合策略的研究是生成机理研究的拓展与深化。首先，国

---

① 吕书鹏. 差序政府信任：概念、现状及成因——基于三次全国调查数据的实证研究 [J]. 学海，2015（4）：148-157.

② 胡荣，庄思薇. 媒介使用对中国城乡居民政府信任的影响 [J]. 东南学术，2017（1）：94-111.

③ 张小劲，陈波，苏毓淞. 差序政治信任的城乡比较——基于 2015 年中国城乡社会治理调查数据的实证研究 [J]. 湘潭大学学报（哲学社会科学版），2017（6）：32-39.

④ 吕书鹏，朱正威. 政府信任区域差异研究——基于对 China Survey 2008 数据的双层线性回归分析 [J]. 公共行政评论，2015（8）：125-145.

内有些学者基于制度主义路径，提出了制度调整的大体方向。胡荣（2007）认为，更为重要的是建立一套完善的制度来畅通农民利益表达机制、消除司法腐败、减轻农民负担，从源头上解决因为上访所造成的政府信任流失问题①。刘伟（2015）认为，在保持农民对中央政府高信任的条件下，应当通过政策创新和治理创新、基层参与和监督，提升农民对乡村基层政府的信任②。谢秋山和许源源（2012）认为，建立和健全政治体制内惯例化利益表达（立法、行政、司法、党群）渠道建设，能够弥合差序政府信任③。刘雪华和辛璐璐（2015）认为，公民参与能够提高对地方政府的制度信任、情感信任、过程信任和理性信任，进而化解政府信任差序化危机④。上官酒瑞（2015）认为，改变职责同构管理模式、改革自上而下的政绩考核机制、改压力型体制为民主合作体制可以化解地方基层的失信风险⑤。

其次，更多的学者主张，应当综合考虑制度、文化、媒介等因素，采取多种举措弥合差序政府信任。刘晖（2007）认为，既需要继续改革和完善政府权力配置体系，建设和发展现代的公民文化，也需要给予地方政府绩效足够的重视和宣传⑥。谢治菊（2011）认为，弥合农民差序政府信任应采取如下对策：中央政府继续推进惠农政策并就执行情况进行监督、评估和奖惩；抑制政治腐败；重新划分央地政府的财权与事权；改善基层部门的政治传播途径；进一步扩大农村基层的民主政治；推进农村经济与农村文化的协调发展⑦。Su 等（2016）认为，经济发展、对文化传统的尊重和频繁的互联网使用都有助于弥合差序政府信任⑧。吴结兵等（2016）认为，央地政府弥合差序政府信任的施

① 胡荣．农民上访与政治信任的流失 [J]．社会学研究，2007（3）：39-55.

② 刘伟．政策变革与差序政府信任再生产——取消农业税的政治效应分析 [J]．复旦学报（社会科学版），2015（3）：157-164.

③ 谢秋山，许源源．"央强地弱"政治信任结构与抗争性利益表达方式——基于城乡二元分割结构的定量分析 [J]．公共管理学报，2012（4）：12-20，122-123.

④ 刘雪华，辛璐璐．公民参与视野下的政府信任差序化危机及应对 [J]．上海行政学院学报，2015（2）：48-55.

⑤ 上官酒瑞．级差政治信任的形成机理、风险及改革思路——基于压力型体制的一种分析 [J]．中共中央党校学报，2015（5）：53-60.

⑥ 刘晖．政府绩效对合法性水平层级差异的作用机制——中央政府与地方政府的比较 [J]．北京航空航天大学学报（社会科学版），2007（1）：34-37.

⑦ 谢治菊．论我国农民政治信任的层级差异——基于 A 村的实证研究 [J]．中共浙江省委党校学报，2011（3）：77-82.

⑧ Su Z., Ye Y., He J., et al. Constructed Hierarchical Government Trust in China: Formation Mechanism and Political Effects [J]. Pacific Affairs, 2016（4）：771-794.

策重点有所不同：对中央政府而言，应当不断提升经济绩效，积极引导正确的社会主义价值观。对地方政府而言，应当通过政策和治理创新，有效地回应公民的合理诉求，提高服务效率和质量，与公民形成良性互动①。罗家德等（2017）也认为，出台与民众切身利益相关的民生政策、法规，用以增进高层政府信任；政府的公共支出应向社区组织等第三部门倾斜，给予其更多的政策、资源支持，以此提升基层政府信任。此外，在乡村社区中，个体社会资本和社区社会资本有助于缩小高层和基层政府的信任落差②。

五、对现有研究的简要评价

学者们运用理论演绎或实证分析的研究方法，在阐释政府信任基本概念与生成机理的基础上，重点对差序政府信任的认知、测量与分布特征、生成机理进行了研究，奠定了进一步研究的良好基础。总体上看，国内外研究呈现出如下特点：

首先，对差序政府信任分布特征的研究不够全面和深入。国外仅有少数学者注意到美国"亲近基层、疏远高层"的距离悖论，还有一些学者仅仅对中国农民的差序政府信任倾向有所认知。国内学者对当代中国的差序政府信任则有较为充分的认知与测量，"'差序格局'特征基本成为学界的共识性观点③"。在此基础上，国内学者对当代中国差序政府信任的分布特征进行了一定程度的揭示：在获取途径上，经历了话语感知、实地访谈、样本统计等形式；在测量群体上，无论是亚群体、城市居民、农民还是涵盖城乡的局部性和全国性样本，均存在差序政府信任；在时间持续性上，无论是某一年度的样本还是同一群体的跨年度跟踪调查和跨年度全国性样本都有所体现。但国内研究在以下两个方面存在明显不足：一是在分析向度上，大多局限于央地政府信任均值差、央地政府高度信任比例差、差序政府信任者比例三个向度中的一个或两个向度，鲜有学者基于三个向度进行全面分析。二是在分布特征揭示的层次上，多

① 吴结兵，李勇，张玉婷. 差序政府信任：文化心理与制度绩效的影响及其交互效应 [J]. 浙江大学学报（人文社会科学版），2016（5）：157-169.

② 罗家德，帅满，杨鲲昊. "央强地弱" 政府信任格局的社会学分析——基于汶川震后三期追踪数据 [J]. 中国社会科学，2017（2）：85-102，208.

③ 李艳霞. 何种信任与为何信任？——当代中国公众政治信任现状与来源的实证分析 [J]. 公共管理学报，2014（2）：21-31，144-145.

数学者局限于全国总体层面的研究，少数学者虽然发现了城乡居民、不同区域居民存在差序政府信任的异质化特征，但并未基于三个分析向度进行全面深入剖析。

其次，对差序政府信任生成机理的研究渐成共识。在政府信任的生成机理方面，国外学者提出了制度主义、文化主义、媒介因素等路径，有着非常丰富的文献与多元的观点作为支撑；而对政府信任层级差异的生成机理方面，少数国外学者仅仅给出了基本的原因解释，对此问题研究的系统性与深入性不足。国内学者则在此基础上，将政府信任的生成机理与源自中国本土的文化与数据相结合，进行了较为充分的理论阐述与实证分析，实现了基本原理与中国特色的较好契合，体现了中国学者应有的国际视野和中国视野，基本把握了差序政府信任的生成机理。

最后，尚未形成较为全面且具有说服力的解释框架。基于特定问卷数据的实证分析已经成为研究差序政府信任生成机理的主流方法。但正如学者所指出的，"总体上，现有研究仍未形成系统的生成机理模型，为差序政府信任的成因提供一个完整的解释框架①"。在本书看来，主要存在以下不足：一是在样本选择上，样本类型多为局部性样本，样本数量偏少，未能涵盖所有省份，且多侧重农民等单一群体，使得生成机理研究的全面性不够。二是在样本范围上，用于实证分析的有效样本不仅包括差序政府信任者样本，也包括无差序政府信任者和反差序政府信任者样本，使得关于生成机理研究的针对性不强。三是在变量设计方面，对于因变量，多将中央政府信任和地方政府信任作为因变量，未将最为关键的央地政府信任差纳入因变量；对于自变量，多局限于单类或部分因素检验差序政府信任的生成机理。变量设计的科学性不足必然带来生成机理解释的全面性不足。四是在生成机理研究方面，学者们多局限于局部性或全国性样本的总体分析，仅有少数学者进行了城乡比较研究，区域比较研究仅仅涉及了中央政府信任，并未涉及差序政府信任。同时，关于差序政府信任弥合策略的探讨未能基于确保中央政府信任不降低的正向弥合前提，过于宏观化、简单化，研究的精准性不足。

基于以上分析，对差序政府信任这一选题，仍有较大的研究空间。本书尝试在汲取已有研究优长的基础上，选取覆盖全国所有省份、城乡和区域分布较

① 陈丽君，朱蕾蕊. 差序政府信任生成机理及其内涵维度——基于构思导向和扎根理论编码的混合研究 [J]. 公共政策评论，2018（5）：52-69.

为均衡的数据样本，从全国总体、城乡与区域三个层次对我国居民差序政府信任的生成机理与正向弥合进行全面研究与深化研究，以期拓展差序政府信任的研究空间。

第三节　技术路线与研究结构

一、技术路线

本书以已有的研究成果为基础，尝试对差序政府信任进行全面研究和深化研究。本书研究的基本目标是，基于我国居民中央政府信任居于高位、地方政府信任有所流失的现实背景，科学揭示差序政府信任的分布特征与生成机理，并给出正向弥合央地政府信任差的策略建议。

本书遵循"阐释研究缘起—界定相关概念—构筑理论模型—描述分布特征—揭示生成机理—研判正向弥合"的研究思路及逻辑顺序依次展开（见图 1-1）。

二、研究结构

基于研究现状及简要评价，本书在上述技术路线的指引下，拟设七章对差序政府信任进行全面研究与深化研究。

第一章为差序政府信任的研究缘起。该章相当于绪论部分，主要阐释差序政府信任的研究缘起，包括研究背景与研究意义、综述与差序政府信任相关的国内外文献，评析研究优点和长处以及有待改进或深化的方面；在此基础上阐明技术路线、研究结构、研究方法与创新可能。

第二章为差序政府信任的概念厘定。该章主要界定与阐释差序政府信任的相关概念。首先，阐明信任、政府信任的本质、内涵和外延；在此基础上辨析政府信任与政治信任、政府公信力等概念的异同。其次，阐释差序政府信任的概念由来、特定内涵和正负效应。

第三章为差序政府信任的理论基础与分析模型。在理论基础部分，对新制

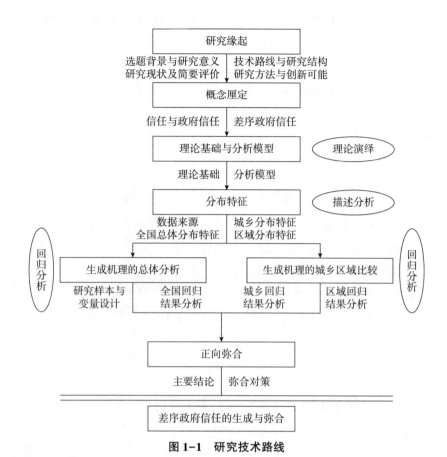

图 1-1 研究技术路线

度主义、政治文化、政治传播理论进行回溯和评析，作为分析差序政府信任生成机理的理论基础。在分析模型部分，阐释被解释项与解释项的基本维度，作为变量设计的基本遵循。

第四章为差序政府信任的分布特征。该章明确本书研究的数据来源并在此基础上揭示差序政府信任在全国总体、城乡与区域层面的分布特征。具体而言，首先，基于特定的研究需求选定本书研究的数据来源，作为本书研究的实证基础；其次，对差序政府信任的分布特征分别从全国总体、城乡与区域三个层面进行研究假设与实证分析；最后，在将我国居民与全球主要国家居民政府信任状况以及与亚洲主要国家居民差序政府信任程度进行比较的广域背景下，以实证分析为基础，提炼归纳我国居民差序政府信任的分布特征。

第五章为差序政府信任生成机理的总体分析。该章就我国居民差序政府信任的生成机理进行变量设计，通过实证分析进一步揭示哪些因素显著形塑了差序政府信任在全国总体层面的分布特征。在研究样本与变量设计部分，基于研究条件选定差序政府信任者样本，阐明因变量与自变量的由来并对其进行操作化处理，作为回归分析的基础。在实证分析部分，依据变量设计，对差序政府信任的生成机理进行全国总体层面的回归分析与结果解释。

第六章为差序政府信任生成机理的城乡与区域比较。该章通过实证分析进一步揭示哪些因素显著形塑了差序政府信任在城乡与区域层面的分布特征。具体而言，该章依据既定变量设计，首先分别以城市与农村作为选择变量，对城乡居民差序政府信任的生成机理进行回归分析、结果解释与比较研究；其次分别以西部、中部与东部作为选择变量，对西部、中部与东部居民差序政府信任的生成机理进行回归分析、结果解释与比较研究。

第七章为差序政府信任的正向弥合。该章首先对本书研究的主要结论进行提炼归纳与理论分析。以此为基础，保证中央政府高位信任的前提下，从制度、文化与媒介三个维度给出适度缩减居民差序政府信任程度的正向弥合建议。

第四节　研究方法与创新可能

一、研究方法

（一）规范分析方法

本书基于新制度主义、政治文化与政治传播三大理论基础，参考以往研究成果，以制度、文化与媒介为解释项，拟定了我国居民差序政府信任的分析模型。在每个解释项之下，分别设置若干维度，明确其含义与构成要素，进而对可能显著影响居民差序政府信任程度的因素进行推断，为变量设计与回归分析提供了基本参考。

（二）定量分析方法

本书基于相关数据样本，运用频数分析和描述性分析等统计方法，从央地政府高度信任比例差、央地政府信任均值差与差序政府信任者比例三个向度，对差序政府信任的分布特征进行研究假设与实证检验。

本书运用多元线性回归分析（Multiple Linear Regression Analysis）方法对差序政府信任的生成机理进行研究。本书以中央政府信任、地方政府信任、央地政府信任差为因变量。在自变量设计中，以地理分布与人口特征为控制变量，以制度、文化、媒介为解释变量。从全国总体、城乡（城市与农村）、区域（西部、中部、东部）三个层次检验自变量对因变量影响关系的显著性及方向性，对回归结果进行必要的分析与预测。

（三）比较分析方法

比较分析的具体方法有很多，同中求异和异中求同是必须遵循的基本原则。本书对我国居民差序政府信任进行了全国总体、城乡与区域层面的比较研究。通过比较分析，既揭示了差序政府信任分布特征与生成机理在全国总体层面的同质性特征，也解释了其存在城乡差异与区域差异的不同机理。

二、创新可能

本书在汲取学界以往研究成果优长的基础上，尝试在以下三个方面进行创新：

第一，多层次多向度揭示差序政府信任的分布特征。从全国总体、城乡（城市和农村）、区域（西部、中部和东部）三个层次，基于央地政府高度信任比例差、央地政府信任均值差、差序政府信任者比例三个向度深入剖析当代中国差序政府信任的分布特征。

第二，构建并检验差序政府信任生成的广域解释框架。基于新制度主义、政治文化、政治传播三大理论基础，参照以往研究成果拟定地理分布、人口特征、制度、文化与媒介五类自变量，并根据其测量维度分设若干自变量。从全国总体、城乡、区域三个层次，分别实证检验所设自变量对居民差序政府信任程度影响关系的显著性及方向性。实证分析结果表明，研究结论与研究设计预期具有良好的吻合度。因此，本书在一定程度上构建并检验了我国居民差序政府信任生成的广域解释框架。

第三，对差序政府信任生成机理进行城乡与区域层面的比较研究。选取覆盖全国所有省份、城乡与区域分布较为均衡的差序政府信任者样本，基于制度、文化与媒介的分析模型，对我国居民差序政府信任生成机理分别进行城乡（城市与农村）层面、区域（西部、中部和东部）层面的比较研究，揭示了城乡居民与不同区域居民差序政府信任显著性差异的不同机理。

第二章

差序政府信任的概念厘定

差序政府信任是政府信任结构在央地政府层面的表现形态之一。信任是政府信任的逻辑起点，对政府信任的理解应该溯源到信任本身。因此，信任、政府信任和差序政府信任是与差序政府信任研究相关的三个基本概念。本章对这三个基本概念进行溯源与诠释，为进一步探析差序政府信任的理论基础与分析模型奠定认知基础。

第一节　信任

一、词源学意义的信任

（一）古汉语中的"信任"

信，《说文解字》释为"诚"，是指人的言论应当是诚实不欺的，本义是真心诚意。如《周易·系辞》中"人之所助者，信也"的"信"就是真诚之义。任，《说文解字》释为"符"，是指古代朝廷传达命令或征调兵将用的凭证，称为虎符、符信等。汉朝规定，"符"用竹子制成，长六寸，分而相合。这样看来，"任"在古代就表征着国家和官员之间的信任关系，就有政府信任的内涵孕育其中了。引申开来，"任"就有了担荷、托付之义。如《诗经·大雅·生民》就有"是任是负"的诗句。不仅如此，《说文解字》还释"符"为"信"。这说明，在古汉语中，"信""任""符"三个字的内涵是基本相同的。

在古汉语中，比较普遍的一种情况是用"信"来单独表达信任的内涵。如《论语》中"足食、足兵、民信之矣"和诸葛亮《出师表》中"亲之信之"中的"信"都是信任之意。"任"也可以单独表达信任的意义。如《史记·屈原贾生列传》中"王甚任之"中的"任"也是"信任"之义。

根据古文献检索，在四书、五经、十三经中，信任并未作为复合词使用。在《史记》《汉书》中多次出现了"信任"一词。因此，可以断定，从汉朝开始，开始把"信"和"任"连用。古汉语中的信任有两方面的含义：一是等同于现代汉语中的信任。如《史记·蒙恬列传》中记载："始皇甚尊宠蒙氏，信任贤之。"《汉书·杨敞传》中记载："上所信任，与闻政事。"这里的"信任"和现代汉语里的"信任"表达了相同的内涵，完全可以用《现代汉语词典》中"相信而敢于托付①"的"信任"释义来进行解释。二是任随、听凭之意。如唐朝诗人高骈《风筝》诗："夜静弦声响碧空，宫商信任往来风。"第二种意义在现代汉语中已经不使用了。

（二）英语中的"信任"

在英语中，与"信任"直接相关的词根有两个：cred 和 fid。首先，cred 来自拉丁词 credere，意思是相信、信任。相关词汇有 credit、credence 等。credit 除了有"信任""信用"的意思外，还有"贷款""赊账"等含义。这很好理解，不管是贷款还是赊账，都需要建立在"信任"的基础之上。与之相关的，大学里"学分制"的英文表述是 credit system。"信用卡"，用英语表达为 Credit Card，这意味着学分的取得和交易的进行必须建立在诚实信用的基础之上。追本溯源，cred 和 cord（心）是同源的，它们最原始的含义就是心，这意味着信任要建立在内心真诚的基础之上。其次，fid 也是信任之意，是英语单词 fidelity（忠诚；逼真）的词根。fidelity 来自拉丁语的 fidelitas，相关词汇有 faith、confidence 等。faith（信任、信心）虽然在拼写上发生了变化，但同样来自此词根，d 和 th 发生了变换。音响界所宣扬的 hi-fi（高保真度）是 high-fidelity 的缩写。在美国大片中我们经常会看到 FBI 字样，英文全称是 Federal Bureau of Investigation，也就是美国联邦调查局。FBI 不仅是美国联邦调查局的缩写，还代表着该局应当坚持贯彻的信条——忠诚（Fidelity）、勇敢（Bravery）

---

① 中国社会科学院语言研究所词典编辑室. 现代汉语词典（第 5 版）［M］. 北京：商务印书馆，2010：1519.

和正直（Integrity）①。

在英语中，还有两个表示"信任"的常用单词：belief 和 trust。其中 belief 是英语本族语，trust 则来自于古挪威语。两者在表达"信任、信赖、相信"的意思时可以通用。《牛津高阶英汉双解词典》对 trust 的英语解释，第一义项就是"belief or willingness to believe that one can rely on the goodness, strength, ability, etc of sb/sth②"。它表达了社会个体基于对某人或某物的善良、优点和能力等而产生的乐意相信的一种自我期待。

（三）关于信任词源学的分析

以上关于信任词源学的考察给我们以下启发：汉语中的"信任"首先是信任方基于心理上的真诚意愿，进而在行动上做出了敢于有所托付的举动，最终相信被信任方一定会做出满足自身期待的行动，当被信任方做出了满足信任方期待的回应行动时，一个完整的信任过程便宣告完成。英语中的"信任"解析提供了理解信任的三个维度：一是相互之间的信任构成"贷款""赊账"等信用行为的基础；二是内心的真诚、忠诚是信任形成的主观条件，这在中西方是完全一致的；三是信任方信任举动的做出是基于对被信任方的良好品性、优点和能力等的一种综合判断。这种综合判断首先考虑了被信任方道德品质的因素，同时也考虑了特长和能力等因素，构成了信任发生的客观基础。

综合起来，在词源学意义上，信任在基本要素及结构上呈现出如下的完整链条：信任方基于经验和理性对被信任方的道德品性、特长和能力等的综合考量（信任的客观基础）→信任方真诚的心理期待（信任的主观条件）→信任方做出了敢于有所托付的行动（信任的核心要素）→被信任方做出了满足信任方期待的回应行动（信任达成的最终保证）。

二、多学科视角下的信任③

自 20 世纪 50 年代以来，心理学、生物学、经济学、管理学、社会学、伦

---

① 徐西坤，王鑫. 新说文解字：细说英语词根词源 [M]. 北京：中国水利水电出版社，2011：112-113.

② 霍恩比. 牛津高阶英汉双解词典（第四版）[M]. 李北达，译. 北京：商务印书馆，1997：1634.

③ 在本部分以及下一部分（三、信任的本质属性）中，使用了笔者本人撰写并已公开发表的部分研究成果。参见：胡晓利. 试论政府信任的三级本质 [J]. 理论导刊，2018（9）：22-27.

理学都对信任进行了较为系统的研究，产生了丰富的研究成果，形成了关于信任概念的多元视角。需要说明的是，本书无意全面梳理诸学科关于信任研究的全部观点，仅就其主旨或基本倾向进行大体描述。

(一) 信任的心理学视角

心理学将信任视为一种心理状态或者信念，属于个体心理事件或人格特质的范畴。心理学家通常认为，信任具有两大特点：一是未来性。信任是一种有着未来倾向的心理状态，这被视为是信任的一个最大特性。二是个体性和差异性。信任作为个体的期待和体验，是发生在个体内部的过程。由于个体的情感、认知和经验的差异，信任必然会呈现出鲜明的个体差异。概而言之，信任是个体在与他人交往中生成的一种着眼于未来的对他人行为的期待。因此，多数学者用"期待"来描述这种心理状态。这种期待意味着信任者对他人善意的感知和对他人能力、特长的信赖[1]。例如，戈薇尔（Govier）和鲁索（Rousseau）都认为信任的这种期待心理是以对他人善良意志的认可为基础的[2]。对于信任者自己主观上是否具有善良意愿，心理学家并未进行深入考量。

(二) 信任的生物学视角

生物学基于生存安全和互惠的个人主义立场来理解信任，将信任视为在个体心理认知基础上的行为选择。人类在生存与发展的进化过程中，逐渐认识到互惠有利于个体的生存与发展。正是凭依着相互之间的信任，既完成了互惠性的物物交换，又适应了高度不确定的自然环境，从而保证了个体与种族的安全与繁衍。这正如考古学教授安布鲁斯（Stanley Ambrose）所认为的那样，在 4 万年前生活的人类祖先之间正是在相互信任的基础上建立了"在精美的礼物——土鸡蛋的蛋壳打磨的小圆片穿成的项链——的交换基础上的社会关系网"。花费几小时的辛勤劳动打磨一片这样的礼物，对于礼物可以维系的社会保障系统来说，是非常合算的。依托于物物交换基础上的社会网络，早期人类比单独的群体更能够应对高度不确定性的环境[3]。

---

① 翟学伟，薛天山. 社会信任：理论及其应用 [M]. 北京：中国人民大学出版社，2014：43.

② 郭慧云. 论信任 [D]. 杭州：浙江大学，2013.

③ 汪丁丁. 信誉：在从猿到人转变过程中的意义 [J]. 浙江大学学报（人文社会科学版），2003 (2)：128-136.

（三）信任的经济学视角

经济学基于确保自我利益实现和交易顺利达成的理性选择立场，分析信任在市场经济或经济交易中的功能或作用。交易双方的相互信任既在微观上规避了交易风险，实现了个人利益；又在宏观上维护了经济秩序，促进了市场经济的顺利发展。毫无疑问，信任发挥上述作用的前提是基于理性计算的工具性立场，像资金投入一样遵循着"投资—回报"的运作逻辑。这种信任被形象地称作"社会资本"或合作资源。在相当程度上，经济学意义上的理性信任是一种不靠谱的或者"易碎性的信任"①，因为一旦其中一方作出失信行为，交易就会失败，失信者重构信任也就变得更加困难。

（四）信任的管理学视角

管理学将信任视为旨在防范风险和实现行为期望的内部控制机制。以泰勒科学管理和韦伯官僚制为代表的传统管理学，通过建立健全规章制度和细化工作标准等外部手段，来实现对部属的监督和控制，目的在于防范突发的风险，最大限度地提高工作效率。这在很大程度上忽视了部属自身的心理因素和情感因素。当这种外部监督和控制处于无能与无力的状态时，学者们开始关注信任作为内部控制机制对组织运作和组织目标的影响。例如，格姆贝塔（Gambetta）认为，"信任（或不信任）是一个行为者评价其他行为者或团体实际行为的主观可能性程度，评价在对该行为进行监控之前（或根本无法监控该行为）和与该行为对其自身行为产生影响的情况下进行②"。研究表明，组织成员对组织的信任程度与组织绩效成正比。组织成员对组织的高度信任，能够促进组织成员的本分行为、奉公行为、利他行为，使组织内部形成稳定、和谐与顺畅的工作氛围，提升了组织对资源的利用效能，因而提高了组织的绩效③。

（五）信任的社会学视角

社会学把信任看作一种具有交互性的社会关系或者行为方式。"信任不仅

---

① 洪名勇，钱龙. 多学科视角下的信任及信任机制研究 [J]. 江西社会科学，2013（1）：192-196.

② Gambetta D. Trust: Making and Breaking Cooperative Relations [A] //Gambetta D. Can We Trust Trust? [M]. Basil Blackwell: Oxford Press, 1990: 217.

③ Konovsky M. A., Pugh S. D. Citizenship Behavior and Social Exchange [J]. Academy of Management Jounral, 1994, 37（3）：656-669.

受到了人格因素、个体经验等个人因素的影响，而且受到了人际关系、社会支持等社会因素的影响①"。这表明，信任是在个体因素和社会因素综合作用下的一种力量。但相对于心理学视角的信任，社会学视角的信任具有行动性及实践性的突出特点。正如德国社会学家卢曼（Niklas Luhmann）所认为的那样，信任的重要之处在于，它是一种社会关系、社会行为，远远超出了心灵哲学和心理学的讨论范围②。因此，在社会学家看来，信任不仅仅是一种心理上的期待，更是一种在此基础上的社会交往行动和实践。信任在简化社会交往的复杂性乃至实现社会的安定与和谐方面发挥了重要作用。

值得注意的是，社会学家对信任的研究，并没有停留在社会关系或行为方式的表层，而是深入挖掘了关系和行动背后的深层因素，主要表现在两个方面：一是认为组织内部共同的道德和价值观为个体之间的信任奠定了坚实的基础。例如，福山（1998）认为，"信任是在某一群体成员对共同文化、习俗和制度规范认同的共同基础上，成员之间对彼此常态、诚实、合作行为的期待③"。二是从道德层面理解信任并探讨了信任的本体性价值。例如，吉登斯（1998）认为，信任不同于信心这种"弱归纳知识"，信心仅是"信任中的一种要素"。"信任意味着是对'承诺'的一种跨越，这是不可化约的'信念'的一种品质"；"在情感以及一定程度的认知意义上"，信任构成了"本体安全感"赖以存在的本原和根基④。

（六）信任的伦理学视角

伦理学从属于哲学，因而伦理学家往往站在哲学的高度来讨论信任问题。在伦理学看来，信任是在人际交往过程中所体现出来的一种基本德性，是一种社会善。伦理学继承了社会学的观点，认为信任在本质上是一种交互性的社会关系。所不同的是，伦理学认为这种交互性的人际关系是应当具有德性的，是需要德性品质支持的。因为，在人际交往中，情感、友谊乃至友爱的维系与养成，信任是蕴含于其中的不可或缺的基本因子。

---

① 张缨. 信任、契约及其规制——转型期中国企业间信任关系及结构重组研究 [M]. 北京：中国社会科学出版社，2001：18.

② 转引自：郭慧云. 论信任 [D]. 杭州：浙江大学，2013.

③ 福山. 信任：社会道德和繁荣的创造 [M]. 李婉容，译. 呼和浩特：远方出版社，1998：45.

④ 吉登斯. 现代性与自我认同 [M]. 赵旭东，等译. 北京：生活·读书·新知三联书店，1998：42.

因为信任是一种社会善，所以对于信任的德性品质的理解，我们需要回到亚里士多德对善的类型化研究上来。亚里士多德把善分为三种：始终为一种目的的善，这是因自身缘故而追求的；既为目的又为手段的善，这是既可因自身缘故，又可因其他事物缘故而追求的；仅为手段的善，这是只因其他事物的缘故而追求的①。信任就其自身性质来讲，既可因自身缘故，又可因其他事物缘故而追求，因而属于既为目的又为手段的善。其中，"自身"意味着把信任善作为人与生俱来的、内在的、固有的德性，是信任的应然状态，因而可以称之为信任的应当性。应当性因为"出于自身意愿的，非可操纵性的，也非功利性的考量②"而成就了真正意义上的信任。因而，它既可以形成良好的社会秩序，又可以造就个体的责任心。"其他事物"意味着把信任善作为实现信任方合法、正当权益的手段，因为信任方是在服从规范和习俗的前提下基于合法、正当的利益需求来换取被信任方的回应，因而可以称之为信任的正当性。正当性基于善意的利己主义立场出发来理解信任，为现存体制和社会环境所认可，可以作为信任的起点。应当性基于非功利性的利他主义立场出发来诠释信任，为现存体制和社会环境所鼓励，应当作为信任的归宿。这样，伦理学就在信任的正当性（起点）和应当性（归宿）之间铺设了一条渐近的、良性的平衡之路。

三、信任的本质属性

（一）事实与价值的界定及其关系

事实与价值的关系是人文社会科学研究的基本方法论。信任作为诸多人文社会科学学科关注的重要范畴，从事实与价值的维度对其分析和把握，更有助于我们科学阐释信任的概念。

1. 事实的界定

事实代表"物的尺度"，是指客观存在的一切事件、属性、关系及其变化过程的总和。在社会学奠基人、法国社会学家埃米尔·迪尔凯姆（Émile Durkheim）看来，事实就是现象。现象包括心理现象（心理学事实）和社会现象（社会事实）。社会现象不同于"仅仅存在于个人意识之中并依靠个人意

---

① 亚里士多德. 尼各马可伦理学 [M]. 廖申白，译. 北京：商务印书馆，2003：1096-1097.
② 王青原. 信任的伦理品格 [J]. 伦理学研究，2011 (5)：53-58.

识而存在"的心理现象，是"存在于个人之身外，但又具有使个人不能不服
从的强制力的行为方式、思维方式和感觉方式①"，也就是社会事实。

由此看来，社会事实既非个体内在的纯心理现象，也非通常意义上的社会
现象，而是具有外部性和强制性的社会现象。强制性，并不是一般的物理意义
上的强制性，而是包括规范、价值观和社会潮流等在内的不以个体意志为转移
的强制性力量，是一种行为方式。因此，我们可以看出，迪尔凯姆立足于主观
世界以外的客观世界，从社会结构入手来解释社会现象，奠定了以整体主义和
科学主义来研究社会现象的方法论基础。他通过对社会事实二维属性（外部
性和强制性）的界定，使社会学拥有了独立的研究对象。出于表述方便，我
们在本书中，把社会事实的外部性和强制性统称为事实性。信任是一种现象，
发生于社会之中的信任显然不仅仅是一种心理学事实，更是一种具有外部性和
强制性的社会现象、社会事实，当然具有事实性。

2. 价值以及工具理性和价值理性的界定

价值代表"人的尺度"，反映的是人的需要以及人的需要的满足。与迪尔
凯姆不同，德国社会学家马克斯·韦伯（Max Weber）认为仅仅看到社会事实
是不够的，因为同一社会事实对于不同的人具有不同的意义。因此，他主张以
社会个体而非社会整体为出发点研究社会现象，即必须立足于客观世界以外的
主观世界，从人的行动动机入手来探究社会现象背后的人的目的和意义。社会
学应当以"以明确的意义作为目标的行为②"，即个体的社会行动为依归。他
将人的理性行为分为有目的的理性行为和有价值的理性行为两种，而这两者恰
恰构成了工具理性和价值理性的基础。在他看来，工具理性是"通过对周围
环境和他人客观行为的期待所决定的行动，这种期待被当作行动者本人所追求
的和经过理性计算的目的的'条件'或'手段'"。价值理性是"通过有意识
地坚信某些特定行为的——伦理的、审美的、宗教的或其他形式的——自身价
值，无关于能否成功，纯由其信仰所决定的行动③"。从基本内涵来看，工具
理性试图通过精细的理性计算以较低的成本来实现收益的最大化，是追求事物
最大功效的效率理性。价值理性则从最终归宿和终极关怀的立场出发，追问行

---

① 迪尔凯姆. 社会学方法论的准则 [M]. 狄玉明，译. 北京：商务印书馆，1995：25.

② 刘中起，风笑天. 整体的"社会事实"与个体的"社会行动"——关于迪尔凯姆与韦伯社会
学方法论的逻辑基点比较 [J]. 社会科学辑刊，2002（2）：46-50.

③ 马克斯·韦伯. 社会学的基本概念 [M]. 顾忠华，译. 桂林：广西师范大学出版社，2005：
31-32.

为对人的价值和意义，是追求行为和目的性的实质理性。客观来讲，排除极端性的非理性情形，就通识意义上的道德倾向而言，工具理性以手段性的最佳效用作为理性需要，价值理性以目的性的价值理想为最高追求。

工具理性与价值理性这样一对重要范畴，既构成了我们理解人的理性的两个不可分割的重要方面，又为研究心理现象和社会现象提供了个体主义和人文主义的方法论。在方法论意义上，工具理性和价值理性在相当程度上是手段和目的的关系。工具理性考量手段性成本与目的性收益之间的比例关系，是"外在技术层面征服自然而实现的人的自由的工具"。价值理性则强调行为目的的至善性，是"内在精神层面维系人的生命存在的目也就是安身立命的根据"①。在主体的理性需要上，前者会呈现手段善和手段恶两种状态，后者则是纯善无恶的。信任作为主体的一种需要及其满足，同样具有工具理性和价值理性的双重属性，在工具理性层面也同样会呈现手段善与手段恶之分。已有研究指出，主体的两种心理需要是信任产生的重要原因，一种是自我保护的需要，它总是促使人们去理性选择实现自己利益最大化或者将损失减少到最低限度的行动；另一种是归属与爱的需要，这是指在个体之间的交往中，施爱于他人并为他人所爱的需要②。前者大体相当于工具理性的范畴，后者大体相当于价值理性的范畴。

3. 事实与价值的关系

综上所述，迪尔凯姆和马克斯·韦伯分别奠定了人文社会科学研究的两种方法论基础：整体主义的事实性和个体主义的价值性。辩证地看，事实与价值是既相互对立又有机统一的关系。正如世界是由客观世界和主观世界构成的完整世界，社会现象同样是由事实因素和价值因素构成的一体现象。因而，在研究社会现象的过程中，一味坚持事实与价值的绝对对立是极为有害的。正确的做法是，在适度区分事实与价值的基础上力争实现两者的有机融合。在这方面，已有学者主张采用"层次论"的研究方法，立足于人和社会的复杂性、多质性和多层性，在人的活动上把事实与价值综合起来，在不同层面上使用不同的方法论来研究③。因此，事实与价值的辩证关系为我们理解和研究信任提供了基本的方法论基础。

① 李善峰. 在价值理性与工具理性之间——文化保守主义思潮的历史评判 [J]. 学术界, 1996 (1)：32-37.
② 曾慧敏. 论心理需要是信任产生的心理原因 [J]. 兰州学刊, 2008 (S1)：88-90.
③ 景天魁. 现代社会科学基础（定性与定量）[M]. 北京：中国社会科学出版社, 1994：13.

（二）信任基本倾向的事实归属与价值归属

根据前文对信任多学科视角的梳理和对事实与价值的基本界定，我们把诸学科对信任概念的认识根据其基本倾向做出如下归属：

1. 事实层面的归属

心理学的个体心理期待、社会学的社会关系和行为方式，均是基于"物的尺度"的"事实"描述。也可以这样讲，两者都对信任做出了事实判断，而非价值判断。所不同的是，心理学将信任作为个体内在的心理学事实，社会学将信任作为具有外部性和强制性的社会事实。信任的事实性的揭示使得我们能够超越心理学事实的层面，把信任置于社会关系之中去考察并予以客观描述。

2. 价值层面的归属

首先，工具理性归属。生物学的个体生存、经济学的理性计算、管理学的风险防范都毫无例外地把信任作为维系个体生存、实现个人和组织利益的手段，其最终目的是要实现个人或组织的安全、利润、效率乃至效益的最大化，因而是工具理性的。并且这样一种工具理性并不一定以善良意志为前提，在现实性上可能呈现手段善与手段恶两种形态。伦理学的正当性虽然也具有一定的工具理性色彩，但和生物学、经济学与管理学意义上的工具理性是有鲜明差别的。一是这种正当性是以个体的善良意志为基础的手段善，摒弃了手段恶。二是这种正当性并不是从终极意义上来加以理解的，仅仅作为信任善的起点，要以应然性的信任善为依归。

其次，价值理性归属。伦理学的应然性，把信任的视角从手段性的个体安全和利益层面转换到目的性的德性品质的层面，因而是从属于价值理性的。伦理学对信任价值理性的揭示兼顾了个体性和社会性，在注重提升个体的德性品质的同时，也着眼于友善和谐的人际关系和社会良好道德风尚的形成。社会学的组织价值观和本体性安全虽然也具有一定的价值理性色彩，但就对信任概念把握的彻底性和完整性而言，显然不及伦理学的应然性。因而，伦理学的应然性所蕴含的价值理性倾向更为明显，更为地道。

（三）信任的事实性、正当性和应然性

基于以上的分析，我们就大体梳理出关于信任研究的三个重要维度：社会关系层面的事实性、工具理性层面的正当性和价值理性层面的应然性。那么，

事实性、正当性和应然性是否是对信任本质属性的科学揭示呢？

首先，概念的本质属性可以呈现出循序渐进、由浅入深的多级性或多维性。"本质是事物的根本性质，是事物本身所固有的，决定事物的性质、面貌和发展的根本属性。①"列宁在《哲学笔记》中说："人的思想由现象到本质，由所谓初级的本质到二级的本质，这样不断地加深下去，以至于无穷。②"这说明，人们对概念本质属性的认识，只要把握住概念的根本性质，是可以由浅入深来揭示概念的多级本质的。

其次，信任在实质上是人与人之间的相互信任。就信任的类型而言，虽然也存在着人与组织之间和组织与组织之间的信任，但组织的行为是由组织的成员以组织的名义完成的。这样，信任的主体和客体都是人。这意味着只有把握人的本质，才能准确把握信任的本质属性。关于人的本质，在马克思主义的观点看来，包括事实本质和价值本质两个方面。其中，事实本质解决人"是"什么的问题，价值本质解决人"应该"是什么的问题。"任何关于人的哲学理论，都不可避免地要回答这两方面的问题，尽管其回答方式和内容各不相同。③"关于人的事实本质，马克思的著名论断则是："人的本质不是单个人所固有的抽象物，在其现实性上，它是一切社会关系的总和。④"这与信任的事实性相对应。就人的价值本质问题，自然应该关注人的自由和发展。马克思曾把"自由和自觉的活动"作为人的"类本质"⑤。信任的正当性与应然性，显然是基于人的价值本质的立场出发的，与人的价值本质相对应。

最后，信任在过程上应当呈现持续性的良性互动的发展历程。因而，对信任本质属性的界定，不仅要明确信任关系建构的良性方向和渐进策略，更要契合人的自由和发展；不仅要基于人的理性权衡和物质欲求，更要考量人的内在信仰和精神需求。事实性、正当性和应然性不仅明确了信任重建的渐进策略，而且能够确保信任建构的良性方向。因此，事实性、正当性和应然性完全符合

---

① 聂立清，郑永廷. 人的本质及其现代发展——对马克思人的本质思想的再认识 [J]. 现代哲学，2007（2）：104-109.

② 列宁. 哲学笔记 [M]. 北京：人民出版社，1993：213.

③ 徐长福. 人的价值本质与事实本质的辩证整合——马克思关于人的本质的思想及其解释过程新探 [J]. 中山大学学报（社会科学版），2003（5）：7-12.

④ 马克思，恩格斯. 马克思恩格斯选集（第二卷）[M]. 中共中央马克思恩格斯列宁斯大林著作编译局，编译. 北京：人民出版社，2012：135.

⑤ 马克思，恩格斯. 马克思恩格斯全集（第四十二卷）[M]. 中共中央马克思恩格斯列宁斯大林著作编译局，编译. 北京：人民出版社，1979：96.

上述理念，是对信任本质属性的科学揭示。

第二节 政府信任

一、政府信任的概念①

不同的学科提供了理解信任的多元视角，就政府信任而言，同样具有公众心理上的个体差异，也表现为基于安全和互惠的理性选择；既影响着政府的合法性和社会治理的水平，又关乎社会生活的稳定有序和人际关系的温良和谐。

（一）政府信任的内涵

国内学者对于政府信任内涵的理解，可以概括为心理期待说、评价说、资源说和互动关系说四类代表性观点。心理期待说将政府信任理解为居民对政府及其行为"抱有可信赖型的正面期望状态②"；评价说将政府信任理解为"公众对于政府及其行为是否符合民众规范性预期所做出的基本评价③"；资源说主张政府信任是"公民对政府是否满足其利益需求心理预期的动态性资源集合体④"；互动关系说认为政府信任是"建立在公民对政府的合理期待以及政府回应基础上的一种互动、合作关系"，并由此认定"公民与政府的交互关系"就是政府信任的本质⑤。在以上四类观点中，互动关系说为多数学者所坚持，影响较大，被广泛引用⑥。即使是秉持心理期待说、评价说或资源说的学

---

① 在本部分中，使用了李兆友教授与笔者合作撰写并已公开发表的部分研究成果。参见李兆友，胡晓利. 重建政府信任：属性、类型及其关系 [J]. 河南师范大学学报（哲学社会科学版），2017（2）：19-24（注：该文被中国人民大学报刊复印资料《管理科学》2017年第7期全文转载）。

② 徐彪. 公共危机事件后的政府信任修复 [J]. 中国行政管理，2013（2）：31-35.

③ 林雪霏. 转型逻辑与政治空间——转型视角下的当代政府信任危机分析 [J]. 社会主义研究，2012（6）：40-45.

④ 韩兆柱，何雷. 地方政府信任再生：影响维度、作用机理与策略启示 [J]. 中国行政管理，2016（7）：96-100，139.

⑤ 张成福，边晓慧. 论政府信任的结构和功能 [J]. 教学与研究，2013（10）：13-21.

⑥ 邹育根，江淑. 中国地方政府信任面临的挑战与重建——国内学术界关于地方政府信任问题研究现状与展望 [J]. 社会科学研究，2010（5）：41-46.

者，一般也是基于公众期待和政府回应的互动交往结构与过程来界定政府信任的，因而互动关系说已经成为国内学者关于政府信任内涵界定的主流观点。在本书中，政府信任是指公众对于本国政府的信任程度，是由公众心理期待和政府回应所构成的完整的互动结构。在此意义上，政府信任不仅是公众对政府的一种政治心理或者政治评价，更表征着政府与公众之间的互动交往关系。本书在此基础上从良性互动关系建构的视角对政府信任的本质属性展开进一步的探讨。

（二）政府信任的本质属性

如前文所述，信任的本质属性是由事实性、正当性和应然性构成的依次渐进的三个维度。以此为基础，出于厘定政府信任重建之渐进策略和良性方向的目的，考量政府回应风险性和政府信任达成的确定性程度，将政府信任的本质属性依次界定为：互动性的初级本质、善意策略性的中级本质与道德性的终极本质。

首先，在初级意义上，互动性意味着公众和政府之间的双向互动关系，这种互动关系在客观上是由公众期待和政府回应所构成的完整结构。但从客观上来讲，公众和政府之间的互动质量和层次是有差别的。良性互动应成为政府信任的理想模式和发展趋向。因此，互动性因为没有明确政府信任建构的良性方向而具有其先天的局限性，仅仅触及了政府信任本质的表层。我们还应在此基础上进一步挖掘政府信任的深层本质。

其次，在中级意义上，善意策略性意味着公众和政府之间的善意互惠型社会关系。善意策略性从手段上排除了公众和政府之间的恶意信任关系，从而明确了公众和政府互动的良性前提，保证了政府信任建构的良性方向，可以作为谋求公众与政府信任良好信任关系的起点。但善意策略性的局限性在于：公众和政府之间的信任是基于工具主义的理性选择和精准计算的立场，彼此之间的信任是作为实现各自特定目的的手段而存在的。因而，善意策略性对政府信任本质的理解，虽然实现了从互动关系的浅层到善意工具理性深层的跨越，但与信任的应当性相比，良性互动的程度仍然处于较低层次，仍然需要进一步拓展和深化。

最后，在终极意义上，道德性意味着公众和政府的纯粹利他型社会关系。在道德性的政府信任中，公众与政府已经将信任内化为自身高尚的精神需求，信任本身就是行为的目的，公众和政府都能基于价值理性的立场去构建双方之间的信任关系，公众的心理期待与政府的合理回应形成了理想状态的一致。由此，我们对政府信任本质属性的探索，已经从善意的策略性跨越到了纯善的道德性，实现了由工具理性向价值理性的根本性转换，政府信任的本质在终极意义上被揭示出来。

综合以上分析，政府信任的本质属性是由互动性、善意策略性和道德性组成的三级结构，这可以看作是对政府信任概念的层次性解释。在政府信任的三级本质之间，互动性是善意策略性和道德性的基础，善意策略性和道德性则保证了互动性的良性方向。在具备互动性这一客观基础上，善意策略性是政府信任建构的起点，道德性是政府信任建构的归宿。公众与政府在信任关系中的良性互动的尺度就存在于善意策略性和道德性之间。因此，这三级本质之间较好地体现了相互依存、不断深化和适度平衡的辩证关系，为我们建构政府信任及理解差序政府信任提供了一个循序渐进的解释框架。

二、政府信任与相关概念的区别

（一）政府信任与政治信任

国外学者一般将政治信任分为宏观层面的信任与微观层面的信任，"宏观层面的信任主要指民众对于政府绩效以及整个政治体制与制度的信任，也包括对于某一特定的政治制度的信任，微观层面的信任主要指民众对政府官员或政治领导人的信任与评价[①]"。Easton（1975）将政治支持区分为弥散型支持和特殊型支持。弥散型支持针对的是政治共同体和政府所奉行的基本价值和原则；特殊型支持则针对的是政府推行的具体政策及政府的主要机构和政府官员[②]。Norris（1999）发展了伊斯顿的分析框架，将政治信任细化为共同体（政治社群）、体制（政体原则）、绩效（政府表现）、机构（政府机构）和领袖（政治人物）五个维度[③]。

---

① 梅立润，陶建武. 中国政治信任实证研究：全景回顾与未来展望 [J]. 社会主义研究，2018（3）：162-172.

② Easton D. A. Re-assessment of the Concept of Political Support [J]. British Journal of Political Science, 1975, 5（4）：435-457.

③ Norris P. Conclusions：The Growth of Critical Citizens and Its Consequences [A]//Benjamin B. Critical Citizens：Global Support for Democratic Governance [M]. New York：Oxford University Press, 1999：1-27.

目前国内学术界对于政治信任的理解有狭义说与广义说之分。狭义说将政治信任等同于政府信任，主要指民众对政府的信任。很多学者在相关研究中并不区分政治信任和政府信任，有的学者甚至在一篇论文中有时使用政府信任，有时使用政治信任①。也有学者将政治信任看作权威信任的一种，即公众对社会管理权威（政府机构）的信任②。

广义说将政治信任置于政治制度、政治体制、政权基础等广义视域中进行界定，主张政府信任仅是政治信任的一个方面，但对政府信任的客体存在着认知上的差异。例如，宋少鹏和麻宝斌（2008）认为，政治信任的内涵大于政府信任，政府信任只是政治信任的一个方面，政府信任把信任的对象确指为政府，包括对政治精英的人际信任和对具体公共政策的信任。政治信任则是民众对政治体系及政治生活的信心，包括对政治体制的信任、对政府的信任和公民之间的信任③。李连江（2012）认为，政治信任有两个重要向度：一是对现任政府以及在任政治权威的信任，一般称为政府信任；二是对政府体制和政治制度的信心，一般称为政体信任或政制信任④。吴亲恩（2007）认为，政治信任具体反映在三个不同的面向上：对个别政治行为者的信任、对政府的信任、对政治体制的信任⑤。有的学者分析更为明确，主张政府信任与政治信任是属种概念关系。若将政治信任视为种概念，则其从属概念主要有政府信任、政府公信力等⑥。

本书认为，既然政府信任和政治信任是学界公知公认的两个概念，就应该各有其明确的内涵和外延。狭义说是站不住脚的，本书基本赞同广义说。但仅仅将政府信任限定为公众对政府机构和政治权威的信任，将公众对一般政府官员的信任排除在政府信任之外，将其归属于广义的政治信任，是对政府信任的狭隘的理解，是值得商榷的。本书基本上赞同李连江对政治信任的分类，即将

① 刘伟. 政策变革与差序政府信任再生产——取消农业税的政治效应分析 [J]. 复旦学报（社会科学版），2015（3）：157-164.

② 张婍，王二平. 社会困境下政治信任对公众态度和合作行为的影响 [J]. 心理科学进展，2010（10）：1620-1627.

③ 宋少鹏，麻宝斌. 论政治信任的结构 [J]. 行政与法，2008（8）：25-27.

④ 李连江. 差序政府信任 [J]. 二十一世纪，2012（6）：108-114.

⑤ 吴亲恩. 台湾民众的政治信任差异：政治人物、政府与民主体制三个面向的观察 [J]. 台湾政治学刊，2007，11（1）：147-200.

⑥ 张润泽，张燮. 国内政治信任研究的理论进路及其发展趋向 [J]. 当代世界与社会主义，2014（3）：198-202.

政治信任分为政府信任和政制信任。但对政府信任的对象略有扩展，将政府信任的客体概括为两类：政府机构和政府官员。

(二) 政府信任与政府公信力

从国内学者对政府公信力概念的界定来看，主要有三种理解：一是认为政府公信力是政府获得公众信任的能力；二是认为政府公信力是政府获得公众信任的程度；三是认为政府公信力反映了政府行政能力和公众对政府满意度之间的力量对比关系①。从以上界定我们可以看出，政府公信力的主体是政府，强调政府赢得公众信任的主动性、客观性和效能性。政府信任的主体是公众，强调公众在政府信任关系中的主动性，是公民在对政府表现进行理性判断基础上而形成的对政府可信性程度的主观评价。因而，政府信任鲜明地体现了公众对政府可信性评估的主动性、主观性和体验性。当然，两者也存在着密切的联系，政府信任往往构成政府公信力的主观依赖和必然结果，政府公信力则是政府信任生成的衡量指标和客观基础。

三、政府信任的要素

以政府信任表征的社会关系为切入点，我们可以进一步探究政府信任的要素，深化对政府信任概念的理解。政府信任的要素可以简要表述为主体、客体和介体。

政府信任的主体即施信方，是政府信任的发出者。一般认为，公众是政府信任的主体，是与政府发生互动关系的自然人、法人或其他组织。政府信任是公众依据政府满足自身期待的程度而形成的对政府可信度的认知和评价。很多学者都以这种视角来界定政府信任。例如，Miller 等（1990）认为，所谓政府信任，乃是公众对于政治权威当局及政治机构是否依据民众的规范性期待的一种评估②。也就是说，政府信任是公众对于政府如何基于公众期望而运作的基本的评价③。

---

① 杨钰. 政府公信力研究综述与学术反思 [J]. 湖北社会科学，2012（12）：26-30.

② Miller A. H. , Listhaug O. Political Parties and Confidence in Government：A Comparison of Norway, Sweden and the United States [J]. British Journal of Political Science，1990，20（3）：357-386.

③ Miller A. H. Political Issues and Trust in Government：1964-1970 [J]. American Political Science Review，1974（3）：951-972.

政府信任的客体即受信方，是政府信任所指向的对象，包括政府机构与政府官员。本书仅就政府机构层面进行研究。一般而言，公众是否信任政府以及在何种程度上信任政府，取决于政府回应公众期待的主观态度与客观表现。对于政府的理解和认知，可以基于外延、层级、过程等多个维度。从外延来说，则有广义和狭义之分。广义政府涵盖所有的国家机构，包括党务、立法、行政、司法、监察等各类国家机关；狭义政府则仅指专司行政职能的行政机关，是各级人民政府（含派出机关）、县级以上各级人民政府职能部门以及两者所辖所有行政机构的统称。从层级来说，则有中央与地方（省市县乡四级），高层（中央和省）、中层（设区的市）、基层（县级和乡镇）之分。从过程来说，则有政府理念、政府行为和政府质量之分。因而，政府信任的客体要素具有多元、多维和多层的特点①。这因此导致公众对政府的信任评价标准的多元与差异。例如，波兰著名社会学家彼得·什托姆普卡（Piotr Sztompka）就指出，公众对于国家（政府）的信任由七项要素构成：规制、效率、可靠性、代表性、公平性、负责性以及善心德行②。

政府信任的介体即媒介因素，是政府信任过程中的信息沟通系统。在现代社会，政府信任关系的发生和变化不仅来自公众与政府的直接互动，更来自于以媒体为中介的间接互动。媒介不仅包括电视广播、报纸杂志等传统媒介，而且包括互联网、手机等新兴媒介。媒介成为公众获取政治信息和政府资讯的重要渠道，已经构成政府信任的重要生成机理。由于媒介管制制度、媒介政治倾向的不同，加之公众的媒介类型偏好、媒介使用频率等原因，媒介对政府信任的影响也变得日趋复杂而多元，而且处于动态的调整与变化之中。

四、政府信任的功能

（一）夯实政治合法性根基

"任何一种政治系统，如果它不抓住合法性，那么，它就不可能永久地保持群众对它所特有的忠诚心。③" 政治合法性意味着政治统治的正统性和正当

---

① 杨建宇. 当代中国政府信任层级差异研究 [D]. 济南：山东大学，2016.
② 什托姆普卡. 信任：一种社会学理论 [M]. 程胜利，译. 北京：中华书局，2005：186-200.
③ 哈贝马斯. 重建历史唯物主义 [M]. 郭官义，译. 北京：社会科学文献出版社，2000：264.

性，是指公众对现有政治体制、政治权威和政治秩序的认同和接受程度。一般而言，政治合法性的外在基础包括意识形态、政府绩效和法理权威三种。在政治生活中，这三个方面都与政府信任存在着密切关联，都需要以较高的政府信任度为心理与情感基础。

政府可以通过媒介管控来对民众进行正面的意识形态教化，可以通过政策输出和绩效提升让民众分享改革红利，可以动用警察、法庭、监狱等外在强制手段维系社会稳定，但政治合法性的真正基础无疑来自于公众发自内心的认同和信任。"不断灌输合法感或许是控制有利于典则和当局的散布性支持规模的唯一的最为有效的手段。一个成员可能因许多不同的缘由而愿意服从当局并遵守典则的要求。然而，最稳定的支持还是来源于成员相信，对他来说，承认并服从当局、遵奉典则的要求是正确的和适当的。①"也就是说，政府信任对政治合法性的外在基础起到了支撑作用，从内在的政治心理层面强化了公众对现有政权的认同，从而起到了夯实政治合法性根基的作用。缺失政府信任支撑的政治合法性是非常脆弱和极其危险的，一旦"政府信任流失演变为信任危机，其对政权合法性与正当性的影响，远远超过赤字危机与绩效危机②"，甚至会引发对现有政权的合法性认同危机。

（二）节省治理成本

治理成本关乎国家和社会的可持续发展，已经成为广受关注的重要课题。以最小化的治理成本实现最大化的治理绩效是国家治理体系有效和国家治理能力较高的重要体现，在一定程度上反映着国家治理现代化的水平。治理成本问题之所以在近年来备受关注，主要有两个方面的原因，一个是一味地追求经济发展严重侵蚀了自然资源和生态环境，另一个是对政府在国家治理过程中不顾及成本倾向的认知。节省治理成本可以从政治、社会、生态等方面通过基本制度建设和具体措施来进行，而这其中的心理基础就是较高的政府信任水平。有研究者认为，较高的政府信任能够有力推动政府及时、有效地治理公共冲突。较低的政府信任是公共冲突发生乃至蔓延升级的重要原因之一③。

---

① 伊斯顿.政治生活的系统分析 [M].王浦劬，译.北京：华夏出版社，1999：335.
② 魏淑艳，唐荣呈.我国政府信任流失的三维检视与信任重塑 [J].东北大学学报（社会科学版），2014（5）：492-497.
③ 王玉良.缺失与建构：公共冲突治理视域下的政府信任探析 [J].中国行政管理，2015（1）：11-15.

如果政府具有公信力，公众拥有对政府的高度信任，公众就会真心认同和支持政府的治理方案，在国家治理的过程中与政府保持良性互动，从而大大降低国家治理的制度成本和运行成本。这是因为，信任文化有助于增进个体与政府的合作，"由于认同意识，信任文化增强了个体与共同体（家庭、民族、教会等）的联结，并产生强烈的导致合作、互相帮助以及为他人的利益甚至不惜牺牲自己的倾向的集体团结。……当信任文化出现时，交易成本被显著降低，而合作的机会被显著地提高了①"。另外，信任具有降低社会复杂性的简化功能，政府信任同样具有降低社会系统复杂性的治理简化功能②。政府信任是有别于人际信任的系统信任。系统信任是对一般化的沟通媒介（法律、权力、货币等）的信任，而这些媒介可以通过连续的、肯定性的使用经验自然而然地获得公众的信任③，从而起到降低治理成本的作用。

(三) 促进制度化的政治参与

政治参与是普通公民参与政治生活，试图影响公共政策和公共生活的一切活动。从广义上来讲，政治参与可以分为制度化和非制度化两类。制度化的政治参与是指所有与制度过程直接相关的活动，非制度化政治参与形式与选举过程或政府机构的运作没有直接关系。一般认为，适度的制度化政治参与是政治民主化和现代化的重要形式，能够增进政府与公众之间的信任和合作，使良善的公共生活的实现成为可能。具体而言，有助于保护和增进公民的合法权益，促进社会的安定与和谐；能够实现对公共权力的监督，保证公共政策的科学性和合理性；能够优化政府治理水平，提升公共服务质量。

Norris (1999) 对 1995~1997 年世界价值观调查数据的分析揭示了公民对政府机构的信任与政党活动之间的正相关关系。相反，政府信任水平较低的公众，在评估自身与政府的距离时表现得更为消极，政治参与效能感知也较低，具体在选举参与上的投票行为也不是很积极④。Hooghe 和 Marien (2013) 通过对欧洲社会调查（2006 年）第三波数据的回归分析，证实了政府信任与制度化的政治参与正相关，良好的政府信任促进了制度化的参与形式，包括基于党

---

① 什托姆普卡. 信任：一种社会学理论 [M]. 程胜利，译. 北京：中华书局，2005：141.

② 张成福，边晓慧. 论政府信任的结构和功能 [J]. 教学与研究，2013 (10)：13-21.

③ 翟学伟，薛天山. 社会信任：理论及其应用 [M]. 北京：中国人民大学出版社，2014：98-102.

④ Norris P. Conclusions：The Growth of Critical Citizens and Its Consequences [A]//Benjamin B. Critical Citizens：Global Support for Democratic Governance [M]. New York：Oxford University Press，1999：1-27.

员身份积极参与政党或行动小组工作，与政府官员联系，以及在全国大选投票。对于非制度化的参与形式，包括签署请愿书、抵制产品和参加示威游行，政府信任度低的公民更有可能参与，政府信任度高的公民很少参与。也就是说，政府信任与非制度化的政治参与负相关[①]。

在我国，多位学者运用实证数据验证了政府信任和制度化政治参与之间的正相关关系。村民参与村民委员会选举是制度化政治参与的重要表现形式。村民对基层政府的信任度越高，其参与村民委员会选举的可能性就会更高[②]。对中央政府和地方政府信任程度越高的公民，其参与村居投票选举活动的可能性越大[③]。政府信任水平还显著影响了个体的社会公共政策参与[④]。进一步研究还发现，政府信任不仅能够调动公众政治参与的积极性，对公众主动参与政治生活的意愿发挥重要的激发作用；还可以有效提升公众对以往政治参与情况的评价，从而获得较高的政治参与满意度[⑤]。

(四) 推动社会发展

社会发展是包括经济、文化、政治、习俗、体制等一系列社会存在在内的总体发展，蕴含着社会秩序、社会控制、社会稳定的方法与技术。政府信任是现代国家实现社会发展的重要桥梁与纽带，在建构社会秩序、实现社会控制、保持社会稳定方面发挥了不可替代的重要作用。

首先，良好的社会秩序是社会发展的前提。"信任有维护社会秩序的一般功能，并且为不断相互作用的行动者和体制提供了认识的和道德的期望图式。[⑥]"在常态化的社会运行中，互惠与习俗是社会秩序形成的主导力量。"信任的产生与互惠和习俗有着千丝万缕的联系，因此由互惠与习俗造就的社会秩序将是一个包含信任，即社会成员间保持丰富信任关系的秩序。"[⑦] 社会信任

① Hooghe M. , Marien S. A Comparative Analysis of the Relationship between Political Trust and Forms of Political Participation in Europe [J]. European Societies, 2013, 15 (1): 131-152.

② 孙昕，徐志刚，陶然，等. 政治信任、社会资本和村民选举参与——基于全国代表性样本调查的实证分析 [J]. 社会学研究，2007 (4): 165-187.

③ 段雪辉. 政府信任与政治参与研究 [J]. 中共福建省委党校学报，2016 (3): 61-68.

④ 张川川，胡志成. 政府信任与社会公共政策参与——以基层选举投票和社会医疗保险参与为例 [J]. 经济学动态，2016 (3): 67-77.

⑤ 郑建君. 政治信任、社会公正与政治参与的关系——一项基于 625 名中国被试的实证分析 [J]. 政治学研究，2013 (6): 61-74.

⑥ 巴伯. 信任: 信任的逻辑与局限 [M]. 牟斌，等译. 福州: 福建人民出版社，1989: 20-21.

⑦ 郑也夫. 信任与社会秩序 [J]. 学术界，2001 (4): 30-40.

的维系与普及无法独自造就，有赖国家的守望与呵护。政府只有守法诚信、守约践诺，才能赢得公众的高度信任，才能对社会信任起到示范、引领和推动作用。从这个意义上说，政府信任是社会信任的晴雨表和风向标，是构造良好社会秩序的必备因子。

其次，在社会发展的历程进程中，社会成员不可避免地出现偏离行为甚至越轨行为，必须运用社会控制这一治理工具去引导或斧正。"就社会控制而言，权力是最充分的和最有效的。也就是说，为了达到个体的或体制的目标，必须信任权力，情愿承认和接受权力，以期望持有权力的人为了作为一个整体的体制将有技术能力地和有信用责任地使用权力。①"由此可见，公众对政府的良好信任不仅是社会控制的前提，而且能够保证社会控制的效果，进而确立起整体的社会控制机制。

最后，社会稳定是社会发展的基本前提和重要保障。政府信任是社会稳定的政治基础，是建构稳定有序的政治、经济、文化和社会生态的捷径。一旦公众在内心确立起对政府的基本信任，就会在情感上和习惯上理解、认同和遵守政府出台的制度与政策，成为社会稳定与和谐的强大心理屏障。此外，作为系统信任的政府信任天然地拥有了对个体不满的过滤机制："它几乎不受个体不满的影响，个体的不满总是通过解释被消除，或者作为特例而不予理会。②"

五、政府信任的测量方式

从国内外已有的问卷数据与相关研究来看，对于政府信任及政治信任的测量可以概括为直接测量与间接测量两种基本方式。直接测量通过直接调查居民对政府持肯定或否定的信任态度来进行测量，借助李克特量表（Likert scale）③询问受访者对政府及政治系统的信任程度。间接测量则"从经验层次上根据其他态度(如对民主、异化、政府工作方式、政治支持以及合法性等的满意度)④"

---

① 巴伯. 信任：信任的逻辑与局限［M］. 牟斌，等译. 福州：福建人民出版社，1989：21.

② 卢曼. 信任：一个社会复杂的简化机制［M］. 瞿铁鹏，李强，译. 上海：上海人民出版社，2005：76.

③ 在信任程度的测量方面，李克特量表一般分为四点量表（完全不信任、比较不信任、比较信任和完全信任）与五点量表（完全不可信、比较不可信、居于可信与不可信之间、比较可信和完全可信）两种类型。

④ 刘米娜，杜俊荣. 转型期中国城市居民政府信任研究——基于社会资本视角的实证分析［J］. 公共管理学报，2013（2）：64-74.

来进行测量，从多个维度间接反映受访者对政府及政治系统的信任态度，进而对政府信任及政治信任做出综合性判断。

应当说，直接测量与间接测量各有其优长。直接测量的优点是直观而稳定，实现了个体人格特征与社会化学习的较好契合。间接测量是受访者对政府及政治系统问题做出的理性判定或具体的评价标准，并由此推导出受访者实际的政府信任及政治信任程度①，因而更为全面。一般来说，间接测量更强调理性基础与制度基础，比较适合政治信任这种较为综合的测量。直接测量则不考量信任背后的环境因素与制度因素，比较适合政府信任这种较为单一的测量。

第三节　差序政府信任

一、央地政府信任差序化现象的学界认知

Li 和 Obrien（1996）②、Bernstein 和 Lu（2000）③ 等国外学者在针对中国农村地区的调研中感知到了中国农民信任中央政府、不信任地方政府的心理倾向。

国内学者对我国居民差序政府信任的印象认知始于农民群体。民众的日常话语是公众舆论最直观、最平常的表现形式，是民心的反映和表征，是体现政府信任的重要载体。一些学者在对我国农村的调研中了解到了农村中流行的民谣，形象地反映了农民对不同层级政府的"差序化"认知。例如，张厚安和蒙桂兰（1993）在关于农村基层选举的研究中提到了群众心中"上清下浊"的央地政府印象："中央是恩人、省里是亲人、市里是好人、镇里是恶人、村里（干部）是仇人。④"类似的民谣还有，"中央满天晴，省里起乌云，县里下

① 熊美娟. 政治信任测量的比较与分析——以澳门为研究对象 [J]. 公共管理学报，2014，11（1）：10-17.

② Li L.，Obrien K. J. Villagers and Popular Resistance in Contemporary China [J]. Modern China，1996，22（1）：28-61.

③ Bernstein T. P.，Lu X. Taxation without Representation：Peasants，the Central and the Local States in Reform China [J]. The China Quarterly，2000（163）：742-763.

④ 张厚安，蒙桂兰. 完善村民委员会的民主选举制度　推进农村政治稳定与发展——湖北省广水市村民委员会换届选举调查 [J]. 社会主义研究，1993（4）：38-43.

大雨，乡里淹死人，何处有人心？[①]""上正中歪下胡来[②]"等。李连江（2012）在访谈和社会调查中也收集到很多类似说法："群众都知道，中央是好的，下面是坏的"；"中央政策是好，但到地方就变了"；"中央富民策，地方穷民策"；"上清下浊，上有政策下有对策[③]"。这些民谣及流行语虽有偏激之处，但其表达了对中央政府高度信任与对基层政府不信任的主基调。这说明，中国部分农民对中央政府与地方政府进行了明显的信任区隔，存在着对央地政府信任的差序化认知。

张晓军等（2016）将央地政府信任的差序化形象地称为"政府信任的距离悖论"，并认为中美两国皆明显存在政府信任的距离悖论，但方向相反。"美国式的距离悖论是距离产生隔阂——亲近基层厌恶高层，而中国式的距离悖论是距离产生美——亲近高层仇视基层。[④]"这正如美国著名公共行政学家乔治·弗雷德里克森（2003）所发现的那样，美国民众"相信或崇敬离他们近的政府官员，而认为离他们远的政府官员则是懒惰、不称职和不诚实的；在他们心目中，那些'基层'的政府总是比高层政府更值得信任[⑤]"。也有国内学者为与"美国式的距离悖论"相区别，将中国民众"亲近高层仇视基层"的政府信任差序化认知称为"反距离悖论[⑥]"或"逆距离悖论[⑦]"。

二、差序政府信任作为专用术语的正式提出

在2012年以前，国内学者创设了"'央强地弱'政治信任结构""政治信任层级差""级差政府信任"等术语来表征中国政府信任的差序化现象。其

---

① 陈冬生. 群众利益维护与党风、官风、民风——社会转型"综合症"和执政方式转型［EB/OL］. http://www.doc88.com/p-4834172884300.html，2019-10-12.

② 吕书鹏. 差序政府信任：概念、现状及成因——基于三次全国调查数据的实证研究［J］. 学海，2015（4）：148-157.

③ 李连江. 差序政府信任［J］. 二十一世纪，2012（6）：108-114.

④ 张晓军，刘太刚，吴峥嵘. 政府信任的距离悖论：中美两国为何反向而行？——基于"承诺—兑现"的信任生成机制的分析［J］. 天津行政学院学报，2016（1）：3-9.

⑤ 乔治·弗雷德里克森. 公共行政的精神［M］. 张成福，等译. 北京：中国人民大学出版社，2003：163.

⑥ 梁荣桓，梁国越. "反距离悖论"下地方政府信任问题探析［J］. 中州大学学报，2011（2）：31-33.

⑦ 刘雪丰. "逆距离悖论"的形式主义风险及其防范［J］. 湖南师范大学社会科学学报，2018（1）：23-27.

中，"央强地弱"因其主旨形象鲜明较为流行，至今仍为有些学者使用①。

2012 年，李连江在《二十一世纪》杂志第 6 期发表了《差序政府信任》一文。他在文中指出："差序政府信任是中国较常见的政府信任形态，其基本特征是对行政级别较高政府的信任度高于对行政级别较低政府的信任度，对中央政府的信任度高于对地方政府的信任度。②"这是差序政府信任作为专用术语的正式提出。自此以后，虽然仍有学者使用"政府信任层级差异"、"政府信任的差序化"、"央强地弱"政府信任格局、"差序政治信任"等表述，但"差序政府信任"的使用频率最高，为多数学者所认同。

"差序政府信任"源于费孝通先生在《乡土中国》一书中提出的"差序格局"，但与其本来用法不尽相同，甚至相去甚远。"差序格局"是费孝通先生用来描述中国乡土社会结构的概念，"好像是把一块石头丢在水面上所发生的一圈圈推出去的波纹，每个人都是他社会影响所推出去的圈子的中心。被圈子的波纹所推及的就发生关系。每个人在某一时间某一地点所动用圈子不一定是相同的③"。"差序格局"表征的是社会信任的差序化，其典型特征是"近亲远疏"，也就是社会信任度随着血缘亲疏及地缘近远呈现不断递减的分布格局。与社会信任所呈现的"差序格局"不同，差序政府信任在形式上呈现"近疏远亲"的反距离悖论。鉴于这一术语已经被国内学术界广泛使用，本书在李连江所界定的内涵与外延下使用"差序政府信任"④这一专用术语。

三、政府信任层级差异的类型

李连江（2012）基于层级差异的视角将政府信任分为四种类型：①对中央和地方全信；②对中央和地方全不信；③对中央的信任高于地方；④对地方

---

① 相关文献有：谢秋山，许源源."央强地弱"政治信任结构与抗争性利益表达方式——基于城乡二元分割结构的定量分析 [J].公共管理学报，2012（4）：12-20，122-123；谢星全，陈光."央强地弱"政治信任结构与群体性事件——基于中国综合社会调查的定量研究 [J].山东警察学院学报，2017（1）：98-109；罗家德，帅满."央强地弱"政府信任格局的社会学分析——基于汶川震后三期追踪数据 [J].中国社会科学，2017（2）：85-102，208.
② 李连江.差序政府信任 [J].二十一世纪，2012（6）：108-114.
③ 费孝通.乡土中国　生育制度 [M].北京：北京大学出版社，1998：26.
④ 应当说明的是，政府信任的客体包括政府机构与政府官员两个方面，差序政府信任也应当区分为差序政府机构信任与差序政府官员信任两个层面。受制于选用数据的问项约束，同时考虑到差序政府机构信任应是研究的主要方面，本书仅从政府机构层面对我国居民差序政府信任进行探讨。

的信任高于中央。他将"对中央的信任高于地方"的政府信任称为"差序政府信任",将"对地方的信任高于中央"的政府信任称为"反差序政府信任"①。

在李连江对政府信任层级类型研究的基础上,吕书鹏(2015)从政府信任层级差异角度将政府信任分为三类:①无差序政府信任(央地政府信任差值为0);②差序政府信任(央地政府信任差值为正);③反差序政府信任(央地政府信任差值为负)②。其中,无差序政府信任包括对中央和地方全信、对中央和地方全不信两类,这两类政府信任虽然差值相同,但在态度指向上实则迥异,在分析时既应整体探讨,也应分别考量。而且将无差序政府信任表述为"对中央和地方都信任或都不信任"有一点微小瑕疵。严格说来,这并不是简单的信与不信的问题,而是高度信任与低度信任的问题。因此,本书在此基础上调整为四类:①差序政府信任(央地政府信任差值>0,简称为"央强地弱");②无差序政府信任(央地皆强)(央地政府高度信任差值=0);③无差序政府信任(央地皆弱)(央地政府低度信任差值=0);④反差序政府信任(央地政府信任差值<0,简称为"央弱地强")。

综上所述,从政府层级的角度,政府信任可以区分为有层级差异和无层级差异两种情况。层级差异的政府信任包括差序政府信任("央强地弱")和反差序政府信任("央弱地强")两种情形。无层级差异的政府信任即无差序政府信任,包括"央地皆强"和"央地皆弱"两种情形。因此,差序政府信任与反差序政府信任都表征了政府信任的层级差异,差序政府信任仅仅是政府信任层级差异的一种情况。

四、差序政府信任的测量方式与测量向度

与政府信任的测量方式相一致,差序政府信任的测量方式,同样可以概括为直接测量与间接测量两种。直接测量"体现了受访者对政府信任相对直接稳定的心理反应③",在国内外相关研究中使用非常广泛。因此,本书使用直接测量的数据样本进行研究。在直接测量中,既可以分设多个层级政府(中

---

① 李连江. 差序政府信任 [J]. 二十一世纪, 2012 (6): 108-114.
② 吕书鹏. 差序政府信任:概念、现状及成因——基于三次全国调查数据的实证研究 [J]. 学海, 2015 (4): 148-157.
③ 朱春奎, 毛万磊. 政府信任的概念测量、生成机理与提升策略 [J]. 厦门大学学报(哲学社会科学版), 2017 (3): 89-98.

央、省级、市级、县级、乡级）来分别测量受访者对其的信任程度，也可以分设中央政府与地方政府（一般指受访者常住地的基层政府）来分别测量受访者对其的信任程度，在此基础上比较其受访者对不同层级政府的信任差异。其中，对上级政府的信任高于下级政府、对中央政府的信任高于地方政府的受访者，即为差序政府信任者。鉴于差序政府信任以"央强地弱"为典型特征，本书将当代中国居民的差序政府信任定位为中央政府信任高于地方政府信任的差序化认知，对其进行的测量与分析将基于中央政府信任、地方政府信任和央地政府信任差三个维度。

具体而言，如何在特定的问卷调查数据中对差序政府信任的真实状态进行直接测量呢？在以往研究成果的基础上，本书提出，对差序政府信任的测量与分析应当基于以下三个向度：

首先，央地政府高度信任比例差。即所有受访者对中央政府高度信任的比例，减去对地方政府高度信任比例所得的差值。若受访者对中央政府高度信任的比例高于对地方政府高度信任的比例，则表明差序政府信任在该样本中存在一定比例，比例差越大，差序政府信任越显著。

其次，央地政府信任均值差。即所有受访者对中央政府信任度的平均值，减去对地方政府信任度的平均值所得的差值。若受访者对中央政府信任度的平均值大于对地方政府信任度的平均值，则表明该样本中差序政府信任在平均程度层面存在。差值越大，差序政府信任越显著。

最后，差序政府信任者比例。即差序政府信任者在全部受访者所占比例的大小。将全部受访者分为差序政府信任者、无差序政府信任者（央地皆强）、无差序政府信任者（央地皆弱）、反差序政府信任者四类，通过差序政府信任者所占比例的大小来判断差序政府信任的显著程度。

这三个向度呈现着由粗略趋向精准的层层递进关系，可以全面准确地反映差序政府信任存在的显著程度。

五、差序政府信任的双重效应

（一）差序政府信任的正面效应

适度的差序政府信任具有以下四个方面的积极作用：

首先，差序政府信任具有直接保护中央政府合法性的重要作用。中央政府秉持人民中心的施政理念，在制定惠民政策、治理腐败、舆论引导、形象塑造等方面拥有更充足的财力和物力，在获得人民信任方面具有更强的动力。尤其是，中央政府通过纠正地方政府对民众的不公正对待、惩处央地政府官员的失职及腐败行为，树立了自身权威，维系了公正形象。因此，差序政府信任营造了这样一种特殊的屏蔽机制，保护了中央政府的合法性，进而起到保护现有政治体制的合法性的重要作用①。

其次，对地方政府而言，差序政府信任又提供了一种缓冲机制，地方政府及其官员存在一定程度的失误和错误，还不足以让民众大惊小怪，因为强大而又富有权威的中央政府不会任其发展下去，坐视不管，从而使民众对地方政府及其官员的失误和错误，保持一种理性对待、相对宽容的态度，这在一定程度上又间接维系了民众对地方政府的有限顺从②。

再次，对于民众抗争而言，民众可以通过信访、网络平台举报等正规渠道向中央政府控诉地方政府及其官员对自身的不公正对待，还可以通过国家监察委员会和中纪委官方网站公布的，正在接受调查和已经受到处理的央地政府官员信息，来感受中央政府的反腐决心与能力。这些都在一定程度上强化了民众对中央政府的高度信任，因而大大降低了民众选择非制度化的极端抗争行为来解决问题的可能性，从而起到限定民众"非制度政治参与的目的、形式以及激烈程度③"的重要作用。

最后，对于应对社会风险和突发事件而言，民众对中央政府的高度信任使得中央政府的法令、政策和措施能够得到有效执行。因为民众对地方政府的信任度相对较低，地方政府也会在很大程度上落实中央政府的部署与决策，来取得中央政府的首肯与认同。这样，在中央政府的正确领导下，就能够举全国之力在较短时间内化解社会风险和突发事件，稳定社会秩序和恢复生产生活。在这一过程中，民众就会感受到中央政府的领导有方与强大权威，从而维系和强化对中央政府的高度信任。

① 吕书鹏．差序政府信任与政治体制支持 [J]．西安交通大学学报（社会科学版），2017（6）：113-120．
② 吕书鹏．差序政府信任：概念、现状及成因——基于三次全国调查数据的实证研究 [J]．学海，2015（4）：148-157．
③ 沈毅，刘俊雅．"韧武器抗争"与"差序政府信任"的解构——以 H 村机场噪音环境抗争为个案 [J]．南京农业大学学报（社会科学版），2017（3）：9-20．

(二) 差序政府信任的负面效应

然而，较大程度的差序政府信任也具有一定的消极作用：

首先，阻滞地方治理的现代化进程，造成地方治理困局。已有研究表明，如果民众对政府不信任，通常会有两种选择，即暴力性介入或选择性退出；如果政府信任关系恶化，不信任积累到一定程度，就会以抗议等方式展示出来[①]。在差序政府信任格局中，如果民众对本地政府的信任严重不足，地方政府和民众之间极有可能形成较为尖锐的矛盾甚至会发生冲突，使地方治理的成效限定在以较高成本单纯维稳的较低层次，从而大大弱化基层政权的地方治理能力，甚至形成地方治理困局。

其次，危及中央政府信任，弱化国家治理的整体效能。虽然差序政府信任在一定程度上具有维护中央政府合法性和宽容地方政府治理不力的正面效应，但从长远和根本上看，较大程度的差序政府信任如果长期持续下去，就意味着民众对地方政府的低度信任已经形成常态。如果中央政府纠正不力，就会在一定程度上损害中央政府权威，甚至危及中央政府信任。从而，就会在相当程度上危及社会稳定、阻滞社会发展、弱化国家治理的整体效能。

应当指出的是，党的十八大以来，在以习近平总书记为核心的党中央的英明领导下，坚持以人民为中心，在促进经济和社会发展等方面取得了举世瞩目的伟大成就，人民的获得感和幸福感明显增强。因此，民众对中央政府的信任一直处于持续高位的状态，对地方政府的信任程度也有显著提升。但居安思危，对此保持一定的警醒是十分必要的。习近平总书记在《在河南省兰考县委常委扩大会议上的讲话》中就曾这样告诫我们："古罗马历史学家塔西佗提出了一个理论，说当公权力失去公信力时，无论发表什么言论、无论做什么事，社会都会给以负面评价。这就是'塔西佗陷阱'。我们当然没有走到这一步，但存在的问题也不谓不严重，必须下大气力加以解决。如果真的到了那一天，就会危及党执政基础和执政地位。[②]"

总之，差序政府信任的双重效应"反映了整体的政治社会结构乃至政治

---

① 上官酒瑞. 论级差政治信任的结构特质、成因及可能风险 [J]. 内蒙古社会科学 (汉文版), 2014 (6)：19-24.

② 习近平. 在河南省兰考县委常委扩大会议上的讲话 (2014 年 3 月 8 日) [EB/OL]. http://www.xinhuanet.com/politics/2015-09/08/c_128206459.htm, 2021-05-04.

文化心理，具有相当的传统延续性与历史稳定性①"。因此，对我国居民差序政府信任进行全面研究与深化研究具有重要的现实意义。

本章小结

基于对信任词源学的分析，"信任"的原初内涵是，信任方基于心理上的真诚意愿，进而在行动上做出了敢于有所托付的举动，最终相信被信任方一定会做出满足自身期待的行动。基于事实、价值以及工具理性和价值理性的界定及方法论，社会关系层面的事实性、工具理性层面的正当性、价值理性层面的应然性构成信任研究的三个重要维度。对于信任概念的本质属性的厘定应该基于以下三个前提：一是可以呈现出循序渐进、由浅入深的多级性或多维性；二是信任在实质上是人与人之间的相互信任；三是信任在过程上应当呈现持续性的良性互动的发展历程。基于以上分析，事实性、正当性和应然性完全符合上述理念，不仅明确了信任重建的渐进策略，而且能够确保信任建构的良性方向，是对信任本质属性的科学揭示。

以信任的本质属性为基础，出于厘定政府信任重建之渐进策略和良性方向的目的，考量政府回应风险性和政府信任达成的确定性程度，可以将政府信任的本质属性依次界定为：互动性的初级本质、善意策略性的中级本质与道德性的终极本质，这可以看作是对政府信任概念的层次性解释。在政府信任的三级本质之间，互动性是善意策略性和道德性的基础，善意策略性和道德性则保证了互动性的良性方向。这三级本质之间较好地体现了相互依存、不断深化和适度平衡的辩证关系，为我们建构政府信任及理解差序政府信任提供了一个循序渐进的解释框架。政府信任与政治信任、政府公信力等相关概念具有一定的区别与联系，政府信任是政治信任的有机组成部分，往往构成政府公信力的主观依赖和必然结果。政府信任具有夯实政治合法性根基、节省治理成本、促进制度化的政治参与、推动社会发展等积极功能。

差序政府信任是表征我国居民政府信任层级差异的专用术语，其基本特征

---

① 沈毅，刘俊雅．"韧武器抗争"与"差序政府信任"的解构——以 H 村机场噪音环境抗争为个案［J］．南京农业大学学报（社会科学版），2017（3）：9-20.

是对行政级别较高政府的信任度高于对行政级别较低政府的信任度，对中央政府的信任度高于对地方政府的信任度。从政府信任层级差异角度，政府信任的类型可以分为以下四种：①差序政府信任（央地政府信任差值>0，简称为"央强地弱"）；②无差序政府信任（央地皆强）（央地政府高度信任差值=0）；③无差序政府信任（央地皆弱）（央地政府低度信任差值=0）；④反差序政府信任（央地政府信任差值<0，简称为"央弱地强"）。鉴于差序政府信任以"央强地弱"为典型特征，本书将我国居民的差序政府信任定位为中央政府信任高于地方政府信任的差序化认知，对其进行的测量与分析将基于中央政府信任、地方政府信任和央地政府信任差三个维度。本书从央地政府高度信任比例差、央地政府信任均值差、差序政府信任者比例三个向度测量我国居民的差序政府信任程度。基于差序政府信任的双重效应，对我国居民差序政府信任进行全面研究与深化研究具有十分重要的现实意义。

第三章

差序政府信任的理论基础与分析模型

理论基础与分析模型是对差序政府信任进行实证研究的前提与基础。在理论基础部分，本章从国内外对政府信任生成机理的研究中，提炼出新制度主义、政治文化与政治传播三大理论，分别回溯其产生背景、主要流派或发展脉络，并揭示其与政府信任及差序政府信任的关系。在分析模型部分，将其简化为被解释项与解释项两大维度。在将被解释项厘定为差序政府信任的前提下，将与新制度主义、政治文化、政治传播分别相应的制度、文化、媒介作为解释项，并确定了若干基本维度，构建了我国居民差序政府信任研究的分析模型。

第一节　理论基础

关于政府信任的生成机理，国外学者通常将其理论基础概括为制度论和文化论两类。新制度主义代表了制度理论的最新进展，文化论属于广义的政治文化范畴。此外，学者们近年来也关注以电视为代表的传统媒介和以互联网为平台的现代媒介对政府信任的影响，这又涉及政治传播的方式。因此，对我国居民差序政府信任生成机理的研究，也应以新制度主义、政治文化和政治传播作为理论基础来展开。

一、新制度主义

（一）新制度主义的产生背景

制度是人类社会由野蛮时代步入文明时代的重要特征。自有国家以来，制度一直是政治及政府行为的基础。制度首先可以理解为规范个体交互行为的社会游戏规则；而在更广泛的意义上，制度更是提供理性预期的社会规范以及形塑公序良俗的行为模式。与源远流长的制度实践相伴随，制度分析范式也经历了从旧制度主义到新制度主义的转换。

新制度主义（New Institutionalism）是 20 世纪 70 年代末兴起的以"制度"为核心概念来解释政治、经济和社会现象的诸多学术流派的统称。新制度主义在批判行为主义和理性选择理论的过程中展现了自己的新面孔，同时又是对旧制度主义的继承和发展。

自 20 世纪 50 年代以来，行为主义和理性选择理论在西方政治科学领域占据主流地位。行为主义范式受到自然科学的影响，从政治活动的主体——人的政治心理活动出发，对政治科学进行验证式的、可量化的、动态性的实证研究，对政治学中的旧制度主义进行了彻底否定。行为主义和理性选择理论尽管表现形式多样，并存在着一定的内容差别，但共同具有"背景论""简约论""功利主义""功能主义"和"工具主义"的基本特征[1]。政治学领域的新制度主义一方面对行为主义的个人偏好假设及其利益聚集机制进行了集中批判，另一方面也吸收了其他社会科学学科尤其是制度经济学关于制度研究的最新成果，诸如制度的含义、制度变迁、路径依赖、个体主义和整体主义方法论等，两者因此构成了新制度主义政治学的两大理论来源[2]。

与旧制度主义相比，新制度主义对制度的理解与分析发生了新的变化，具体表现在以下五个方面[3]：

一是对制度范围的拓展与深化。新制度主义将国家、政党、议会、政府等正式组织以及法律等正式规则归属于正式制度的范畴。但制度的范围不再局限于正式制度，还包括在人类活动中长期形成的习俗、惯例、信仰等非正式制度；并且认为，非正式制度在某些情况下具有强化和支配正式制度的功能。因此，新制度主义将制度的范围从正式制度扩展到非正式制度，大大拓展和深化了制度的范围。

---

① 在行为主义和理性选择理论的五个基本特征中，背景论倾向于将政治视为社会的组成部分；简约论倾向于将政治现象视为个别行为影响的汇总；功利主义将政治行动视为自我利益计算的产物；功能主义倾向于将历史视为达到特殊均衡的有效机制；工具主义倾向于将决策制定和资源分配看成是政治生活中的核心任务。参见：马奇，奥尔森. 新制度主义：政治生活中的组织因素［A］//薛晓源，陈家刚. 全球化与新制度主义［M］. 北京：社会科学文献出版社，2004：174.

② 朱德米. 新制度主义政治学的兴起［J］. 复旦学报（社会科学版），2001（3）：108-114.

③ 石凯，胡伟. 新制度主义"新"在哪里［J］. 教学与研究，2006（5）：65-69.

二是制度比较与分析视角的转换。旧制度主义基于整体主义的思维定势，局限于从宏观视角对正式制度以及与此相关的宪法与法律文件等进行研究。新制度主义对制度的比较与分析从整体性的宏观视角转向为从劳资结构、政府间关系等中观与微观视角，运用公共选择理论、理性选择理论、组织理论、社会资本理论来理解或解释中观层次的组织现象与微观层次的个体行为。

三是对制度实体变迁认知方式的辩证理解。新制度主义对制度实体的变迁实现了从静态、独立到动态、嵌入的辩证认知。在旧制度主义者的眼中，制度是人类长期活动的产物，具有相当程度的稳定性，是静态、独立的实体。在新制度主义者看来，制度不仅是静态的、一成不变的，而且在更大程度上呈现出动态的变迁过程；制度并非完全独立的实体，而是嵌入到建构人际关系的正式规则或非正式程序、惯例等特定的环境之中。

四是政治行为及其后果解释与预测模式的变化。旧制度主义者坚持结构主义，认为"结构实际上决定着行为"，以政治体系正式意义上的结构特征作为对政治行为及其后果进行预测的前提。新制度主义者则从结构主义转向制度主义，在解释、描述或预测政治行为及其后果时，他们不再仅仅强调结构的重要性，更看重制度在建构个人选择方式以及塑造政治行为中的重要作用。也就是说，新制度主义对政治行为及其后果的解释与预测从单一的结构特征发展为复合的"制度攸关"（Institutions Matter）[①]。

五是将政治行动者的偏好作为重要的分析变量。在解释制度与行为的关系时，旧制度主义者常常漠视政治行动者的偏好，新制度主义者则将政治行动者的偏好始终作为一个重要的中间分析变量，他们或者将观念与制度、利益的结构性关系作为其关怀核心，或者将把不同形式的价值观纳入其分析框架。新制度主义认为，制度之所以发生变迁，或者是因为价值观念的改变，或者来自于制度与观念之间的冲突。不同个体在公共治理结构中的进出与政策工具的选择并不是价值中立的，而是镶嵌于其中并支撑着政治价值观。

---

① "制度攸关"（Institutions Matter）包括两方面的含义：一是"制度因其存在而攸关"，二是"制度攸关来自于它的外在影响力"。前者是指具有结构特质的、相对稳定的制度存在是影响政治行动的必要前提。后者的含义有三个方面：一是制度对政治行为的塑造或影响；二是制度对政治后果的影响；三是制度对权力、利益（偏好）与资源的影响。其中，最核心的是制度建构了个人选择方式以及对行为的有效塑造。参见：Jan-Erik Lane, Svante Ersson. The New Institutional Politics：Performance and out Comes ［M］. London：Routledge, 2000：16；石凯，胡伟. 新制度主义"新"在哪里 ［J］. 教学与研究, 2006（5）：65-69.

（二）新制度主义的四大流派

自 20 世纪 90 年代以来，新制度主义已经超越单一学科，成为包括经济学、政治学和社会学在内的所有社会科学的分析范式。新制度主义内部流派众多，西方学者对于各个流派的划分也不完全一致。彼得·豪尔（Peter A. Hall）和罗斯玛丽·泰勒（Rosemarcy C. R. Taylor）把政治科学中的新制度主义分为历史制度主义、理性选择制度主义和社会学制度主义三个流派。美国学者盖伊·彼得斯则指出，新制度主义至少包括规范制度主义、理性选择制度主义、历史制度主义、经验制度主义、话语和建构制度主义、社会学制度主义、利益代表制度主义和国际制度主义八个流派。在新制度主义的众多流派当中，以规范制度主义、历史制度主义、理性选择制度主义和社会学制度主义影响较大，被称之为"四个显性流派"[①]。

规范制度主义（Normative Institutionalism）为新制度主义奠基人马奇（March）和奥尔森（Olsen）所开创。马奇和奥尔森的新制度主义在解释行为的时候，赋予了组织的规范与价值以核心地位，因而被彼得斯称为规范制度主义[②]。规范制度主义认为，政治行为并不是以自我利益的理性计算为基础，而是对责任和义务的一种反应；政治问题的核心并不是选择和配置资源，而是政治行为所应遵循的"适当性逻辑"；政治结果无法通过个体行为的还原来解释，而是组织结构和适当行为规则的产物[③]。这意味着，政治行为是一种规范驱使的行为，制度具有左右行为者偏好与认知的重要功能。规范制度主义作为新制度主义的根源，开启了制度研究的全新时代。众多流派在其引领下，在新制度主义的百花园中竞相绽放。

历史制度主义（Historical Institutionalism）在"历史"与"制度"之间架设了互通互动的桥梁。一方面，它认为制度是"历史的"，形成于特定时期的制度具有相当强的历史延续性，"前一阶段的政策选择往往会决定和影响着后

---

① 陈伟. "混合经济福利"的耦合型辩证观与"混合经济照顾"的结构性风险——一个新制度主义的解释框架 [J]. 学习与实践，2017（3）：81-90.

② 盖伊·彼得斯. 政治科学中的制度理论：新制度主义（第三版）[M]. 王向民，段红伟，译. 上海：上海人民出版社，2016：26.

③ 河连燮. 制度分析：理论与争议（第二版）[M]. 李秀峰，柴宝勇，译. 北京：中国人民大学出版社，2014：10.

一阶段的政策方案"①。在长期的历史发展过程中，制度在政治系统中会经历自我强化及自我修正的动态过程。因此，制度的优化或调整就成为克服人类有限理性的重要途径。另一方面，它认为历史又是"制度的"，以政治制度为核心来考察和分析历史。事实上，政治制度的多样性和政治变量之间的结构性关系导致了不同国家的差异性政治后果，制度推动历史发展的核心机制是"路径依赖"，"制度因素是推动历史沿着某一路径发展的相对稳定和最为核心的因素之一"②。历史制度主义为克服原子化的、去除历史的解释方法的局限性，为解释国家政策等政治社会现象提供了重要的分析框架。

理性选择制度主义（Rational Choice Institutionalism）在解释制度的起源、变化和效果时，以理性选择理论作为理论基础，将理性经济人作为分析社会现象的基本单位。该理论认为，个人为谋求效用最大化而采取行动，应当通过分析宏观社会现象的微观基础来实现对社会现象的精致解释③。理性选择制度主义之所以将制度概念引入理性选择理论框架，是为了回应批评者对理性选择理论纳什均衡状态④一直持续的假设，在现实生活中出现非均衡状态反例的质疑，试图通过制度规制个人行动和个人间互动，使个体理性转变为集体理论，以防止个人理性偏好产生集体非理性结果的可能。从总体上看，理性选择制度主义对制度与个体行为之间关系的理解是辩证的，制度是塑造个体行为的规则的集合，个体能够理性地回应这些规则所形成的激励和制约；但其对个人偏好形成进行了不恰当的解释，对制度形成进行了功能主义的解释，忽略了历史过程、脉络和权力关系。

社会学制度主义（Sociological Institutionalism）又称为组织学制度主义，是作为组织理论的一个分支发展起来的。社会学制度主义的主要特征是注重制度的认知、文化和象征因素，强调个体的本体论地位是在社会层面形成的，主

---

① 陈家刚. 全球化时代的新制度主义 [A]//薛晓源，陈家刚. 全球化与新制度主义 [M]. 北京：社会科学文献出版社，2004：5.

② 陈家刚. 全球化时代的新制度主义 [A]//薛晓源，陈家刚. 全球化与新制度主义 [M]. 北京：社会科学文献出版社，2004：6.

③ 河连燮. 制度分析：理论与争议（第二版）[M]. 李秀峰，柴宝勇，译. 北京：中国人民大学出版社，2014：10.

④ 纳什均衡，又称为非合作博弈均衡，是美国数学家约翰·福布斯·纳什（John Forbes Nash Jr.）（1928~2015）在普林斯顿大学攻读博士学位时完成的重要成果。因此，以纳什命名。在一个博弈过程中，无论对方的策略选择如何，当事人一方都会选择某个确定的策略，则该策略被称作支配性策略。如果两个博弈的当事人的策略组合分别构成各自的支配性策略，那么这个组合就被定义为纳什均衡。

张只有在制度脉络中才能把握个体及个体偏好所具有的意义。社会学制度主义从"规范维度"或"认知维度"出发，认为个体偏好的形成并不是理性选择制度主义所假定的外生性过程，而是受到文化、规范、认知、符号等因素影响的内生性过程[①]。社会学制度主义的贡献在于开创了制度的认知—文化分析途径，具体表现在两个方面：一方面，有关人们如何看待情境和行为的认知过程，是个人间互动和社会现象得以产生的基础。另一方面，文化作为社会共享行为之意义的象征手段，提供了诠释社会环境和脉络的客观分析框架。

(三) 新制度主义对制度概念的基本共识

综合起来看，新制度主义对制度概念的基本共识包括以下三个方面：

一是制度在某种程度上是一个社会或政体的结构性特征。"在解释政治行为时，制度分析的各个流派都将注意力集中在结构的重要性上。……对大多数流派来说，那些制度的结构特征就是决定性因素。[②]"从宏观来看，结构性特征是制度在长期的历史发展过程中以相对缓慢或渐进的方式形成的已经趋于稳定的特质；从微观来看，形成此种结构性特征的诸种因素之间一直在经历此消彼长、相互影响的微妙变化过程。

二是制度具有一段时间内的稳定性。制度的最重要功能就是其可预见性，而可预见性则来自于制度的稳定性。某种制度的稳定性表现在研究者可以概括或把握制度的一些特征。虽然制度在发展到特定的时间点也要发生一定的变化，但制度在特定的发展阶段总会表现出相对稳定的特征。"制度的某些特征极其稳定，基于这些特征，可以预见一些行为，而另一些特征则使制度易于变化，但是制度的所有特征都需要一定程度的稳定性。[③]"

三是制度既是自变量又是因变量。一方面，制度作为自变量会影响和约束个体行为，常常决定着政治行动者的选择偏好和目标，个体行为会随着制度的稳定与变迁发生或变化。从而，在制度背景中产生的个体行为构成新制度主义的焦点。另一方面，制度作为因变量，会随着个体之间互动的结果进行动态的

① 马雪松，周云逸. 社会学制度主义的发生路径、内在逻辑及意义评析 [J]. 南京师范大学学报（社会科学版），2011 (3)：61-65.

② 盖伊·彼得斯. 政治科学中的制度理论：新制度主义（第三版）[M]. 王向民，段红伟，译. 上海：上海人民出版社，2016：184.

③ 盖伊·彼得斯. 政治科学中的制度理论：新制度主义（第三版）[M]. 王向民，段红伟，译. 上海：上海人民出版社，2016：18.

调整与修正。个体行为间的合作或对抗若处于持续进行的状态，往往会破坏制度的稳定性，直至发生制度变迁。

通过以上分析，我们可以看出，制度具有客观的规范性与结构的稳定性，塑造了个体对制度的理性预期，因而必然对个体的政治行为倾向与政治心理差异产生影响和约束作用。这样，新制度主义范式就成为分析当代中国差序政府信任生成机理的重要工具。

二、政治文化

(一) 政治文化的制度与心理渊源

制度论并不能揭示差序政府信任的全部生成机理，文化论的解释就能够起到弥补制度论解释不足的重要作用。在解释差序政府信任的生成机理方面，另一个重要理论来源便是政治文化理论。"政治文化理论强调政治文化是政治主体的行为准则和进行政治活动的重要决定因素，在一定程度上政治文化决定了一个国家正式制度框架下的政治行为，进而也就左右了这个国家特定的发展模式。[①]"

文化乃制度之母。实际上，在上文所述的新制度主义四大流派中，已经将文化纳入了广义的制度视野中进行考察。比如，规范制度主义认为，行为受文化和社会规范的制约和支配已经是经验社会科学中的常识，并且开始注意政治生活中符号、仪式、典礼、传说和戏剧等对于秩序的作用。历史制度主义对制度进行实际界定时开始突出观念的作用。即使是在理性选择制度主义中，近年来也开始强调制度的非正式因素，如规范、意识形态、认知结构和文化等。不过，文化色彩最为鲜明和浓厚的还是社会学制度主义。在社会学制度主义看来，制度的文化、象征和认知因素才是其研究重心，制度不仅包括正式规则、程序和规范，而且包括象征系统、认知模式和道德模块等"意义框架"。这实际上已经打破了制度与文化之间的界限，文化已经包括在广义的制度范畴之内[②]。

在 20 世纪六七十年代，行为主义在实证分析方面的不足使得其广受批判

---

① 卢春龙，张华. 中国农民政治信任的来源：文化、制度与结构 [J]. 湖南师范大学社会科学学报，2017 (3)：57-63.

② 陈家刚. 全球化时代的新制度主义 [A]//薛晓源，陈家刚. 全球化与新制度主义 [M]. 北京：社会科学文献出版社，2004：4.

与反思，开始走向衰落，后行为主义范式开始兴起，一些学者开始将文化分析范式引入社会科学领域。在心理科学领域，威廉·冯特（Wilhelm Wundt）曾将心理学分为科学心理学与民族心理学，分别代表了心理学研究的科学主义方向与人文主义方向。在行为主义范式主导的时代，被称为"第一心理学"的科学心理学一直是心理学发展的主流，被称为"第二心理学"的民族心理学则较少受到关注①。随着行为主义的衰落，心理学界正式提出了"文化心理学"的概念。文化心理学的主要代表人物迈克尔·科尔（Michael Cole）认为，个体心理是以以历史文化遗产为积淀的时代文化为中介的生产与再生产过程；文化心理学则是研究以人的创造物（工具或媒介）为中介的文化与心理相互建构与互动的一门学科②。从逻辑关联与发展谱系上看，文化心理学实质上就是民族心理学的发展。曾有学者提出，把冯特的第二心理学翻译成民族心理学是错误的，而应把之翻译成文化心理学③。

（二）西方政治文化研究的三重范式

在政治科学领域，西方政治文化研究经历了公民文化、价值观代际转型到社会资本三重范式的嬗变与转型④。

第一重范式是阿尔蒙德的公民文化范式，流行于 20 世纪 50 年代末到 60 年代初。1956 年，阿尔蒙德在《政治学杂志》上发表了《比较政治体系》一文，首先使用了"政治文化"这一专用术语并对其进行了初步界定。之后，阿尔蒙德与维巴在 1963 年出版了《公民文化——五个国家的政治态度与民主制》一书，运用公民文化范式系统研究了公民的政治态度与民主制问题，成为开启政治文化研究的经典之作。在这本著作中，阿尔蒙德及其同事不仅考察和分析了英国、德国、意大利、美国、墨西哥五个国家公民在政治参与过程中所表现出来的心理倾向，而且提出了政治社会化能够促进民主制和增强公民政治参与能力的重要观点。在公民文化范式看来，政治文化作为"每一个政治体系背后镶嵌的特定政治行为取向⑤"，是"一个民族在特定时期流行的一套

---

① 转引自：李炳全. 科尔的文化心理学理论探析 [J]. 常州工学院学报（社会科学版），2006（4）：35-39.
② 转引自：周丽. 科尔的文化心理学理论解读 [J]. 西安社会科学，2011（5）：16-18.
③ 叶浩生. 西方心理学的历史与体系 [M]. 北京：人民教育出版社，1998：88.
④ 薛祥. 从公民文化到社会资本理论——西方政治文化研究三重范式的嬗变与反思 [J]. 宁夏社会科学，2018（4）：50-57.
⑤ Almond G. A. Comparative Political Systems [J]. Journal of Politics, 1956 (3): 391-409.

政治态度、信仰和感情①"，由本民族的历史和当代社会、经济和政治活动所构成。阿尔蒙德"在比较研究的基础上为政治文化研究提供了一系列的基本概念与理论框架，为政治文化研究奠定了坚实的理论和方法论基础②"，拉开了政治文化实证主义研究的序幕。阿尔蒙德认为，政治文化的特征是一种"公民文化"。公民文化既具有参与者政治文化的特征，又被具有消极倾向和责任心传统的臣民、村民文化所均衡，是一种平衡文化。具体而言，政府与公民的良性互动、公民和精英就社会共识与分歧达成的平衡促使民主制度的稳定和有效。从而，我们可以看出，阿尔蒙德的公民文化理论克服了行为主义将研究焦点局限于个体政治行为的弊端，对政治生活的宏观层面进行了文化解读，将微观的个体心理与宏观的政治文化有机地衔接起来，可以较为全面深入地考察民主政治的发展动因。

第二重范式是英格尔哈特的价值观代际转型范式。20 世纪 60 年代后期到 70 年代，行为主义与理性选择理论兴起与发展起来，政治文化理论逐渐走向边缘化。1977 年英格尔哈特出版《寂静的革命：变化中的西方公众的价值与政治行为方式》一书，政治文化理论开始进入价值观代际转型范式。以此为起点，直至 20 世纪 80 年代，政治文化研究进入复兴阶段。英格尔哈特是政治文化复兴阶段的重量级人物。继《寂静的革命》之后，1988 年他在《美国政治学评论》上发表《政治文化的复兴》一文，发出了政治文化复兴的先声。尤为重要的是，从 1990 年发表的《发达工业社会的文化转型》到 1997 年发表的《现代化与后现代化：43 个国家的文化、经济与政治变迁》，运用多个国家的调查数据实证检验和丰富完善了价值观代际转型理论，研究样本从西方主要发达国家扩展到广大发展中国家，在相当程度上揭示代际价值观转型理论在不同经济发展水平、不同政治制度国家的普适性。英格尔哈特所提出的代际价值观转型理论"有助于增进我们对经济增长、文化变迁与政治转型三者之间互动关系的理解，尤其是能深化我们对经济增长与民主化关系的认识③"。

第三重范式是帕特南的社会资本范式。社会资本范式包括人际信任、社会

---

① 阿尔蒙德，鲍威尔. 比较政治学：体系、过程和政策 [M]. 曹沛霖，等译. 北京：东方出版社，2007：26.

② 转引自：毛寿龙. 政治社会学：民主制度的政治社会基础 [M]. 长春：吉林出版集团有限责任公司，2007：94.

③ 转引自：薛祥. 从公民文化到社会资本理论——西方政治文化研究三重范式的嬗变与反思 [J]. 宁夏社会科学，2018（4）：50-57.

网络与互惠规范三大要素，是以人际信任为核心、同时包括社会网络和互惠规范在内的同一种资源集合体①。自 20 世纪 90 年代以后，民主制度运作的现实状况与人们对其理性期待在相当程度上背离，民主崩溃论与历史终结论甚嚣尘上，"具有讽刺意味的是，一方面自由主义的学理地位在上升，另一方面人们对它的实际运行却越来越不满。从墨西哥到圣路易斯，从墨西哥城到开罗，人们对公共制度越来越感到失望②"。1993 年，帕特南出版了《使民主运转起来》这一部享誉中外的代表作品。他在对意大利南北方民主制度绩效进行 20 年实证考察的基础上，正式提出并运用了社会资本范式解释了意大利南北方制度绩效的鲜明差异，回答了"为什么有些民主政府获得了成功而有些却失败了"这一古老命题。社会资本理论为解释民主制度如何才能有效运转的目的而提出，既吸纳了阿尔蒙德公民文化理论的观点，又运用了历史制度主义和理性选择制度主义的方法论。这一理论在肯定制度对于政治行为与政治文化的更化作用的基础上，更加重视制度有效运转背后的文化基础，对制度决定论进行了理性反思与适度批判。

通过以上梳理可以看出，在政治文化理论的视域中，公民文化范式主要从政治社会化方面考察政治参与等政治接触因素对个体政治行为与政治心理的影响；代际价值观转型范式主要关注政治价值观对个体政治行为与政治心理的塑造；社会资本范式则重点关注社会资本诸要素（人际信任、社会网络与互惠规范）对个体政治行为与政治心理的熏染。从而，政治文化的三大代表性理论就可以成为分析差序政府信任生成机理的重要工具。

（三）中国传统政治文化的基本构造③

政府信任根植于文化规范，源自于民族内在的信仰体系与价值体系。因此，对当代中国差序政府信任的政治文化机理，除了理解西方政治文化研究的三重范式，还应当解读中国传统政治文化的基本构造，方能对此有着更为深刻的认知与体悟。如何界定和理解中国传统政治文化的基本构造？中国传统政治

---

① 胡荣，胡康，温莹莹. 社会资本、政府绩效与城市居民对政府的信任［J］. 社会学研究，2011（1）：96-117.

② 罗伯特·帕特南. 使民主运转起来：现代意大利的公民传统［M］. 王列，赖海蓉，译. 南昌：江西人民出版社，2011：1.

③ 在本部分中，使用了笔者本人与李兆友教授合作撰写并已公开发表的部分研究成果。参见：胡晓利，李兆友. 中国差序政府信任生成的政治文化机理［J］. 学习与实践，2018（12）：61-67.

文化的基本功能是为中央集权制的合法性和正当性进行论证和说明的。王亚南先生认为，儒家学说中的"天道观念""大一统观念"和"纲常教义"对于专制官僚统治的维护是缺一不可的①。这三者体现了中国传统文化的要义，揭示了中国传统政治文化的基本特质。根据对儒家思想的基本理解，从观念与制度融通的视角，本书将这三者概括为：作为终极价值的天命观、作为政治格局的大一统、作为纲常伦理的宗法政治。这三者（"三位"）在维护传统政权合法性和正当性的过程中培育了"父权型权威"（"一体"），而这"三位一体"正是中国传统政治文化的基本构造。

1. 天命观是传统政权合法性的价值源泉

在传统社会里，天是人格化的最高权威，天命观在实质上是一种至善的终极价值，是中华道统的源头。天命观表征着天人合一的完美境界，人类只有"与天地合其德，与日月合其明，与四时合其序，与鬼神合其吉凶"（《周易·文言传》），天与人才能和谐共生，至善至美。一方面，天命观神化了王权或皇权，解决了世俗政治权力的终极来源，即君权神授。作为最高统治者的君王或皇帝（出于行文方便，下文一般只称"天子"）也称天子，"天子受命于天，天下受命于天子"（《春秋繁露·为人者天》）。这表明，天子的权威来源于天，是天在人间的唯一合法代表，这就肯定了天子是人世间的最高权威，也就是"天无二日，土无二王。"（《礼记·曾子问》）另一方面，天命观从道德上对王权或皇权进行了制约。自西周以来，天命意味着天子要承担应尽的道德义务。天子只有"敬天""敬祖""保民"，天命才能不易。因为"皇天无亲，唯德是辅"（《尚书·蔡仲之命》）。在天子的道德义务中，爱民惠民逐渐居于核心地位。"所谓天子者，天下相爱如父子，此之谓天子。"（《六韬》）天意就是民意，所谓"天视自我民视，天听自我民听。"（《尚书·周书·泰誓中》）当出现自然灾害或社会矛盾时，天子应当反求诸己，修身改过，因为"禹、汤罪己，其兴也悖焉，桀、纣罪人，其亡也忽焉"（《左传·庄公十一年》）是天下治乱兴亡的基本规律。

2. 大一统是传统社会的政治格局

早在尧帝时，就已经有了"平章百姓""协和万邦"（《尚书·尧典》）的大一统观念。西周时，周公创设了"分封诸侯，臣服中央"的封建制度，封国在经济上和政治上具有较大的独立性和自主性，但"溥天之下，莫非王

---

① 王亚南. 中国官僚政治研究 [M]. 北京：商务印书馆，2010：65.

土；率土之滨，莫非王臣"（《诗经·小雅·北山之什·北山》）。封国仍有向中央政府朝觐和进贡的义务。并且，周天子要定期考察封国的治理状况，奖善罚恶，以此表征中央政府的权威："诸侯之于天子也，比年一小聘，三年一大聘，五年一朝。天子五年一巡守。"（《礼记·王制》）这可以视为"大一统"的实践。秦朝在战火纷飞中实现了疆域上的统一，改分封制为郡县制，建立了中央集权制的封建国家。其中，统一度量衡、"车同轨"、"书同文字"等措施可以看作是大一统的继续。汉朝初年，郡县制和封建制并存，七国之乱的发生终于使汉景帝意识到分封制的弊端。有着深厚儒学功底的董仲舒总结历史经验和沉痛教训，正式提出了大一统理论，为汉武帝所采纳。其主要内容包括三个方面：一是反对诸侯封建割据；二是加强中央集权，即"屈民而伸君、屈君而伸天"（《春秋繁露·玉杯》）；三是将全国思想统一于孔子儒学①。可以看出，大一统理论致力于实现政治上和思想上的双重统一。政治上的统一以中央高度集权、地方臣服中央为特点，其最终的合法性来自于一元化的"天"。这不仅使维护统一、反对分裂成为中国人的深层政治观念，而且导致一个中心的一元观念在全国人民心中根深蒂固。首都是国家的政治中心，皇帝是全国人民的榜样。正所谓："天下看首都，四郊看城中，城中看宫中，宫中看皇帝。②"因此，大一统的实质是中央集权制，天子是大一统政治的核心。

3. 宗法政治是传统社会的纲常伦理

中国传统社会依托于以血缘关系为纽带的宗法伦理秩序而建构。这种宗法伦理秩序的基层组织是家庭，核心道德规范是孝。"孝在初始是从尊祖祭祖的宗教情怀中发展出来的③"，产生于通过对祖先神的敬慎崇拜而蒙祖先神福佑的古老祭祀传统。在践行祭祀之礼的过程中，人的精神自觉不断提升，对成就自我、福佑自我的祖先产生了浓厚的情感，即"孝子情怀"。西周至春秋战国时期，孝的内涵进一步丰富起来。孝不仅是对已逝祖先的追思，而且更加强调对现世父母的道德义务④。因此，"善事父母"成为孝的基本含义。以宗法伦理所强调的孝亲观念为起点，依据宗法血缘关系的亲疏远近来比附政治上的阶级、等级，就形成了"天下为家"的宗法政治。这是在自然血亲伦理基础上的顺理成章的逻辑建构。"夫妇有义，父子有亲，而后君臣有正。"（《礼记·

---

① 周桂钿. 中国传统政治哲学［M］. 石家庄：河北人民出版社，2007：157.
② 周桂钿. 中国传统政治哲学［M］. 石家庄：河北人民出版社，2007：158.
③ 肖群忠. 中国道德智慧十五讲［M］. 北京：北京大学出版社，2008：184.
④ 郝玉明. 慎德研究——以儒家传统为中心［M］. 北京：中国社会科学出版社，2015：93.

昏义》）"父子之道，天性也。君臣之义也。父母生之，续莫大焉。君亲临之，厚莫重焉。"（《孝经·圣治章第九》）这样，夫妇、父子、君臣就成为三种最重要的人伦关系，夫为妻纲、父为子纲、君为臣纲就成为封建社会的纲常伦理。早在西周时，"亲亲父为首""尊尊君为首"就成为礼的最高精神原则。父子有亲以孝为核心，君臣有正以忠为核心。因为对"孝慈则忠，忠则直也①"价值理念的高度认同，治国理政的理想境界是通过"家国同构""忠孝同构"的政治形态，建构天下太平、公平正义的社会秩序。天子就如同家庭中的父亲一样，是天下所有人的大家长，是国家的最高权威。实际上，不仅君臣，君民、官民、中央政府和地方政府的关系都可以比拟为父子关系。君父、臣子、子民、父母官等称谓就是这种关系的形象表达。在天命观和父慈子孝、君礼臣忠的伦理原则制约下，天子既具有唯一而又至尊的地位，也有恪守天道、慈爱子民的道德义务以及以身作则、率先垂范的教化职责。

　　通过以上分析，我们可以看出，在中国传统政治文化的谱系中，天命观构成了传统政权的精神内层，表明了政治权力来源的神圣性；大一统构成了传统政权的政治外层，表明了政治权力运作的结构性；宗法政治构成了传统政权的伦理支撑，表明了政治权力与家同构的亲民性。三者共同认可了一元化的传统治理模式。在这个一元化的传统治理模式中，父亲是一家的最高权威，天子是一国的最高权威。天子既拥有至尊地位，又必须"承天意以从事"（《汉书·董仲舒传》），慈爱子民。这样，天子以及以天子为核心的中央政府就成为所谓的"父权型权威"。

　　总之，天命观、大一统和宗法政治共同培育了"父权型权威"。以"父权型权威"为隐喻的中国传统政治体制的长期运作和政治意识形态的宣传教化，通过文化渗透和代际传递，就在民众内心中滋生了威权主义价值观。威权主义价值观的基本内涵是对家长乃至政府保持相当程度的敬畏、信任与尊重，是在威权政治与威权文化的长期历史传统中形成的。基于中国传统政治文化"三位一体"的基本构造，本书推定，威权主义价值观是中国差序政府信任生成的政治文化机理。这主要是因为，从逻辑上，若民众将中央政府和地方政府视作一个整体，给予相同程度的信任，为无差序政府信任。若民众在中央政府和地方政府之间进行了区隔，对中央政府的信任高于对地方政府的信任，会生成差序政府信任。若对中央政府的信任低于对地方政府的信任，会生成反差序政

---

① 何晏（注），邢昺（疏）．论语注疏［M］．北京：北京大学出版社，2000：184.

府信任。在中国传统政治文化的基本构造之下，持有威权主义价值观的民众会对中央政府和地方政府的权威进行高低区隔，因而只会生成差序政府信任，不会生成无差序政府信任和反差序政府信任。

三、政治传播

（一）西方政治传播研究的历史

政治传播学是介于政治学与新闻传播学之间的交叉学科。西方学者对政治传播范畴的界定存在着政治学和传播学两种视角。政治学视角将政治传播视为一种以传达一定政治信息为目的的政治现象与政治行为。如丹顿和伍德沃德（R. E. Denton and G. C. Woodward）、穆勒（C. Mueller）、法根（R. R. Fagen）等学者。西方学者关于政治传播范畴的最早表述是：政治传播是政府及其辖设的社会事业机构与公民的选举行为向对方传达政治性生成机理的交互影响过程[1]。传播学视角则突出传播的核心地位，认为政治传播是"传播在政治过程中所扮演的角色[2]"或"关于政治的有目的的传播[3]"。

西方学者普遍认为，政治传播作为一种政治现象和社会行为，可以追溯到古希腊时期的政治辩论与政治演讲。

首先，三大先驱人物对现代政治传播进行了初始研究。1922 年，美国政治学者沃尔特·李普曼（Walter Lippmann）出版了经典著作《公众舆论》，对印刷媒体和无线电广播的宣传效果进行了研究，为西方现代政治传播基础理论规定了发展方向[4]。被视为传播学奠基人的哈罗德·拉斯韦尔（Harold Lasswell），致力于用传播学的方法研究政治现象，提出了著名的五 W 传播模式（谁→说了什么→对谁→通过什么渠道→取得什么效果），从方法论意义上对西方现代政治传播基础理论做出了卓越贡献，对西方政治传播研究产生了深远影响。而后，拉扎斯菲尔德（Paul Lazarsfeld）将访谈法与定量研究方法引入

---

① Kaid L. L. Handbook of Political Communication Research [M]. New Jersey: Mahwah, Lawrence Erlbaum Associates, Inc., 2004: 15.

② Kaid L. L. Handbook of Political Communication Research [M]. New Jersey: Mahwah, Lawrence Erlbaum Associates, Inc., 2004: xiii.

③ 布赖恩·麦克奈尔. 政治传播学引论 [M]. 殷祺，译. 北京：新华出版社，2005: 4.

④ 转引自：张晓峰，荆学民. 现代西方政治传播研究述评 [J]. 教学与研究，2009 (7): 76-85.

现代政治传播研究，政治行为开始成为重要的研究变量①。

其次，对于作为一门独立学科的现代政治传播学形成的确切时间，尽管西方学者存在着较多分歧，但"50 年代诞生说"已为大多数西方学者所接受②。1984 年，美国政治学者丹·尼谋（Dan Nimmo）和凯恩·桑德斯（Kane Sanders）在其出版的《政治传播学手册》一书中认为，政治传播学产生于 20 世纪 50 年代。其标志是，在 1956 年出版了一部研究政治传播的著作，这本著作不仅把政治传播设定为一个独立的社会科学领域，而且划定了这个领域的界限，即把政治传播看成是正式政府组织与公民投票行为之间的中介③。这三个环节恰恰构成了西方现代政治传播学研究的中心议题④。

现代西方政治传播学的研究领域非常广泛，涵盖了国内国际政治系统中政治信息的产生、形成、传播、处理过程及其社会影响、政治进程中媒介对于社会团体及个人的影响、国际视野中的公共外交与国际传播等多个层面的研究，尤为注重政治活动中的政治信息、新闻媒介、公共舆论以及政治传播与新媒介的研究⑤。

（二）政治传播方式与政府信任

以过程论的视角来看，政治传播是在政治人物、新闻媒介以及公众之间发生的以政治信息和公众舆论为传递内容的交互性过程，包括政治信息的生产、政治信息的内容和政治信息的效应三个主要部分。其中，政治信息的效应涉及政治传播所承载的信息对于受众的影响，对此进行研究，有助于我们从个体层面来考察社会公众的政治认知、政治心理和政治情感，在接受了不同的政治信息的情况下是如何加以改变的⑥。

就西方政治传播的方式而言，大体经历了以下三个发展阶段：第二次世界大战结束后的 20 余年，不同阶层的社会受众通过所接触的政党来了解政治信息，政党成为政治信息的主要来源；20 世纪 60 年代到 80 年代末，电视的普

①⑤　张晓峰，荆学民. 现代西方政治传播研究述评 [J]. 教学与研究，2009（7）：76-85.

②　张晓峰，赵鸿燕. 政治传播研究 [M]. 北京：中国传媒大学出版社，2011：4.

③　Nimmo D., Sanders K. R. The Handbook of Political Communication [M]. Sage Publications Inc.，1984：12.

④　李元书. 政治传播学的产生和发展 [J]. 政治学研究，2001（3）：68-77.

⑥　卢春龙，严挺. 政治传播与政治信任的关系——以中国农民的政治信任为考察对象 [J]. 学习与探索，2015（12）：54-62.

及改变了传统的政治传播方式，电视成为传递政治新闻及政治信息的主要载体；20 世纪 90 年代以来，随着新媒介①的兴起与发展，电视传递政治信息的功能在相当程度上被消解，互联网成为传递政治信息的主要载体②。

政治信息的效应会因为媒介刊播政治信息的价值倾向而在性质上有所不同，其强弱程度也和政治传播的方式和受众使用媒介的频率密切相关。一般来讲，正面信息会提升公众对政府的好感与信任，负面信息会增进公众对政府的不信任。西方传统媒介（尤其是电视）为了吸引受众的关注，倾向于报道负面的政治新闻，这被认为是各国政府信任度下降的原因之一。电视的普及削弱了政党的政治传播力，电视负面广告和广播时间成本使政治家和公众之间形成更大的距离感。另外，电视的戏剧性画面创造了所谓的"冷酷世界效应"，会使人们记住其所呈现的片面的政治信息影像，从而取代了对政治信息的全面了解③。

新媒介的出现使得政治信息传播发生了颠覆性的变化，多元化的信息传播方式取代了以政府为主导的一元化信息传播方式。与广播、电视和报纸相比，"从根本上缩小通信和信息成本，最大化速度，扩大覆盖范围和消除距离的潜力"成为互联网的"核心变革能力"④。互联网的突出特点是透明性与大众参与，因而能够在相当程度上代表民意，拥有一种无形的、道义上的权力，政治信息的发布更为及时和全面，更有利于对政府和政治人物实施更有效的监督。同时，与传统媒介相比，新媒介可以分钟或秒作为单元传播，新闻可以在瞬间发布，其实时性使发布者来不及对政治信息的真伪与效应进行核查与判断，进而导致负面政治信息的传播速度更快，影响力度更大。并且，非理性的宣泄和谣言由于难以有效监管而充斥网络，具有相当的负面因素。另外，社会受众使用媒介的频率也是重要的考察变量。在互联网时代，社会受众使用新媒介的频率大大增加，一方面，促进了其政治参与意识和政治表达意识的成长，对政府治理的期望值更高。另一方面，社会受众更容易受到负面政治信息的影响。这

---

① 在本书中，新媒介是指以互联网为平台的各种媒介形式的总称。

② 卢春龙，严挺. 政治传播与政治信任的关系——以中国农民的政治信任为考察对象 [J]. 学习与探索，2015（12）：54-62.

③ 小约瑟夫·S. 奈. 导论：政府信任度的下降 [A]//小约瑟夫·S. 奈，菲利普·D. 泽利科，戴维·C. 人们为什么不信任政府 [M]. 朱芳芳，译. 北京：商务印书馆，2015：20.

④ Norris P. Political Communication：Technological Diffusion and Democracy [A]//Baltes P. B.，Smelser N. J. International Encyclopedia of the Social and Behavioral Sciences [M]. New York：Elsevier，2001：11631.

些都对政治认同、民众与政府的信任关系产生负向影响。因此，在新媒介环境下，世界各国政府普遍遭遇了政府信任危机。

第二节　分析模型

模型（Model）源生于拉丁文 Modulus，基本含义是尺度、样本、标准。管理科学认为，模型是对客观存在的事物及系统的抽象描述，用于揭示客观事物及系统的内部结构、关系与法则，并对系统或事物进行实验和预测。模型的特殊作用在于，通常通过类比、抽象等手段将所研究的对象转换为易于考察的形式，从而深刻理解有显著影响的因素和关系，掌握系统或事物演变的规律①。随着科学的飞速发展，模型解释的应用领域不断扩大，不仅在自然科学领域实现了从宏观到微观再到宇观（如基本粒子模型、宇宙天体演化模型等）的跨越，还进一步拓展到社会科学研究领域。就通常意义而言，社会科学研究中的模型解释可以简化为被解释项与解释项两个部分。在我国居民差序政府信任生成的模型建构中，主要应当明确被解释项与解释项的特定内涵与基本维度。

一、被解释项

本书研究的被解释项是差序政府信任。差序政府信任反映了居民政府信任度在政府层级结构上的差异。在中国传统社会，大一统成为基本的政治格局，即政治上的统一以中央高度集权、地方臣服中央为特点。在长期大一统的思想观念与制度实践的影响之下，中华人民共和国成立后，我国的政府体制采取了单一制的结构形式。《中华人民共和国宪法》第三条第四款明确规定："中央和地方的国家机构职权的划分，遵循在中央的统一领导下，充分发挥地方的主动性、积极性的原则。"由上述历史与现实背景所决定，"央强地弱"揭示了我国居民差序政府信任的典型特征。需要说明的是，在本书中，中央政府是指中央人民政府（国务院）及其工作部门。地方政府是指基层人民政府，即城市

---

① 陆雄文. 管理学大辞典［M］. 上海：上海辞书出版社，2013：553.

的县级人民政府或农村的乡镇人民政府。因此，本书从以下三个基本维度测量我国居民的差序政府信任：①中央政府信任，即居民对中央政府的信任程度；②地方政府信任，即居民对地方政府的信任程度；③央地政府信任差，即中央政府信任赋分减去地方政府信任赋分所得的差值。

二、解释项

根据对以往研究成果的梳理与分析以及特定的研究需要，本书以制度、文化和媒介作为解释项，揭示显著影响我国居民差序政府信任程度变化的因素。这三类解释项分别对应新制度主义、政治文化、政治传播三种理论基础。

（一）制度

由于本书主要关注在正式制度框架内，制度因素中的制度规范与策略行为对当代中国差序政府信任生成的影响，而制度规范与策略行为则分别是规范制度主义与理性选择制度主义的侧重点。因此，规范制度主义与理性选择制度主义的视角呈现鲜明的差异。规范制度主义强调：尽管自我利益浸透于政治之中，主要差异体现在"将偏好形成视为外生的还是内生的问题"。规范制度主义认为个体偏好的形成是内生的，宏观的制度规范解释制度对个体政治心理的影响。理性选择制度主义则认为个体偏好的形成是外生的，从微观制度的个体认知层面解释制度对个体政治心理的影响。在解释政府信任及差序政府信任的生成机理时，学者们常常局限在理性选择制度主义的视角，而忽视或弱化规范制度主义的视角。少数学者对此局限已经有所省察，主张将制度规范和理性认知结合起来进行二维分析，全面揭示差序政府信任生成的制度机理[①]。本书拟从制度规范绩效、绩效理性认知与相对剥夺感三个基本维度来考量制度解释项对我国居民差序政府信任生成的影响。

1. 制度规范绩效

规范制度主义在解释行为的时候，赋予了组织的规范与价值以核心地位[②]。在规范制度主义看来，"制度是相互关联的规则和惯例的集合体，它们

---

① 方雷，赵跃妃. 关于差序政府信任研究的文献考察——以 1993—2016 年华裔学者的研究为分析文本 [J]. 学习与探索，2017（10）：38-44.

② 盖伊·彼得斯. 政治科学中的制度理论：新制度主义（第三版）[M]. 王向民，段红伟，译. 上海：上海人民出版社，2016：26.

从个体角色与周围环境的关系角度界定适当的行动。"关于个体与制度的关系，规范制度主义认为，制度具有"适当性逻辑"，能够塑造个体行为，它规定什么行为是适合制度成员的，什么行为不适合①。制度与个人之间的联结，能够通过新人录用的变化而实现。制度将接力自我延续，会日复一日地固化其价值面貌。规范制度主义非常重视正式制度对政治结果与政治行为的作用。在规范制度主义看来，政治结果是组织结构和适当行为规则等正式制度的产物，而政治行为则被认为是对责任和义务的一种反应，而不是自我利益计算的外显②。本书由此推断，在我国，法律法规、政府政策在很大程度上体现着中央政府的公信力。因为，地方性法规、地方政府政策在相当程度上是国家法律法规、中央政府政策的细化规定，是为执行国家法律法规和中央政府政策服务的。因此，居民对法律法规、政府政策的遵守程度越高，对中央政府的信任程度越高，而对地方政府的信任程度相对降低，从而形成差序政府信任。

2. 绩效理性认知与相对剥夺感

理性选择制度主义以理性选择理论作为理论基础，在解释制度的起源、变化和效果时，将理性经济人作为分析社会现象的基本单位。该理论认为，个人为谋求效用最大化而采取行动，应当通过分析宏观社会现象的微观基础来实现对社会现象的精致解释③。理性选择制度主义之所以将制度概念引入理性选择理论框架，是为了回应批评者对理性选择理论纳什均衡状态一直持续的假设，在现实生活中出现非均衡状态反例的质疑，试图通过制度规制个人行动和个人间互动，使个体理性转变为集体理论，以防止个人理性偏好产生集体非理性结果的可能。从总体上看，理性选择制度主义对制度与个体行为之间关系的理解是辩证的，制度是塑造个体行为的规则的集合，个体能够理性地回应这些规则所形成的激励和制约。从理性选择制度主义的视角来看，居民对政府绩效的理性认知是影响我国居民政府信任的重要变量，也可能是影响我国居民差序政府信任程度的重要变量。居民对政府绩效的理性认知不仅包括经济发展绩效，而且包括公共服务绩效。实证研究表明，"公众对政府公共服务绩效层级感知的

---

① 盖伊·彼得斯. 政治科学中的制度理论：新制度主义（第三版）[M]. 王向民，段红伟，译. 上海：上海人民出版社，2016：36.

②③ 河连燮. 制度分析：理论与争议（第二版）[M]. 李秀峰，柴宝勇，译. 北京：中国人民大学出版社，2014：10.

差异性是政府信任央地分化和层级分化的重要诱因①"。

一般而言，"相对剥夺感"是指以他人或群体作为参照物，个体或群体将自身的利益得失进行比照，认为自身获得的利益明显少于他人或其他群体形成较大的心理落差，从而产生不公平感的现象。相对剥夺感理论在国外颇为流行，近年来在国内引发较多关注，但其理论基础同样来源于理性选择制度主义。一些学者的研究证实了相对剥夺感强的个体更有可能产生集群行为，产生不信任政府的对立情绪。产生相对剥夺感的个体不仅包括社会弱势群体，而且包括部分社会优势群体。相对剥夺感既可以通过个体当下所处的社会经济地位来体现，又在很大程度上同个体社会经济地位的"相对变动"有关②。前者往往可以通过个体对社会公平的整体感知和对自身收入公平的个体感知来进行测量，而后者则与个体对自身社会阶层的主观认知密切相关。已有实证研究发现，公平感不仅直接影响政府信任，而且能够通过影响政府绩效评价间接影响政府信任③。从总体上看，社会公平对政府信任的影响力已经超过了经济绩效④。由此，本书推断，社会公平感、收入公平感、社会等级认同差值的变化可能对我国居民的差序政府信任程度产生显著影响。

（二）文化

文化是一个很宽泛的概念，涵盖了流行的社会资本、微观层面的政治社会化经历、宏观层面的政治价值观等多个维度。对于差序政府信任的生成而言，文化被视为"外生性路径"，但更具有基础性和积淀性。本书从社会资本、政治接触与政治价值观三个基本维度来考量文化解释项对我国居民差序政府信任生成的影响。

1. 社会资本

社会资本的定义及其构成要素是运用社会资本理论范式必须明晰的关键问题。社会资本的基本内涵是个人拥有的，主要存在于人际关系和结构之中，表

---

① 王浦劬，郑姗姗. 政府回应、公共服务与差序政府信任的相关性分析——基于江苏某县的实证研究 [J]. 中国行政管理，2019（5）：101-108.

② 刘欣. 相对剥夺地位与阶层认知 [J]. 社会学研究，2002，16（1）：81-90.

③ 麻宝斌，马永强. 公平感影响政府信任的绩效评价路径分析 [J]. 学习论坛，2019（4）：56-61.

④ 麻宝斌，马永强. 新时代政府信任的来源——社会公平和经济绩效及其影响力比较 [J]. 理论探讨，2019（3）：160-165.

现为社会结构资源的资本财产①。在社会资本研究方面，美国哈佛大学帕特南教授是实证研究与理论创新高度融合的典范。在他看来，"社会资本是指社会组织的特征，诸如信任、规范，以及网络，它们能够通过促进合作来提高社会的效率。社会资本提高了投资于物质资本和人力资本的收益②"。社会资本的存量就是一个社区中人们参加、参与社团活动的水平，测量的标准包括阅报、参与志愿组织以及对政治权威的信任表达等。根据帕特南的定义，本书从人际信任、社会网络和互惠规范三个方面来探讨社会资本对我国居民差序政府信任的影响。

人际信任在社会资本理论研究中居于核心地位，几乎被每一个理论研究者所提及。广义的人际信任与社会信任大体相同，包括亲缘信任、关系信任和普遍信任三种类型。亲缘信任表征个体对自己家里人和亲戚的信任程度。关系信任则是指个体对除了自己家里人和亲戚以外的朋友、同事、生意人、同学、老乡等的信任程度，发生在更为广泛的社会关系层面。普遍信任从总体上表征个体对社会上大多数人的信任程度。国内外多数学者认为，较高的人际信任程度具有补益政府信任的"溢出"效应。良好的人际信任有助于政府信任度的提升。本书由此推断，人际信任程度可能对我国居民差序政府信任程度的变化产生显著影响。

社会网络同样是社会资本的关键内容，是人与人之间在经常性的交往中所形成的互动关系及其形态、结构与层次。在帕特南看来，"任何社会，现代的或传统的，专制的或民主的，封建主义的或资本主义的，都是由一系列人际沟通和交换网络构成的，这些网络既有正式的，也有非正式的。其中一些以'横向'为主，把具有相同地位和权力的行为者联系在一起。还有一些则以'垂直'为主，将不平等的行为者结合到不对称的等级和依附关系之中③"。可见，在政治生活与社会生活中，社会网络可以区分为横向和纵向两类，两者既可以是非正式的、松散的、低组织化的网络形式，也可以是正式的、高度组织化的网络形式。帕特南的结论是，横向的社会网络参与有助于提升政府的治理绩效。社团组织参与是横向社会网络的正式形式，社会交往则是较为松散的社

---

① 赵延东."社会资本"理论述评 [J].国外社会科学，1998（3）：19-22.

② 罗伯特·帕特南.使民主运转起来：现代意大利的公民传统 [M].王列，赖海蓉，译.南昌：江西人民出版社，2011：195.

③ 罗伯特·帕特南.使民主运转起来：现代意大利的公民传统 [M].王列，赖海蓉，译.南昌：江西人民出版社，2011：203.

会网络形式。本书由此推断,居民的社团组织参与和社交频率可能对我国居民的差序政府信任程度产生显著影响。

互惠规范是社会资本的重要构成要素。作为社会资本的互惠规范既是自然演化的,又是人们自觉设计的;既包含了群体或组织制定的正式行为准则,又包括了习俗、地方性知识、价值观念等一系列非正式规范①。帕特南指出,互惠行为的延续和反馈具有增强信任关系的积极作用。帕特南将互惠进一步区分为均衡的互惠和普遍化的互惠两种。均衡的互惠是人们同时交换价值相等的东西;普遍的互惠则发生在交换关系持续进行的过程中,"这种互惠在特定的时间里是无报酬的和不均衡的,但是,它使人们产生共同的期望,现在己予人,将来人予己"。"普遍的互惠将自我利益和团结互助结合了起来",是"一种高度生产性的社会资本","可以有效地约束投机,解决集体行动问题"②。本书由此推断,是否认同普遍互惠理念并愿意采取行动,可能对我国居民差序政府信任程度的变化产生显著影响。

2. 政治接触

政治接触以阿尔蒙德的公民文化理论作为理论基础。政治接触是典型而又直接的政治社会化经历,是政治社会化的基本途径之一。政治社会化则是指个体在参与社会生活的过程中,对自己社会的政治领导人、政治制度、政治角色和政治形象逐渐认知和了解③。政治接触作为个体自身的政治实践经历,是个体在与政治官员和政府机构打交道的过程中发生的直接政治体验,更为深刻和持久,在更大程度上决定着个人政治社会化的效果④。

典型的政治接触可以包括两类:一类是政治参与;另一类是个体在政治实践中是否受到了政府及其工作人员的公正对待。其中,政治参与是指个体单独或通过各种社会集团,积极参与到对其生活产生影响的政府过程中来。政治参与行为中,一方面包括传统的政治参与活动,如投票、参加公职选举等;另一方面包括非传统的政治参与活动,这里既包括签署请愿书、参加和平示威等公

---

① 翟学伟,薛天山. 社会信任:理论及其应用 [M]. 北京:中国人民大学出版社,2014:209.

② 罗伯特·帕特南. 使民主运转起来:现代意大利的公民传统 [M]. 王列,赖海蓉,译. 南昌:江西人民出版社,2011:202.

③ 毛寿龙. 政治社会学:民主制度的政治社会基础 [M]. 长春:吉林出版集团有限责任公司,2007:107.

④ 刘吉发. 政治学新论(第二版)[M]. 北京:中国人民大学出版社,2016:97.

认的合法行为，也包括暴力反抗或者拒绝纳税等非法行为①。对于前者，本书将其称为"动员型政治参与"；对于后者，本书将其称为"抗争型政治参与"。个体在政治实践中是否受到了政府及其工作人员的公正对待，通常来自于个体因办理个人事项与政府及其工作人员个别化交往过程中的体验和感知。

政治接触按其性质又可以分为良性政治接触（如动员型政治参与、受到政府公正对待）和恶性政治接触（如抗争型政治参与、受到政府不公正对待）两类。国内外的已有研究成果表明，良性的政治接触能够提升居民的政府信任水平，特别是基层政府信任水平。例如，在美国，"虽然民意测验结果表明对国会的评价不高，但它们同时也表明了对美国地方议员有着较高的评价。……即使政府犯错误，公众可能更愿意容忍这些'像我们一样的人'所犯的错误②"。与此类似，在中国农村，在基层选举竞争较为激烈和选举程序更为开放的背景下，农民的选举参与热情越高，对地方领导人的信任程度越高③。恶性政治接触则会降低居民的本地政府信任水平，甚至有可能波及中央政府信任水平。如果民众在与地方政府及其官员的直接接触中感知到了腐败、故意推诿和处理不公等负面倾向，民众对地方政府的信任度就会降低。有研究表明，民众与地方政府恶性政治接触的广度越大、深度越深、频率越高，就越会加剧对政府的不信任感④。本书由此推断，动员型政治参与、抗争型政治参与、是否受到政府不公正对待均有可能对我国居民差序政府信任程度的变化产生显著影响。

3. 政治价值观

政治价值观是表征政治文化取向的重要参数，且与传统政治文化和现代政治文化都发生着重要的联系。英格尔哈特的价值观代际转型理论发现了在世界范围内，各国居民的威权主义价值观（也称为权威主义价值观，在本书中两者完全同义）正在向自由主义价值观转换。与多数学者通常将价值观、规范、态度和信念概念化为统一的控制体系不同，Shi（2001）将政治文化定义为社

---

① 基思·福克斯. 政治社会学 [M]. 陈崎，耿喜梅，肖咏梅，译. 北京：华夏出版社，2008：119.

② 小约瑟夫·S. 奈. 导论：政府信任度的下降 [A]//小约瑟夫·S. 奈，菲利普·D. 泽利科，戴维·C. 人们为什么不信任政府 [M]. 朱芳芳，译. 北京：商务印书馆，2015：13.

③ Manion M. Democracy, Community, Trust: The Impact of Elections in Rural China [J]. Comparative Political Studies, 2006, 39 (3): 301-324.

④ 叶敏，彭妍. "央强地弱"政治信任结构的解析——关于央地关系一个新的阐释框架 [J]. 甘肃行政学院学报, 2010 (3): 49-57.

会共同的价值观和规范，不包括态度和信念①。国内也有学者指出："政治价值观是政治文化的核心，它指导着人们在政治生活中的各种选择，如选择什么样的政体、何种规则来促进权力的运用，赋予政治组织什么样的目的，并以何种态度对待政治组织。"②

就政治价值观的基本向度而言，我国民众同样存在两种典型的政治价值观，即威权主义价值观和自由主义价值观。威权主义价值观是否生成了我国居民的差序政府信任？吴结兵等（2016）认为，威权主义价值观对中央政府信任和地方政府信任都有显著的托举作用，在一定程度上能够缩小央地政府之间的信任差距③。吕书鹏（2015）认为，绝对的权威取向会弱化差序政府信任，适度而非绝对的权威取向才会起到强化差序政府信任的作用④。对于自由主义价值观，张小劲等（2017）仅仅验证了自我中心性格对中央政府信任的负向显著影响⑤。吕书鹏（2015）则发现，平权观念对中央政府信任具有显著的正向影响，在相当程度上生成了差序政府信任⑥。

改革开放以来，中国共产党领导中国人民描绘了中国特色社会主义的政治图景，实现了由站起来到富起来的伟大转变。党的十八大以来，全面深化改革的大幕徐徐拉开，以习近平总书记为核心的党中央，领导中国人民进入了中国特色社会主义的新时代，中国人民实现了由富起来向强起来的伟大转变。在这一历史过程中，威权主义价值观在居民心里仍然占有相当大的比重。随着社会制度的转变、域外文化的渗透和网络文化的普及，居民的自由平等意识和民主法治意识明显增强，生活在都市、后物质主义、民主环境中的公民更容易形成自由主义价值观，对政府可能更具批判性，从而导致居民对政府的信任度降低。本书由此推断，我国居民对威权主义价值观与自由主义价值观的认同程度均有可能对其差序政府信任程度产生显著影响。

---

① Shi T. Cultural Values and Political Trust：A Comparison of the People's Republic of China and Taiwan [J]. Comparative Politics, 2001, 33 (4)：401-419.

② 李路路，钟智锋."分化的后权威主义"——转型期中国社会的政治价值观及其变迁分析 [J]. 开放时代, 2015 (1)：171-191.

③ 吴结兵，李勇，张玉婷. 差序政府信任：文化心理与制度绩效的影响及其交互效应 [J]. 浙江大学学报（人文社会科学版）, 2016, 46 (5)：157-169.

④⑥ 吕书鹏. 差序政府信任：概念、现状及成因——基于三次全国调查数据的实证研究 [J]. 学海, 2015 (4)：148-157.

⑤ 张小劲，陈波，苏毓淞. 差序政治信任的城乡比较——基于 2015 年中国城乡社会治理调查数据的实证研究 [J]. 湘潭大学学报（哲学社会科学版）, 2017 (6)：32-39.

（三）媒介

媒介解释项以政治传播为理论基础。我国学者对政治传播的研究依托于我国的政治传播实践。改革开放 40 多年来，党和政府一直在进行政治传播实践的探索，从 1978 年"关于真理标准的讨论"到 1992 年邓小平的"南方谈话"，从 2003 年的 SARS（传染性非典型肺炎）开始到 2008 年的北京奥运会，从 2013 年的全国宣传思想工作会议到 2017 年召开的党的十九大，我国的政治传播实践为中国特色社会主义的发展和完善奠定了舆论基础、指引了发展道路、树立了中国形象、规划了宏图伟业。如今，中国特色社会主义已经进入了新时代，在习近平新时代中国特色社会主义思想的指引下，中国已经走到世界舞台的中央，我国的政治传播实现了从实践探索到理论构建的升华①。

在我国，媒介已经成为公民政治生活和社会生活的重要组成部分，政府通过媒介向公民传递政治信息、推介主流意识形态，公民借助媒介来感知政府绩效、获取政治信息、预测政治动向。可以说，媒介在形塑公民与政府的信任关系中发挥了重要的中介作用。在过去，这种中介作用主要是通过以电视为代表的传统媒介来完成的，并且政府在其中具有管控媒介的主导权。近年来，以互联网为平台的新媒介迅猛发展，大有后来居上之势。互联网信息技术以其强大的冲击力加速了社会权力的分散和社会权力结构的"去中心化"，政府、媒体、网民、意见领袖、社会组织等都成为虚拟空间中积极的行动者②。因此，在信息传播上，由于新媒介的商业化程度更高，使得信息更新的快捷性和审查的滞后性、网站的公益性和营利性、主流媒介和非主流媒介之间不可避免地产生了较为尖锐的矛盾。信息传播的快速性、渲染性、扩展性和推送性使得信息的客观性和真实性难以保证。有学者坦言，"在这样一个政府不容易控制的资讯传播平台上，民众更容易接触到自主、多元的政治性信息，甚至接触负面另类观点的机会也更多，且新兴媒介对负面新闻的报道和宣传具有放大和拓展效应③"。因而，在我国，一方面，以电视为代表的传统媒介在农村和欠发达地区仍然具有相当的政治传播优势，而其官方色彩会使其在增进政治认同、提升政府信任方面发挥积极作用。另一方面，以互联网为平台的新媒介开始逐渐普

---

① 刘开华，刘东建. 改革开放 40 年中国政治传播实践探索与理论构建 [J]. 新闻爱好者，2018（6）：16-20.

② 王连伟，杨梦莹. 互联网时代政府信任研究进展 [J]. 山东行政学院学报，2018（6）：6-10.

③ 胡荣，庄思薇. 媒介使用对中国城乡居民政府信任的影响 [J]. 东南学术，2017（1）：94-111.

及，在城市和发达地区的传播影响力开始超过传统媒介，其多元传播方式和吸引眼球的负面传播倾向，会使其在减少政治认同、降低政府信任方面发挥一定作用。因此，本书从传统媒介（电视）与新媒介（互联网）两个维度考量媒介解释项对我国居民差序政府信任生成的影响。

根据上文所述，我国居民差序政府信任的分析模型可以列表简要梳理如下（见表 3-1）。需要说明的有两点：一是本书将以这一分析模型为基础进行研究设计，从全国总体、城乡与区域（西部、中部与东部）三个层面对我国居民差序政府信任的生成机理进行研究。二是这一模型解释框架是根据相应的理论基础，参照以往研究成果作出的大致推断，其自洽程度有待于后文的实证检验。

表 3-1　我国居民差序政府信任的分析模型①

解释项	基本维度		被解释项	基本维度
制度	制度规范绩效；绩效理性认知；相对剥夺感	→	差序政府信任	中央政府信任
文化	社会资本；政治接触；政治价值观			地方政府信任
媒介	传统媒介；新媒介			央地政府信任差

资料来源：笔者自制。

本章小结

本书以新制度主义、政治文化、政治传播作为我国居民差序政府信任研究的三大理论基础。

与旧制度主义相比，新制度主义之"新"体现在：将制度的范围从正式制度扩展到非正式制度；对制度的比较与分析从整体性的宏观视角转向为从劳资结构、政府间关系等中观与微观视角；将制度理解为更大程度上的动态的变迁过程，制度与被嵌入其中的人际关系的正式规则或特定环境相互影响；制度在建构个人选择方式以及塑造政治行为中发挥着重要作用；政治行动者的偏好

---

① "差序政府信任"的英译是"Hierarchical Government Trust"，本书将其简称为"HGT"。

始终是一个重要的中间分析变量，将观念与制度、利益的结构性关系或不同形式的价值观作为制度分析的焦点。通过对规范制度主义、历史制度主义、理性选择制度主义和社会学制度主义四个流派共性特征的分析，我们可以得出结论，制度以其客观规范性与结构稳定性塑造了个体对制度的理性预期，因而必然对个体的政治行为倾向与政治心理差异施加影响。

在西方政治文化研究中，经历了公民文化、价值观代际转型到社会资本三重范式的嬗变与转型。从对三重范式发展历程以及研究倾向的梳理中，我们能够感受到政治接触因素、政治价值观、社会资本诸要素均可能对个体政治行为与政治心理施加影响。这三种范式，只是提供了关于政府信任层级差异生成机理的一般理论。从中国传统政治文化的基本构造上看，作为终极价值的天命观、作为政治格局的大一统、作为纲常伦理的宗法政治形成其基本格局，这三者在维护传统政权合法性和正当性的过程中培育了"父权型权威"，这构成我们理解我国居民差序政府信任生成机理的独特视角。

政治传播作为政治人物、新闻媒介以及公众之间发生的信息交互过程，其载体与信息选择均有可能影响个体的政治心理。就载体而言，作为新媒介代表的互联网的影响力大有超过其电视传媒之势。但在我国，电视传媒仍然具有相当数量的受众。因而，作为政治传播方式的互联网与电视传媒均可能影响居民的差序政府信任程度。

就通常意义而言，社会科学研究中的模型解释可以简化为被解释项与解释项两个部分。本书的被解释项是差序政府信任。基于新制度主义、政治文化、政治传播三大理论基础，本书的解释项是制度、文化和媒介，并在此基础上将制度规范绩效、绩效理性认知、相对剥夺感厘定为制度的基本维度，将社会资本、政治接触、政治价值观厘定为文化的基本维度，将传统媒介与新媒介厘定为媒介的基本维度，进而构建了我国居民差序政府信任研究的分析模型。

第四章

差序政府信任的分布特征

分布特征是对我国居民差序政府信任现实状态的真实描述，是生成机理实证分析的前提与基础。本章首先以第三章厘定的分析模型以及特定的研究需求为根据，明确本书研究的数据来源。其次，参照以往研究成果与相关数据，从全国总体、城乡与区域三个层次提出关于分布特征的研究假设，并基于 CGSS 2010 问卷数据进行实证检验。最后，以全球主要国家政府信任状况、亚洲主要国家差序政府信任程度比较为宏观背景，以实证分析为依据，总结与归纳主要研究结论。

第一节　数据来源

一、本书对数据样本的特定要求

在前文厘定的理论基础及分析模型的基础上，本书将通过对特定问卷调查数据的实证分析对我国居民差序政府信任的分布特征与生成机理进行全国总体、城乡与区域三个层面的研究。

问卷调查数据的确定是实证分析的首要前提。问卷调查数据的获取通常有两种方式，第一种是由研究者基于研究需求进行问卷设计并开展调查，但这主要适用于调查题项不多、样本数量较少、覆盖区域较窄的情形，不适合全国范围的全局性研究以及城乡区域层面的比较研究。第二种是采用第三方已经公布的特定调查数据。这里既有专业调查机构公布的调查数据，也有其他单位及研究人员基于特定研究需要的调查数据，而前者在问卷设计上更能保证其信度和效度，在调查操作上也更为规范和科学。因此，本书决定采用第三方专业调查机构公布的调查数据进行实证分析。

本书的选题是"我国居民差序政府信任的生成与弥合"，这就对问卷设计提出了特定要求：一是"差序政府信任"要求问卷设计题项同时包括"中央政府信任"和"地方政府信任"两个题项；二是"我国"要求样本数量覆盖全国 31 个省、自治区、直辖市，并且城乡与区域层面的样本数量要大体均衡，进而保证研究结论的有效性和普适性。在满足这两个特定要求的情况下再考虑调查数据的时效性，选用最新公布的调查数据。

二、CGSS 2010 数据基本情况

目前，已经公布的专业调查机构的数据有：全国社会状况综合调查（CGS）2006 年数据，亚洲舆情调查①（ABS）2002 年、2008 年、2011 年数据，中国城乡社会治理调查（CSGS）2015 年数据，中国综合社会调查（CGSS）2010 年数据（见表4-1）。

表4-1　当代中国差序政府信任研究备选数据基本情况

数据	中文名称	主办单位	覆盖区域	样本数量
CGS 2006	全国社会状况综合调查	中国社会科学院	28 个省份	7016
ABS 2002	亚洲舆情调查	我国台湾大学等	大多数省份②	3183
ABS 2008				5098
ABS 2011				3473
CSGS 2015	中国城乡社会治理调查	清华大学等	26 个省份	4068
CGSS 2010	中国综合社会调查	中国人民大学	31 个省份	11783

资料来源：笔者根据相关数据与文献整理而得。

① 亚洲舆情调查（The Asian Barometer Survey，ABS），是使用社会调查方法的应用型研究项目。本书在比较我国与亚洲主要国家差序政府信任程度时使用了 ABS 三波调查数据。本书特别感谢台湾大学亚洲舆情研究中心提供相关数据资料协助。

② 关于 ABS 中国三波调查到底涵盖多少省份，由于问卷数据样本并未设计相关题项，无法统计。吕书鹏在其所撰《差序政府信任与政治体制支持》（《西安交通大学学报（社会科学版）》2017 年第6期）一文中介绍，ABS 2011 抽样范围为 25 个省区市。笔者曾专门给台湾大学亚洲舆情研究中心发邮件询问，该中心回复："我们是采用全国性概率抽样中的分层抽样，以等比率抽样的原则，涵盖的省份为全国大多数的省份城镇。"所以无法确知所涵盖的具体省份数量，但可以肯定的是，没有涵盖全部省份。

从表4-1、表4-2可以看出，只有 CGSS 2010 样本数量最多并且覆盖了全国所有省份，同时满足第一个和第二个要求。因此，本书基于 CGSS 2010 问卷数据进行实证分析。

表4-2 CGSS 2010 样本各省份分布情况统计

省份代码	省份全称	有效样本数（个）	百分比（%）
1	上海市	514	4.39
2	云南省	383	3.27
3	内蒙古自治区	100	0.85
4	北京市	516	4.41
5	吉林省	486	4.15
6	四川省	600	5.13
7	天津市	394	3.37
8	宁夏回族自治区	100	0.85
9	安徽省	408	3.49
10	山东省	576	4.92
11	山西省	294	2.51
12	广东省	546	4.66
13	广西壮族自治区	392	3.35
14	新疆维吾尔自治区	100	0.85
15	江苏省	504	4.31
16	江西省	473	4.04
17	河北省	292	2.49
18	河南省	578	4.94
19	浙江省	569	4.86
20	海南省	100	0.85
21	湖北省	617	5.27
22	湖南省	484	4.13
23	甘肃省	200	1.71
24	福建省	299	2.55
25	西藏自治区	75	0.64
26	贵州省	302	2.58
27	辽宁省	398	3.40

续表

省份代码	省份全称	有效样本数（个）	百分比（%）
28	重庆市	285	2.43
29	陕西省	403	3.44
30	青海省	100	0.85
31	黑龙江省	617	5.27
合计		11705	100

注：因统计中涉及四舍五入，故存在各因素百分比之和不完全等于100%的情况。

资料来源：笔者依据 CGSS 2010 数据统计与整理。

CGSS 2010 覆盖了中国所有省级行政单位。CGSS 2010 总样本数是 11783 个。在调查问卷中，受访者被问及对所列机构的信任程度（d3），其中第二类和第三类机构分别为中央政府（d302）和本地政府（农村指乡政府）（d303）。在依次剔除中央政府信任和地方政府信任的无效及缺失样本（共 78 个）后，最终得到有效样本数为 11705 个，其中差序政府信任者样本 4941 个，在全部有效样本中占比 42.2%。

表 4-3 是 CGSS 2010 样本分布的总体情况。从表 4-3 可以看出，在 CGSS 2010 全部有效样本中，其城乡比例、西部、中部和东部①区域比例都较为均衡，因而以其为基本数据对我国居民差序政府信任的分布特征进行全国总体与城乡区域层面的实证研究是比较科学的。

表 4-3　CGSS 2010 样本分布总体情况统计

项目		全部有效样本	
		频数	百分比（%）
全国		11705	100
城乡	农村	4534	38.7
	城市	7171	61.3

① 改革开放以后，我国以陈栋生为代表的区域经济学者提出了东、中、西三大经济地带的划分，并被作为我国政府组织国民经济活动的一种重要的地域依托。2000 年我国实施西部大开发战略，将广西（原属于东部）、内蒙古（原属于中部）两个民族自治区划入国家大开发意义上的西部地区。因此，本书所统计的三大区域以及具体省区市（简称）如下：东部地区（含辽、冀、京、津、鲁、苏、沪、浙、闽、粤、琼 11 省份），中部地区（含黑、吉、晋、豫、鄂、湘、赣、皖 8 省份）和西部地区（含陕、甘、青、宁、新、川、渝、云、贵、藏、桂、蒙 12 省份）。参见：孙久文，叶裕民．区域经济学教程［M］．北京：中国人民大学出版社，2003：281.

续表

项目		全部有效样本	
		频数	百分比（%）
区域	西部	3040	26.0
	中部	3957	33.8
	东部	4708	40.2

注：因统计中涉及四舍五入，故存在各因素百分比之和不完全等于100%的情况。

资料来源：笔者依据 CGSS 2010 数据统计与整理。

第二节　研究假设

一、关于总体分布特征的研究假设

对于我国居民差序政府信任总体分布特征的研究，全国性的数据样本最具有代表性和说服力。除了 CGSS 2010 数据外，国内学者使用比较多的全国性数据样本是，ABS 2002 年、2008 年和 2011 年在中国调查的三波数据样本。三波调查覆盖了全国大多数省份，有效样本数分别为 2897 个、4608 个、3229 个，题项均涉及中央政府信任和地方政府信任。为保证研究的精准性，本书使用台湾大学亚洲舆情研究中心提供的数据资料进行统计与分析，并据此提出全国总体层面的研究假设。2002 年和 2008 年信任区间划分及赋值分别为：完全不信任（1）、比较不信任（2）、比较信任（3）和完全信任（4）。2011 年第三波调查信任区间划分及赋值分别为：完全不信任（4）、比较不信任（3）、比较信任（2）和完全信任（1），与前两波调查赋值相反。为便于比较，笔者在统计时进行了重新编码，使之与前两波一致。在进行统计时，去除中央政府信任与地方政府信任的无效及缺失样本，将完全信任与比较信任合并为高度信任，将完全不信任和比较不信任合并为低度信任。同时，对政府信任层级差异情况按照差序政府信任、无差序政府信任（央地皆强）、无差序政府信任（央地皆弱）和反差序政府信任进行分类统计。

首先，基于央地政府高度信任比例差向度。从全国范围内央地政府信任有效百分比（见表4-4）来看，三波调查中对中央政府高度信任（完全信任+比较信任）的比例均明显高于地方政府信任。

表4-4　ABS中国居民央地政府信任分类统计

年度（样本）	2002 年（2897）		2008 年（4608）		2011 年（3229）	
信任度	高度信任	低度信任	高度信任	低度信任	高度信任	低度信任
中央政府	98.7	1.3	94.7	5.3	96.9	3.1
地方政府	80.5	19.6	60.4	39.5	80.6	19.4

资料来源：笔者基于 ABS 数据统计与整理。

其次，基于央地政府信任均值差向度。从全国范围内的央地政府信任均值及其差值（见表4-5）来看，三波调查中，中央政府信任均值均明显高于地方政府信任均值，并且央地政府信任差均值均为正。

表4-5　ABS中国居民央地政府信任均值及其差值统计

调查年度	有效样本数	中央政府信任均值	地方政府信任均值	央地政府信任差均值
2002 年	2897	3.91	3.23	0.68
2008 年	4608	3.65	2.79	0.86
2011 年	3229	3.49	2.99	0.50

资料来源：笔者基于 ABS 数据统计与整理。

最后，基于差序政府信任者比例向度。从差序政府信任的比例（见表4-6）分布来看，三波调查中持差序政府信任者在全部有效样本中的百分比分别为44.4%、62%、44.9%，均达四成以上。

表4-6　ABS中国居民政府信任层级差异分类统计

项目	ABS 2002 年			ABS 2008 年			ABS 2011 年		
	频数	百分比（%）	有效百分比（%）	频数	百分比（%）	有效百分比（%）	频数	百分比（%）	有效百分比（%）
差序政府信任	1286	40.4	44.4	2855	56	62	1448	41.7	44.9

续表

项目		ABS 2002 年			ABS 2008 年			ABS 2011 年		
		频数	百分比(%)	有效百分比(%)	频数	百分比(%)	有效百分比(%)	频数	百分比(%)	有效百分比(%)
无差序政府信任	央地皆强	1573	49.4	54.3	1528	30	33.2	1640	47.2	50.8
	央地皆弱	27	0.9	0.9	195	3.8	4.2	69	2	2.1
反差序政府信任		11	0.3	0.4	30	0.6	0.6	72	2.1	2.2
(有效 N)		2897	91.9	100	4608	90.4	100	3229	93	100
(缺失 N)		286	9	—	490	9.6	—	244	7	—
(合计 N)		3183	100	—	5098	100	—	3473	100	—

注：因统计中涉及四舍五入，故存在各因素百分比之和不完全等于100%的情况。

资料来源：笔者基于 ABS 数据统计与整理。

基于以上分析，本书提出以下研究假设：

H1：在全国总体层面，我国居民在三个向度均存在较为显著的差序政府信任。其中，央地政府高度信任比例差与央地政府信任均值差均为正值，差序政府信任者比例达到四成以上。

二、关于城乡分布特征的研究假设

就学界的已有研究来说，学者们仅从央地政府信任比例差、央地政府信任均值差两个向度来说明差序政府信任在城乡居民中的存在及其差异。

很多学者基于区域性样本对农村居民差序政府信任的分布特征进行了揭示。例如，胡荣和池上新（2016）等学者研究发现，2009 年，江苏、福建、江西三省四县市 1600 位农村居民对中央政府的信任度均值为 4.5 分，对乡镇政府则为 3.41 分，央地政府信任均值差是 1.09 分[①]。卢春龙和严挺（2016）通过问卷分析发现，2013 年，对湖南、河北等九个省份 3698 位农村居民对中央政府享有的信任度最高，48.6%的村民给予 9 分信任评价。乡镇政府享有的信任度最低，约 28.8%的村民不信任乡镇政府，给予乡镇政府信任评价为 1~4

---

① 胡荣，池上新. 社会资本、政府绩效与农村居民的政府信任 [J]. 中共天津市委党校学报，2016（2）：62-75.

分。村民对中央政府与县政府的信任度得分（打分区间 1~9 分）均值分别为
7.77、6.29①。最有说服力的是，1999~2008 年，肖唐镖和王欣（2010）对江
西、江苏、山西、重庆和上海五省市部分农村居民进行了四次跟踪调查，发现
农民对中央政府"一贯/始终相信"的比例要明显高于对地方各级政府的信任
度，政府每降低一个层级，农民政府信任度就下降 10%左右②。

一些学者也发现了差序政府信任在城市居民中的存在。例如，2013 年中
国社会态度与社会发展问卷调查③对 21 个省（自治区、直辖市）城市居民差
序政府信任的测量。结果表明，2013 年中国城市居民对中央政府、省市政府
和县区政府的信任度分别为 74.5%、63.4%和 46.4%④，符合央强地弱、依政
府层级高低逐级递减的政府信任差序化特征。再如，Zhao 和 Hu（2015）于
2012 年 5 月至 7 月对中国 34 个大都市中超过 18 岁的 21570 位受访者的调查研
究发现，中国城市居民对中央政府信任的得分（平均得分：3.439）相对高于
对城市政府的信任水平（平均得分：3.254）。其中，57.8%的受访者对中央政
府信任表示"赞成"或"强烈支持"，而 45.4%的受访者对城市政府信任表达
了相同看法⑤。

学者们还发现，农村居民和城市居民对中央政府和地方政府的信任存在着
一定的差异，进而影响到对央地政府信任差值的大小。例如，高学德和翟学伟
（2013）基于 2011 年南京等六地区的区域性样本（有效样本 5296，其中农村
样本 2158，城市样本 3138）的分析发现，农村居民与城市居民对中央政府给
予"高信任"评价的比例分别为 90.4%与 79.5%，农村居民与城市居民对乡
镇政府（街道办事处）给予"低信任"评价的比例分别为 35.6%与 50.2%。

① 卢春龙，严挺. 中国农民政治信任的来源：文化、制度与传播 [M]. 北京：社会科学文献出
版社，2016：18.
② 肖唐镖，王欣. 中国农民政治信任的变迁——对五省份 60 个村的跟踪研究（1999~2008）
[J]. 管理世界，2010（9）：88-94.
③ 2013 年中国社会态度与社会发展调查由中国社会科学院社会发展战略研究院开展，重点了解
受访者的主观感受和社会态度，分析当前社会的总体状况、生成机理及变动趋势。2013 年调查涵盖 21
个省（自治区、直辖市）的社区委员会和居委会，调查内容包括社会景气、社会包容、公众参与、城
市公共服务包容性评估、社会管理绩效评估、城市居民生活质量、政府信任等。调查采用多阶抽样设
计，其中县级行政区（市辖区、县级市）为一级抽样单位，社区（居委会）为二级抽样单位，家庭户
作为三级抽样单位，最终抽样单位为个人，总样本数为 7087.
④ 李汉林. 中国社会发展年度报告 2013 [M]. 北京：中国社会科学出版社，2013：269.
⑤ Zhao D., Hu W. Determinants of Public Trust in Government：Empirical Evidence form Urban China
[J]. International Review of Administrative Sciences，2015，83（2）：1-20.

同时还发现，农村居民对中央政府和乡镇政府的信任度均值分别为 4.47 分与 3.64 分，央地政府信任均值差为 0.83 分。城市居民对中央政府和乡镇政府（街道办事处）的信任度均值分别为 4.09 分与 3.36 分，央地政府信任均值差为 0.73 分。这说明，农村居民比城市居民对中央政府更为信任，而城市居民比农村居民表现出了对地方政府更不信任的趋势[①]。再如，张小劲、陈波、苏毓淞基于同一样本的全国性研究。基于中国城乡社会治理调查（CSGS）2015 年数据（覆盖 28 个省份、有效问卷 4068 份，其中城市问卷 1632 份，农村问卷 2657 份），陈波和苏毓淞（2017）发现，城乡居民的政府信任存在明显的"央强地弱"的层级差异，农村居民央地政府信任均值差为 1.25（5.21-3.96），大于城市居民的 0.96（4.94-3.68）。农村居民对中央政府的信任度要明显高于城市居民，而农村居民对地方政府的信任度要略高于城市居民[②]。

以上研究基于央地政府信任比例差或央地政府信任均值差向度，发现在区域性样本或全国性样本中，城乡居民均存在较为明显的差序政府信任，但没有对差序政府信任者在全部样本中所占比例这一向度进行城乡比较研究。本书认为，相对于城市居民，农村居民由于能够直接感受到中央政府惠农利农政策的好处，使用以电视为代表的传统媒介的频率较高，对威权主义价值观的接受程度更高，因而对中央政府及地方政府保持相对较高的信任度。城市居民由于物质生活条件的普遍改善，基于后物质主义价值观的影响，对自由主义价值观的接受程度更高，因而对中央政府和地方政府的期待更高，加之使用以互联网为平台的频率较高，因而对中央政府及地方政府的信任度要低于城市居民。由此，本书提出以下研究假设：

H2：我国城乡居民在央地政府高度信任比例差与央地政府信任均值差两个向度上均存在较为明显的差序政府信任，且农村居民比城市居民更为显著。

三、关于区域分布特征的研究假设

吕书鹏和朱正威（2015）通过对 China Survey 2008 年数据（73 个县/区，3989 个样本）的整理分析发现民众对中央政府的信任水平存在着区域差异。

---

① 高学德，翟学伟. 政府信任的城乡比较 [J]. 社会学研究，2013（2）：1-27.
② 陈波，苏毓淞. 政治信任的城乡比较——基于 2015 城乡社会治理调查数据的实证研究 [J]. 华中科技大学学报（社会科学版），2017（4）：85-95.

相对而言，经济欠发达地区居民对中央政府往往持有更高水平的信任，发达地区居民对中央政府的信任度要低于欠发达地区[①]。

卢春龙和严挺（2016）基于2013年九个省份3698位农村居民的数据分析发现，农民的差序政府信任表现出明显的地区差异。内陆欠发达省份的农民对于高层政府（中央政府和省级政府）最为信任，对于基层政府（县级政府和乡镇政府）最不信任，其差序格局的严重程度要远远大于沿海发达省份的农村以及大都市地区的农村。相对于城市郊区的农民，偏远农村和近镇郊区的农民，更信任高层政府（中央政府和省级政府），更不信任基层政府（县级政府和乡镇政府），其差序格局要更为严重一些。[②]

高巍（2015）选取了CGSS 2010的部分样本（20~65岁9948位居民）对中央政府信任和地方政府信任进行了区域比较研究。结果发现，东部、中部和西部居民对中央政府的高度信任比例分别为82.39%、91.73%和94.7%；东部、中部和西部居民对地方政府的高度信任比例分别为63.69%、61.11%和67.53%[③]。东部、中部与西部居民的央地政府高度信任比例差分别为19.7%、30.62%、27.17%。但他并没有对各区域的央地政府信任均值及差值、差序政府信任者比例进行分析与统计。

基于对以往研究成果的梳理与分析，本书提出以下研究假设：

H3：我国西部、中部、东部居民在央地政府信任高度比例差向度均存在较为明显的差序政府信任。在此向度，中部居民最高，西部次之，东部最低，大体呈倒"U"形。

第三节　实证分析及主要结论

本节基于CGSS 2010的全部有效样本，综合考量央地政府高度信任比例差、央地政府信任均值差和差序政府信任者比例三个测量向度，从全国总体、

---

① 吕书鹏，朱正威.政府信任区域差异研究——基于对China Survey 2008数据的双层线性回归分析［J］.公共行政评论，2015（8）：125-145.

② 卢春龙，严挺.中国农民政治信任的来源：文化、制度与传播［M］.北京：社会科学文献出版社，2016：20-22.

③ 高巍.当前中国居民政府信任的区域比较［D］.济南：山东大学，2015.

城乡与区域三个层面，对我国居民差序政府信任的分布特征进行实证分析及假设验证，得出研究结论。

一、全国居民的差序政府信任在总体上较为显著

首先，基于央地政府高度信任比例差向度。表4-7是全国范围内央地政府信任有效百分比统计。为便于分析和比较，将全国居民"完全不可信"和"比较不可信"的比例相加即为"低度信任"比例，将"居于可信与不可信之间"命名为"中度信任"，将"比较可信"和"完全可信"的比例相加即为"高度信任"比例。从表4-8可以看出，居民对中央政府"高度信任"的比例（89.2%）均明显高于对地方政府"高度信任"的比例（65%）。全国居民的央地政府高度信任比例差为24.2%，差距较为悬殊，表明差序政府信任在该样本中存在相当比例。

表4-7 全国居民央地政府信任有效百分比统计

项目 （有效样本）	政府层级	政府信任度（%）（频数）				
		完全不可信	比较不可信	居于可信与 不可信之间	比较可信	完全可信
全国 （11705）	中央政府	0.8（91）	2.5（298）	7.5（881）	36.5（4269）	52.7（6166）
	地方政府	4.5（524）	11.7（1364）	18.9（2211）	40.8（4778）	24.2（2828）

注：因统计中涉及四舍五入，故存在各因素百分比之和不完全等于100%的情况。
资料来源：笔者依据 CGSS 2010 数据统计与整理。

表4-8 全国居民央地政府信任分类统计

项目 （有效样本）	政府层级	低度信任		中度信任		高度信任	
		频数	有效百分比 （%）	频数	有效百分比 （%）	频数	有效百分比 （%）
全国 （11705）	中央政府	389	3.3	881	7.5	10435	89.2
	地方政府	1888	16.2	2211	18.9	7606	65

注：①低度信任=完全不可信+比较不可信；中度信任=居于可信与不可信之间；高度信任=比较可信+完全可信；②因统计中涉及四舍五入，故存在各因素百分比之和不完全等于100%的情况。
资料来源：笔者依据 CGSS 2010 数据统计与整理。

其次，基于央地政府信任均值差向度。从全国范围内的央地政府信任均值及其差值（见表4-9）来看，中央政府信任度均值（4.38）高于地方政府信任度均值（3.69），央地政府信任均值差为0.69。这说明，受访者对中央政府信任度的平均值明显大于对地方政府信任度的平均值，差序政府信任在该样本中平均存在。

表4-9 全国居民央地政府信任均值及其差值统计

项目 （有效样本）	中央政府信任		地方政府信任		央地政府信任差	
	均值	标准差	均值	标准差	均值	标准差
全部（11705）	4.38	0.795	3.69	1.096	0.69	1.035

资料来源：笔者依据 CGSS 2010 数据统计与整理。

最后，基于差序政府信任者比例向度。从全国居民差序政府信任者的比例（见表4-10）分布来看，将无差序政府信任者区分为央地皆强（包括中度信任与高度信任）和央地皆弱（低度信任）后，发现差序政府信任和无差序政府信任（央地皆强）是当代中国政府信任的主流形态，占比 96.2%。其中，差序政府信任者在全部有效样本中的有效百分比为 42.2%，达四成以上。这说明，在该样本中，差序政府信任者占有较大比重，但其比例低于无差序政府信任（央地皆强）者。

表4-10 全国居民政府信任层级差异分类统计

项目		频数	百分比（%）	有效百分比（%）
差序政府信任		4941	41.9	42.2
无差序政府信任	央地皆强	6322	53.6	54
	央地皆弱	305	2.6	2.6
反差序政府信任		137	1.2	1.2
（有效 N）		11705	99.3	100
（缺失 N）		78	0.7	—
（合计 N）		11783	100	—

注：因统计中涉及四舍五入，故存在各因素百分比之和不完全等于100%的情况。
资料来源：笔者依据 CGSS 2010 数据统计与整理。

综合以上三个向度的分析，研究假设 H1 得到验证。由此，本书得出结论：从总体分布看，全国居民的差序政府信任程度在三个向度均有显著表现。

二、农村居民的差序政府信任程度比城市居民更为显著

首先，基于央地政府高度信任比例差向度。表 4-11 是城乡居民央地政府信任有效百分比统计。为便于分析和比较，将城乡居民"完全不可信"和"比较不可信"的比例相加即为"低度信任"比例，将"居于可信与不可信之间"命名为"中度信任"，将"比较可信"和"完全可信"的比例相加即为"高度信任"比例。从表 4-12 可以看出，农村居民对中央政府"高度信任"的比例（93.7%）均明显高于对地方政府"高度信任"的比例（66.7%）。城市居民对中央政府"高度信任"的比例（86.3%）均明显高于对地方政府"高度信任"的比例（63.8%）。并且，农村居民对中央政府和地方政府"高度信任"的比例（93.7% 与 66.7%）均高于城市居民（86.3% 与 63.8%）。通过计算，农村居民的央地政府高度信任比例差为 27%，城市居民的央地政府高度信任比例差为 22.5%，前者高于后者 4.5%。

表 4-11　城乡居民央地政府信任有效百分比统计

项目 （有效样本）	政府层级	政府信任度（%）（频数）				
		完全不可信	比较不可信	居于可信与不可信之间	比较可信	完全可信
农村 （4534）	中央政府	0.4（16）	1.5（67）	4.5（202）	30.3（1374）	63.4（2875）
	地方政府	5.0（227）	11.9（538）	16.4（743）	38.1（1728）	28.6（1298）
城市 （7171）	中央政府	1.0（75）	3.2（231）	9.5（679）	40.4（2895）	45.9（3291）
	地方政府	4.1（297）	11.5（826）	20.5（1468）	42.5（3050）	21.3（1530）

注：因统计中涉及四舍五入，故存在各因素百分比之和不完全等于 100% 的情况。

资料来源：笔者依据 CGSS 2010 数据统计与整理。

表 4-12　城乡居民央地政府信任分类统计

项目 （有效样本）	政府层级	低度信任		中度信任		高度信任	
		频数	有效百分比 （%）	频数	有效百分比 （%）	频数	有效百分比 （%）
农村 （4534）	中央政府	83	1.9	202	4.5	4249	93.7
	地方政府	765	16.9	743	16.4	3026	66.7

续表

项目 （有效样本）	政府层级	低度信任		中度信任		高度信任	
		频数	有效百分比 （%）	频数	有效百分比 （%）	频数	有效百分比 （%）
城市 （7171）	中央政府	306	4.2	679	9.5	6186	86.3
	地方政府	1123	15.6	1468	20.5	4580	63.8

注：①低度信任＝完全不可信＋比较不可信；中度信任＝居于可信与不可信之间；高度信任＝比较可信＋完全可信；②因统计中涉及四舍五入，故存在各因素百分比之和不完全等于100%的情况。

资料来源：笔者依据CGSS 2010数据统计与整理。

其次，基于央地政府信任均值差向度。从央地政府信任均值及其差值（见表4-13）来看，农村居民对中央政府和地方政府的信任度均值均高于城市居民。农村居民的中央政府信任度均值（4.55）高于地方政府信任度均值（3.73），央地政府信任均值差为0.82。城市居民的中央政府信任度均值（4.27）高于地方政府信任度均值（3.65），央地政府信任均值为0.62。农村居民的央地政府信任均值差高于城市居民。

表4-13　城乡居民央地政府信任均值及其差值统计

项目 （有效样本数）	中央政府信任		地方政府信任		央地政府信任差	
	均值	标准差	均值	标准差	均值	标准差
农村（4534）	4.55	0.684	3.73	1.143	0.82	0.973
城市（7171）	4.27	0.839	3.65	1.064	0.62	1.116

资料来源：笔者依据CGSS 2010数据统计与整理。

最后，基于差序政府信任者比例向度。从差序政府信任者的比例分布（见表4-14）来看，差序政府信任和无差序政府信任（央地皆强）是我国城乡居民政府信任的主流形态。其中，差序政府信任者在农村和城市有效样本中分别占比46.8%与39.3%。农村居民的差序政府信任者比例高于城市居民7.5%。城市居民无差序政府信任（央地皆强）者的比例（56%）则高于农村居民（50.8%）。

表 4-14　城乡居民政府信任层级差异分类统计

项目		农村		城市	
		频数	有效百分比（%）	频数	有效百分比（%）
差序政府信任		2120	46.8	2821	39.3
无差序政府信任	央地皆强	2304	50.8	4018	56
	央地皆弱	60	1.3	245	3.5
反差序政府信任		50	1.1	87	1.2
（合计）		4534	100	7171	100

注：因统计中涉及四舍五入，故存在各因素百分比之和不完全等于100%的情况。

资料来源：笔者依据 CGSS 2010 数据统计与整理。

据此，研究假设 H2 得到验证。并且，在差序政府信任者比例向度，城乡居民均占据较大比例，但农村居民明显高于城市居民。由此，本书得出结论：从城乡分布看，城乡居民在三个向度均存在较为明显的差序政府信任，但农村居民比城市居民更为显著。

三、中西部居民具有比东部居民更为显著的差序政府信任

首先，基于央地政府高度信任比例差向度。表 4-15 是区域居民央地政府信任有效百分比统计。为便于分析和比较，将不同区域居民"完全不可信"和"比较不可信"的比例相加即为"低度信任"比例，将"居于可信与不可信之间"命名为"中度信任"，将"比较可信"和"完全可信"的比例相加即为"高度信任"比例。从表 4-16 可以看出，西部居民对中央政府"高度信任"的比例（94.5%）均明显高于对地方政府"高度信任"的比例（70.3%），央地政府高度信任比例差为 24.2%。中部居民对中央政府"高度信任"的比例（92.1%）明显高于对地方政府"高度信任"的比例（62.3%），央地政府高度信任比例差为 29.8%。东部居民对中央政府"高度信任"的比例（83.2%）明显高于对地方政府"高度信任"的比例（63.8%），央地政府高度信任比例差为 19.4%。综合来看，西部、中部、东部居民的央地政府高度信任比例差距均较为悬殊，但中部居民最为悬殊，西部居民次之，东部居民相对最小。

表 4-15 区域居民央地政府信任有效百分比统计

项目 （有效样本）	政府层级	政府信任度（%）（个案数）				
		完全不可信	比较不可信	居于可信与 不可信之间	比较可信	完全可信
西部 （3040）	中央政府	0.6（18）	1.3（41）	3.6（110）	24.8（753）	69.7（2118）
	地方政府	5.7（173）	11.5（350）	12.5（381）	37.8（1148）	32.5（988）
中部 （3957）	中央政府	0.2（9）	1.8（73）	5.8（231）	39.8（1574）	52.3（2070）
	地方政府	3.6（143）	12.9（510）	21.2（840）	40.8（1615）	21.5（849）
东部 （4708）	中央政府	1.4（64）	3.9（184）	11.5（540）	41.2（1942）	42（1978）
	地方政府	4.4（208）	10.7（504）	21（990）	42.8（2015）	21（991）

注：因统计中涉及四舍五入，故存在各因素百分比之和不完全等于100%的情况。

资料来源：笔者依据 CGSS 2010 数据统计与整理。

表 4-16 区域居民央地政府信任分类统计

项目 （有效样本）	政府层级	低度信任		中度信任		高度信任	
		频数	有效百分比 （%）	频数	有效百分比 （%）	频数	有效百分比 （%）
西部 （3040）	中央政府	59	1.9	110	3.6	2871	94.5
	地方政府	523	17.2	381	12.5	2136	70.3
中部 （3957）	中央政府	82	2	231	5.8	3644	92.1
	地方政府	653	16.5	840	21.2	2464	62.3
东部 （4708）	中央政府	248	5.3	540	11.5	3920	83.2
	地方政府	712	15.1	990	21	3006	63.8

注：①低度信任＝完全不可信＋比较不可信；中度信任＝居于可信与不可信之间；高度信任＝比较可信＋完全可信；②因统计中涉及四舍五入，故存在各因素百分比之和不完全等于100%的情况。

资料来源：笔者依据 CGSS 2010 数据统计与整理。

其次，基于央地政府信任均值差向度。从央地政府信任均值及其差值（见表4-17）来看，西部、中部、东部居民的中央政府信任度均值（4.62、4.42、4.19）均高于地方政府信任度均值（3.80、3.64、3.65）。西部、中部、东部居民的央地政府信任均值差分别为0.82、0.78、0.54。这表明，西部、中部、东部居民的央地信任均值差均在0.5以上并呈依次递减态势，但西部居民与中部居民的差距并不明显，中西部居民与东部居民的差距则较为明显。

表 4-17　区域居民央地政府信任均值及其差值统计

项目 （有效样本数）	中央政府信任		地方政府信任		央地政府信任差	
	均值	标准差	均值	标准差	均值	标准差
西部（3040）	4.62	0.679	3.80	1.176	0.82	1.126
中部（3957）	4.42	0.706	3.64	1.066	0.78	1.050
东部（4708）	4.19	0.883	3.65	1.062	0.54	0.937

资料来源：笔者依据 CGSS 2010 数据统计与整理。

最后，基于差序政府信任者比例向度。从差序政府信任者的比例分布（见表 4-18）来看，差序政府信任和无差序政府信任（央地皆强）均是西部、中部和东部居民政府信任的主流形态，其中，西部、中部、东部差序政府信任者在各自所在区域有效样本中分别占比 47%、47.4% 和 34.7%。西部与中部居民的差序政府信任者比例相差不大，均明显高于东部居民。东部居民无差序政府信任的比例（63.7%）明显高于西部和中部居民（52.2% 与 51.5%）。

表 4-18　区域居民政府信任层级差异分类统计

项目		西部		中部		东部	
		频数	有效百分比（%）	频数	有效百分比（%）	频数	有效百分比（%）
差序政府信任		1429	47	1876	47.4	1636	34.7
无差序政府信任	央地皆强	1539	50.6	1984	50.1	2799	59.5
	央地皆弱	48	1.6	57	1.4	200	4.2
反差序政府信任		24	0.8	40	1.0	73	1.6
（合计）		3040	100	3957	100	4708	100

注：因统计中涉及四舍五入，故存在各因素百分比之和不完全等于 100% 的情况。
资料来源：笔者依据 CGSS 2010 数据统计与整理。

据此，研究假设 H3 得到验证。并且，在央地政府信任均值差向度，三大区域居民均为正值且较为明显。其中，西部居民最高，中部居民略低于西部居民，东部居民最低。在差序政府信任者比例向度，三大区域居民均占据较大比例，均超过 1/3。其中，中部居民最高，西部居民略低于中部居民，东部居民最低。综合三个向度来看，中部居民与西部居民的差距大体均衡，但明显高于东部居民。由此，本书得出结论：从区域分布看，中部、西部与东部居民在三个向度均存在较为明显的差序政府信任，但中西部居民比东部居民更为显著。

第四节　与全球和亚洲主要国家的比较分析

在上文，本章基于 CGSS 2010 数据，分析了我国居民差序政府信任的样本特征。与之相关的宏观问题是，中国的政府信任状况在全球主要国家中处于何种位次？中国的差序政府信任在亚洲主要国家中处于何种程度？在本节，本章依据爱德曼公司与亚洲舆情调查相关数据资料对此进行说明，作为研究当代中国差序政府信任分布特征的宏观背景。

一、我国居民对政府的整体信任度稳中有升且领先全球主要国家

20 世纪六七十年代以来，西方国家的政府信任由于受到媒介负面宣传、政治冷漠、公民批判意识增强等因素的综合影响，从总体上处于持续走低的发展趋势。本章依据爱德曼公司（Edelman Public Relations Worldwide）① 的各年度全球及中国信任度报告，来考察 21 世纪以来全球主要国家的政府信任度状况。2004 年以来，爱德曼公司每年都要发布《爱德曼信任度全球报告》和《爱德曼信任度中国报告》并在其官方网站上公布。该公司在全球 28 个国家和地区进行在线调查。所有在线受访者（General Online Population）年龄须在 18 岁以上，每个国家和地区有 1150 位。所有在线受访者区分为"有识公众"（Informed Public）和"普通公众"（Mass Population）两大群体。其中，美国

---

① 爱德曼公司（Edelman Public Relations Worldwide）是当今全球最大的国际性公共公司之一。2001 年以来，该公司连续进行关于公共机构（本国政府、企业、媒体和非政府组织）信任度的年度调查，已经成为衡量全球及各公共机构信任状况的重要参考。目前，调查已包含六大洲的 28 个国家和地区。受访者包括 18 岁以上的"普通大众"和"有识公众"。"有识公众"的标准是：年龄在 25~64 岁、受过大学教育、家庭收入在所处年龄段的前 25%、留意新闻、关注商业话题和公共事务。"有识公众"对政府的信任度能够反映出一国上层精英的政治倾向。

和中国各有 500 位有识公众；其余每个国家有 200 位有识公众。占全部受访者的 13%。普通公众除有识公众以外的所有受访者，占全部受访者的 87%。该公司调查受访者对政府、企业、媒体和非政府组织四类机构的信任。请受访者回答：您在多大程度上相信四类机构所做的事情是正确的？信任程度分为三等：信任（60~100）、中立（50~59）、不信任（1~49）。

从 2004 年到 2011 年，中国"有识公众"对政府的信任度尽管在有些年份有所波动，但整体上呈现上升态势（见图 4-1），而参与调查的国家和地区的政府信任年度均值一般都在 50% 以下。

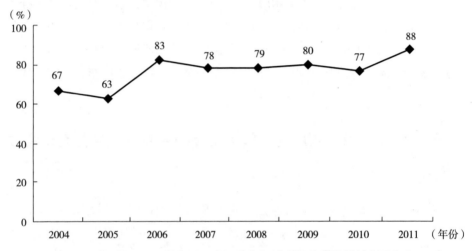

图 4-1　2004~2011 年中国"有识公众"对中国政府的信任度百分比
资料来源：笔者根据爱德曼公司各年度信任度中国报告绘制。

综合图 4-1 和图 4-2 并进行统计，从 2004 年到 2018 年，中国"有识公众"各年度对中国政府的信任度均达到 63 以上，平均指数达到 79.3，全部达到"信任"等级。从 2004 年到 2012 年，中国"有识公众"各年度对中国政府的信任度平均指数达到 76.7，从 2013 年到 2018 年，中国"有识公众"各年度对中国政府的信任度平均指数高达 83.3，明显高于 2004 年到 2012 年。

从表 4-19 可以看出，2018 年，各国所有受访者对本国（本地区）政府的平均信任度是 43，处于不信任等级。28 个国家和地区中，有 21 个国家和地区的受访者对本国（本地区）政府不信任，比例高达 75%。仅有 5 个国家的受访者对本国政府信任，比例仅仅是 17.9%。在 GDP 位居前列的美国、中国、日本、德国和英国五个国家中，美、日、德、英四国受访者对本国政府的信任

图4-2　2012~2018年中国公众对中国政府的信任度百分比
资料来源：笔者根据爱德曼公司各年度信任度中国报告绘制。

度分别为33、37、43、36，均处于不信任等级。仅有中国的政府信任处于信任等级，而且在28个国家和地区中位居榜首，信任度高达84。值得一提的是，在2018年，68%的中国受访者认为在四类机构中，中国政府最有可能引领国家走向美好的未来。美国的受访者仅有15%对美国政府持此态度①。

　　进入21世纪，全球主要国家的政府信任水平一直处于较低的不信任等级，甚至可以说跌入了持续走低的谷底。与全球主要国家政府信任度普遍下降明显不同，从2004年到2018年，中国居民各年度的政府信任水平全部处于信任等级，呈现稳中有升的发展态势。2013~2018年中国政府信任的平均指数明显高于2004~2012年。党的十八大以来，在以习近平总书记为核心的新一届党中央领导下，以习近平新时代中国特色社会主义思想为指导，中国启动了新一轮的全面深化改革，中国政府在政治、经济、文化、社会、生态等各方面成就巨大，反腐成效显著，人民生活更加殷实，中国居民的获得感和幸福感明显增强，中国居民对中国政府的整体信任不仅保持在信任等级的高位，而且比以前有了更为明显的提升。

---

　　① 爱德曼公司. 2018年爱德曼信任度调查报告［EB/OL］.（2018-03-23）［2018-04-22］.
http：//news. china. com/internationalgd/10000166/20180323/32221489_all. html.

表 4-19　2018 年 28 个国家和地区所有受访者的政府信任度情况

名次	国家和地区	信任度（%）	信任度变化（%）	信任度等级	名次	国家和地区	信任度（%）	信任度变化（%）	信任度等级
（全球平均）		43	+2	不信任	（全球平均）		43	+2	不信任
1	中国	84	+8	信任(60~100)(占比17.9%)	15	阿根廷	41	+8	不信任(0~49)(占比75%)
2	阿拉伯联合酋长国	77	+2		16	日本	37	0	
3	印度尼西亚	73	+2		17	英国	36	0	
4	印度	70	−5		18	爱尔兰	35	+3	
5	新加坡	65	−4		19	澳大利亚	35	−2	
6	荷兰	54	+3	中立(50~59)(占比7.1%)	20	西班牙	34	+9	
7	土耳其	51	0		21	美国	33	−14	
8	瑞典	46	+1	不信任(0~49)(占比75%)	22	法国	33	+8	
9	马来西亚	46	+9		23	墨西哥	28	+4	
10	中国香港	46	+6		24	意大利	27	−4	
11	加拿大	46	+3		25	波兰	25	+5	
12	韩国	45	+17		26	哥伦比亚	24	−8	
13	俄罗斯	44	0		27	巴西	18	−6	
14	德国	43	5		28	南非	14	−1	

注：信任度变化是 2018 年政府信任度减去 2017 年政府信任度的差值。

资料来源：笔者根据 *Edelman Trust Barometer Global Report*（2018）制作。

二、我国居民差序政府信任程度在亚洲主要国家中最为显著

在一国政府系统内部，政府信任的分布往往并不是均等的，本国居民对不同层级政府的信任度往往存在着差异，这就是政府信任的层级差异。政府信任的层级差异可以简化为中央政府和地方政府的信任差异。通过前文对 CGSS 2010 样本特征的描述统计，本章从央地政府高度信任比例差、央地政府信任均值差和差序政府信任者比例三个向度揭示了当代中国在全国总体、城乡与区域三个层面均存在较为显著的差序政府信任现象。那么，从横向来看，与其他国家相比，当代中国的差序政府信任处于何种位置呢？实际上，基于中央政府

与地方政府在制度逻辑、职能、能力以及与民众的政治距离等方面的差异，政府信任的层级分布往往存在着差异，这种差异在不同的政治体制、不同的政治文化之下显得更加"因国而异"①，只不过差异的大小程度有所不同而已。由于这方面的数据较为缺乏，本章仅依据亚洲民主动态调查（ABS）的三波调查数据，对中国与亚洲主要国家的央地政府信任均值及其差值进行统计和比较。

ABS 在亚洲主要国家三波调查的题项均问及受访者对中央政府和地方政府的信任程度。第一波（2001～2003 年）和第二波（2005～2008 年）信任区间划分及赋值分别为：完全不信任（1）、比较不信任（2）、比较信任（3）和完全信任（4）。第三波（2010～2011 年）调查信任区间划分及赋值分别为：完全不信任（4）、比较不信任（3）、比较信任（2）和完全信任（1），与前两波调查赋值相反。为便于比较，笔者在统计时进行了重新编码，使之与前两波调查一致。在进行统计时，去除中央政府信任与地方政府信任的无效及缺失样本，通过对比 ABS 第一波至第三波亚洲主要国家中央政府信任均值、地方政府信任均值、央地信任差均值（见表 4-20)②，我们可以看出：

表 4-20　ABS 亚洲主要国家央地政府信任均值及其差值统计③

国家	ABS 第一波（2001～2003 年）			ABS 第二波（2005～2008 年）			ABS 第三波（2010～2011 年）		
	中央政府信任	地方政府信任	央地信任差	中央政府信任	地方政府信任	央地信任差	中央政府信任	地方政府信任	央地信任差
日本	2.16	2.47	-0.31	2.15	2.44	-0.29	1.91	2.53	-0.62
泰国	2.85	2.83	0.02	2.72	2.90	-0.18	2.57	2.94	-0.37
菲律宾	2.49	2.60	-0.11	2.26	2.65	-0.39	2.40	2.67	-0.27
韩国	2.05	2.39	-0.34	1.86	2.07	-0.21	1.97	2.14	-0.17
蒙古	2.61	2.58	0.03	2.59	2.61	-0.02	2.21	2.25	-0.04

---

①　李思然. 中国基层政治信任：一种综合解释框架［D］. 上海：复旦大学，2011.

②　从表 4-20 中可以看出，ABS 三波调查中国受访者的央地政府信任差分别为 0.68、0.86、0.50，三次平均值为 0.68，与 CGSS 2010 的 0.69 十分接近。虽然从严格意义上说，由于受访者对象的不同，CGSS 2010 与 ABS 三波调查中的数据并不具有可比性，故本书仅用 ABS 三波调查数据对比中国与亚洲主要国家的央地政府信任差，这与本书基于 CGSS 2010 数据所得出的当代中国差序政府信任的样本特征并不冲突。

③　在统计时分别依次剔除了各国中央政府信任和地方政府信任的无效及缺失样本，就有效样本进行统计。其中，第三波各国中央政府信任和地方政府信任分值（4～1）按照从低到高的顺序进行了重新赋值（1～4），与第一波和第二波数据一致。另外，第三波新加坡由于地方政府信任样本全部缺失，无法进行统计。

续表

国家	ABS 第一波（2001~2003 年）			ABS 第二波（2005~2008 年）			ABS 第三波（2010~2011 年）		
	中央政府信任	地方政府信任	央地信任差	中央政府信任	地方政府信任	央地信任差	中央政府信任	地方政府信任	央地信任差
中国	3.91	3.23	0.68	3.65	2.79	0.86	3.49	2.99	0.50
越南	—	—	—	3.69	3.46	0.23	3.62	3.27	0.35
新加坡	—	—	—	3.18	2.97	0.21	3.07	—	—
印度尼西亚	—	—	—	2.72	2.83	−0.11	2.59	2.77	−0.18
马来西亚	—	—	—	2.91	2.86	0.05	1.97	2.03	−0.06
柬埔寨	—	—	—	2.86	2.99	−0.13	3.03	3.08	−0.05

资料来源：笔者基于 ABS 各国调查数据统计与整理。

一是在中央政府信任均值层面，中国第一波至第三波分别为 3.91、3.65、3.49，介于比较信任（3）和完全信任（4）之间，在参与调查国家居于首位（第一波）和第二位（第二波和第三波，仅次于越南）。这和爱德曼公司各年度对中国政府的信任度调查基本一致。

二是在地方政府信任均值层面，中国第一波居于首位（3.23），第三波居于第三位（2.99，仅次于越南和柬埔寨），仅第二波在 11 个国家中居于倒数第五位（2.79）。从总的发展趋向讲，接近或超过了比较信任的水平，在参与调查国家中仍然位居前列，但信任程度明显低于中央政府信任。

三是在央地政府信任均值差层面，中国在第一波至第三波中均为正数且最高，其次是越南（第二波和第三波）、新加坡（第二波）。其他国家中，要么仅有一波为正数且很小（泰国、蒙古、马来西亚），要么在三波调查中均为负数。基于 ABS 三波调查数据的综合考量，亚洲各国中，中国、越南、新加坡三国，居民对中央政府的信任明显高于对地方政府的信任，央强地弱的政府信任结构居于主导地位，是典型的差序政府信任国家，而中国又是其中差序政府信任最为显著的国家。日本、泰国、菲律宾、韩国和印度尼西亚五国，居民对地方政府的信任均明显高于对中央政府的信任，从总体倾向上都是"央弱地强"的政府信任结构，是较为典型的反差序政府信任国家。蒙古、马来西亚、柬埔寨三国，居民对中央政府与地方政府的信任只存在微小差异，政府信任的层级差异并不明显。综合以上分析，我们可以看出：在全国范围内，从央地政府信任均值及其差值这一向度来看，我国居民的差序政府信任程度在亚洲主要国家中最为显著。

本章小结

本章首先确定以 CGSS 2010 为研究我国居民差序政府信任分布特征与生成机理的分析数据。其次依据该数据对我国居民差序政府信任在全国总体、城乡比较与区域比较三个层面的分布特征进行了实证检验。最后对中国与全球主要国家政府信任状况、中国与亚洲主要国家的差序政府信任程度进行了比较研究。基于以上三个方面的研究，本章将我国居民差序政府信任的分布特征概括为如下三个方面：

第一，差序政府信任在全国范围内较为显著且在亚洲主要国家最为显著。基于 CGSS 2010 数据，本章从央地政府高度信任比例差、央地政府信任度均值差、差序政府信任者比例三个向度考察了全国居民的差序政府信任状况。差序政府信任在我国居民中的存在是显著的、真实的。此外，本章基于 ABS 三波数据，基于央地政府信任均值及其差值，对我国与亚洲主要国家居民的政府信任层级差异状况进行了比较研究，发现我国居民的差序政府信任程度在亚洲主要国家中最为显著。

第二，城乡居民均存在较为显著的差序政府信任，但农村居民较城市居民更为显著。相对于城市居民，农村居民对于中央政府和地方政府有着更为明显的区隔，农村居民存在着更为显著的差序政府信任。相对于农村居民，城市居民存在着更为显著的无差序政府信任。更多的城市居民对中央政府和地方政府的区隔并不明显，基本倾向于将中央政府和地方政府看作一个整体，因而对中央政府和地方政府持有几乎同等程度的信任。

第三，西、中、东部居民均存在较为显著的差序政府信任，但中西部居民较东部居民更为显著。相对于东部居民，中部和西部居民的差序政府信任更为显著。中部和西部居民对于中央政府和地方政府有着更为明显的区隔，因而央地政府高度信任比例差、央地政府信任均值差和差序政府信任者比例均显著高于东部居民。相对于中部和西部居民，东部居民存在着更为显著的无差序政府信任。超过六成的东部居民对中央政府和地方政府的区隔并不明显，倾向于将中央政府和地方政府看作一个整体，因而对中央政府和地方政府持有大体均等的信任。

第五章

差序政府信任生成机理的总体分析

生成机理既是对差序政府信任分布特征的成因阐释，又是提高央地政府信任度以及正向弥合居民差序政府信任程度的对策依据。对我国居民差序政府信任生成机理的探究，"有益于有效把握和了解当下中国这种授权结构的合法性、信任危机应对策略的有效性和政治心理动态性，进而为现行制度的运行和改革提供预警和启示①"。本章与第六章分别就我国居民差序政府信任的生成机理进行全国总体、城乡与区域层面的实证分析。本章在依据分析模型与来源数据的相关问项进行变量设计的基础上，选取差序政府信任者样本进行全国总体层面的多元线性回归分析，以检验哪些因素及自变量显著形塑了全国居民的差序政府信任。

第一节　研究样本与变量设计

一、样本分布情况统计

如前文所述，本书已经选定 CGSS 2010 数据作为对我国居民差序政府信任进行实证分析的基本数据，确定运用多元线性回归分析方法对差序政府信任的生成机理进行研究。由于本书研究的目的是考察所设自变量及所属因素是否对居民差序政府信任程度构成显著影响，因此，拟使用 CGSS 2010 全部有效样本

---

① 陈永国，樊佳慧. 差序政府信任的动态变化：对城市治理的意义 [J]. 城市治理研究，2018（1）：64-80.

中的差序政府信任者样本（即对中央政府的信任程度高于对地方政府的信任程度的受访者），对差序政府信任生成机理进行全国总体、城乡与区域的多层次研究（见表5-1）。为保证研究的科学性，需要CGSS 2010中的差序政府信任者样本覆盖全国所有省份，城乡分布与区域分布较为均衡。这样，本章就需要对差序政府信任样本的各省份、城乡与区域分布情况进行统计，以确定其是否符合研究条件（见表5-2）。

表5-1　CGSS 2010差序政府信任者样本分布总体情况统计

项目		频数	百分比（%）
全国		4941	100
城乡	农村	2120	42.9
	城市	2821	57.1
区域	西部	1429	28.9
	中部	1876	38.0
	东部	1636	33.1

注：因统计中涉及四舍五入，故存在各因素百分比之和不完全等于100%的情况。
资料来源：笔者依据CGSS 2010数据统计与整理。

表5-2　CGSS 2010差序政府信任者样本各省区市分布情况统计

省区市代码	省区市全称	差序政府信任者样本数	百分比（%）
1	上海市	104	2.10
2	云南省	113	2.29
3	内蒙古自治区	60	1.21
4	北京市	168	3.40
5	吉林省	181	3.66
6	四川省	270	5.46
7	天津市	144	2.91
8	宁夏回族自治区	60	1.21
9	安徽省	217	4.39
10	山东省	256	5.18
11	山西省	85	1.72

续表

省区市代码	省区市全称	差序政府信任者样本数	百分比（%）
12	广东省	183	3.70
13	广西壮族自治区	95	1.92
14	新疆维吾尔自治区	24	0.49
15	江苏省	267	5.40
16	江西省	265	5.36
17	河北省	146	2.95
18	河南省	337	6.82
19	浙江省	164	3.32
20	海南省	25	0.51
21	湖北省	357	7.23
22	湖南省	286	5.79
23	甘肃省	114	2.31
24	福建省	121	2.45
25	西藏自治区	25	0.51
26	贵州省	179	3.62
27	辽宁省	58	1.17
28	重庆市	143	2.89
29	陕西省	280	5.67
30	青海省	66	1.34
31	黑龙江省	148	3.00
合计		4941	100

注：因统计中涉及四舍五入，故存在各因素百分比之和不完全等于100%的情况。

资料来源：笔者依据 CGSS 2010 数据统计与整理。

从表5-2可以看出，差序政府信任者样本盖了全国31个省、自治区、直辖市。从表5-1可以看出，差序政府信任者样本的城乡分布与区域分布也较为均衡。因此，在 CGSS 2010 全部有效样本（11705个）中，差序政府信任者样本（4941个）的分布满足了预先设定的研究条件，本章决定采用该样本对差序政府信任的生成机理进行实证分析。

二、变量说明与数据处理

(一) 因变量设定与说明

依据分析模型中的被解释项以及 CGSS 2010 的问项设计，本章设中央政府信任、地方政府信任和央地政府信任差三个因变量。

(1) 中央政府信任。CGSS 2010 题项中，询问受访者对中央政府的信任程度，信任区间划分及赋值分为五类：完全不可信 (1)、比较不可信 (2)、可信与不可信之间 (3)、比较可信 (4)、完全可信 (5)。

(2) 地方政府信任。CGSS 2010 题项中，询问受访者对本地政府 (农村指乡政府) 的信任程度。信任区间划分及赋值分为五类：完全不可信 (1)、比较不可信 (2)、可信与不可信之间 (3)、比较可信 (4)、完全可信 (5)。

(3) 央地政府信任差。受访者对中央政府信任的赋值减去对地方政府信任的赋值所得的差值即为央地政府信任差，范围是 1~4 的连续整数。这是根据研究需要新增设的自变量。

(二) 自变量说明与数据处理

依据分析模型中的解释项以及 CGSS 2010 的问项设计，本章设置地理分布、人口特征、制度、文化、媒介五大类自变量。其中，地理分布与人口特征为控制变量，制度、文化与媒介为解释变量。根据研究需要，在每大类自变量之下或进行进一步分类再设置自变量，或直接设置自变量。全部自变量共计28 个。

1. 地理分布变量 (第一类)

设城乡、西部地区和东部地区三个自变量。

城乡 (以城市为参照)。根据 CGSS 2010 问卷中受访者登记的样本类型：城市 (居委会/社区) 和农村 (村委会)，将农村编码为 1，城市编码为 0。

西部地区和东部地区 (均以中部地区为参照)。CGSS 2010 问卷中，仅有受访者所在省区市代码的题项，按通常区域划分方法将受访者所在省区市分为西部、中部和东部三类分别编码为 0、1、2，生成区域总体变量。在区域总体变量基础上参照中部地区进行虚拟化处理，形成西部地区 (1＝西部，0＝中部或东部) 和东部地区 (1＝东部，0＝中部或西部) 两个自变量。

需要说明的是，以上三个自变量在本章对全国居民差序政府信任生成机理的回归分析中全部使用，对城乡居民差序政府信任生成机理的回归分析中，仅纳入了西部地区和东部地区两个自变量，将城乡变量中的农村与城市作为选择变量分别对农村居民与城市居民差序政府信任的生成机理进行回归分析，而对区域居民差序政府信任生成机理的回归分析中，仅纳入了城乡自变量，将区域总体变量中的西部、中部、东部作为选择变量分别对西部、中部和东部居民差序政府信任的生成机理进行回归分析。

2. 人口特征变量（第二类）

设性别、年龄、年龄平方、教育程度、政治面貌五个自变量。

性别（以女性为参照）。根据 CGSS 2010 中访问员的性别记录，将男性编码为 1，将女性编码为 0。

年龄和年龄平方。CGSS 2010 问卷中仅有受访者的出生年份题项，用调查开展年份 2010 减去出生年份，将无效及缺失样本取所有有效样本的平均值计入得到年龄自变量。本章选取的差序政府信任者样本年龄为 17~91 岁，平均年龄 47.43 岁，年龄跨度较大。考虑到多数学者仅设置年龄变量，没有设置年龄平方变量，不能全面反映年龄对差序政府信任的影响关系。因此，本章在年龄基础上增设年龄平方自变量。

教育程度。CGSS 2010 问卷中，询问受访者目前的最高教育程度（包括目前在读的），从没有受过任何教育至研究生及以上共 13 个选项，分别赋值为 1~13。在对其他、无效及缺失值取所有有效样本的平均值四舍五入归入相应选项后生成教育程度自变量。

政治面貌（以非共产党员为参照）。CGSS 2010 问卷中，询问受访者目前的政治面貌，分为共产党员、民主党派、共青团员、群众四个选项。将共产党员编码为 1，将民主党派、共青团员、群众、无效及缺失样本定义为非共产党员并编码为 0。

3. 制度变量

本章将制度类自变量分为制度规范绩效、绩效理性认知和相对剥夺感三类，共设七个自变量。

第一类，制度规范绩效。设正式制度遵守自变量。CGSS 2010 题项中，分别询问受访者遵守法律法规、遵守政府部门的政策规定的发生程度，选项均分为从不、很少、有时、经常、总是五等，分别赋值 1~5。对无效及缺失样本取所有有效样本平均值，然后四舍五入归入相应等级。将这两个题项得分相加取平均值并命名为"正式制度遵守"。

第二类，绩效理性认知。家庭经济档次认同、参加社会保障和政府减少贫富差距能力认同三个自变量。其中，家庭经济档次认同是反映受访者将自家经济状况与当地平均水平比较的认知程度，是政府经济发展绩效在家庭层面的投射。参加社会保障和政府减少贫富差距能力认同则反映着政府的公共服务绩效。其中，居民是否参加养老或医疗社会保障则反映着居民对基本社会保障项目的认同程度。政府减少贫富差距能力认同则反映着受访者对政府提供公共服务能力的评价。

家庭经济档次认同。CGSS 2010 题项中，询问受访者的家庭经济状况在当地属于哪一档？选项分为：远低于平均水平、低于平均水平、平均水平、高于平均水平、远高于平均水平五等，分别赋值 1~5。对无效及缺失样本取所有有效样本平均值，然后四舍五入归入相应等级生成家庭经济档次认同变量。

参加社会保障（以未参加社会保障为参照）。根据 CGSS 2010 的两个题项：受访者目前是否参加了城市基本医疗保险/新型农村合作医疗保险/公费医疗、城市/农村基本养老保险两类社会保障项目，分为参加了、没有参加、不适用三种情况。将参加了编码为 1。将无效及缺失样本、不适用定义为没有参加并编码为 0。然后将两个题项加总，进行二分类处理：0 = 没有参加，1 = 参加（一类及以上）。

政府减少贫富差距能力认同。询问受访者对"政府能通过收税与支出来减少贫富悬殊"说法的同意程度，选项分为完全不同意、比较不同意、无所谓同意不同意、比较同意、完全同意五等，分别赋值 1~5。对无效及缺失样本取所有有效样本平均值，然后四舍五入归入相应等级生成政府减少贫富差距能力认同变量。

第三类，相对剥夺感。设社会公平感、收入公平感、目前与十年前社会等级认同差值三个自变量。

社会公平感。根据 CGSS 2010 题项：总的来说，受访者认为当今的社会是不是公平的？分为完全不公平、比较不公平、居中、比较公平、完全公平五类，分别赋值 1~5。将无效值及缺失样本取所有有效样本的平均值，然后四舍五入归入相应类别。

收入公平感。根据 CGSS 2010 题项：考虑到教育背景、工作能力、资历等各方面因素，受访者认为自己目前的收入是否公平？分为不公平、不太公平、一般、比较公平、公平五类。分别赋值 1~5。将无效值及缺失样本取所有有效样本的平均值，然后四舍五入归入相应类别。

目前与十年前社会等级认同差值。根据 CGSS 2010 的两个题项：您认为您自己目前在哪个等级？您认为您十年前在哪个等级？在选项中，均分为十个等级，"1"分代表最底层，"10"分代表最顶层。将这两个题项中的无效值及缺失样本取所有有效样本的平均值，然后四舍五入归入相应类别。然后用目前社会等级得分减去十年前社会等级得分，生成目前与十年前社会等级认同差值变量。

4. 文化变量

本章将文化变量分为社会资本、政治接触、政治价值观三类，共设 11 个自变量。

第一类，社会资本。分为人际信任、社会网络和互惠规范三小类。

人际信任：设关系信任、亲缘信任和普遍信任三个自变量。CGSS 2010 与人际信任测量的相关题项共有九个，分别是受访者对社会上绝大多数人、自己家里人、亲戚、朋友、同事、领导干部、生意人、同学、老乡的信任程度。其中，将受访者对"社会上绝大多数人都是可以信任的"这一观点的同意程度分为：完全不同意、比较不同意、无所谓同意不同意、比较同意、完全同意五等，分别赋值 1～5。对其他八类人的信任度分为完全不可信、比较不可信、居于可信与不可信之间、比较可信、完全可信五等，分别赋值 1～5。将这九个题项的无效及缺失样本取有效样本的平均值，四舍五入归入相应等级。参照以往研究成果对人际信任的分类①，对朋友、同事、领导干部、生意人、同学、老乡的信任均是基于受访者自身与信任对象的某种社会关系，将这六个题项加总取平均值，命名为关系信任。对自己家里人、亲戚的信任是基于受访者与信任对象的血缘或亲情关系，将这两个题项加总取平均值，命名为亲缘信任。对社会上绝大多数人的信任是基于受访者对不特定对象的普遍信任态度，因而将此题项命名为普遍信任。

社会网络：设工会会员、空闲时社交频率两个自变量。

工会会员。已有研究中，胡荣和池上新（2016）运用因子分析将社团组织分为"正式组织参与"因子和"非正式组织参与"因子，② 发现"正式组

---

① 孟俊山. 社会资本视角下政治信任的生成机制研究［D］. 上海：华东师范大学，2018.

② "正式组织参与因子"包含共青团、妇代会、民兵组织、老人会、企业或经济组织、科技组织、体育组织、宗教组织八个项目；"非正式组织参与因子"包括民间信用组织、寺庙组织、宗族组织等三个项目。参见：胡荣，池上新. 社会资本、政府绩效与农村居民的政府信任［J］. 中共天津市委党校学报，2016（2）：62-75.

织参与"与农村居民基层政府信任显著正相关，而对于高层政府信任的影响
关系则没有达到显著性水平[①]。在当代中国，工会是参与度较广的正式社团组
织。受 CGSS 2010 问项约束的限制，本章仅考察工会参与对居民差序政府信任
程度的影响。CGSS 2010 问卷中，询问受访者是不是工会会员？分为是、以前
是现在不是、从来都不是三个选项。在此基础上整合为二分类自变量：将是、
以前是现在不是定义是工会会员并编码为 1，将从来都不是、无效及缺失样本
定义为不是工会会员并编码为 0。

空闲时社交频率。CGSS 2010 题项中，请受访者回答：过去一年是否经常
在空闲时间社交？选项分为从不、很少、有时、经常、总是五等，分别赋值
1~5。对无效及缺失样本取所有有效样本平均值，然后四舍五入归入相应
等级。

互惠规范：设互惠规范行动自变量。在 CGSS 2010 题项中，请受访者回答
如果你住的社区或村庄有玩耍的孩子在破坏花木或公共物品，你是否会阻止他
们？选项有不会、不一定、肯定会三类。这一题项测量的就是居民是否会采取
普遍互惠行动的问题。本章对无效及缺失样本取所有有效样本平均值，四舍五
入归入相应等级后，将此题项转化为二分类变量，命名为互惠规范行动。定义
及编码如下：会（即肯定会）= 1，不会（包括不会和不一定）= 0。

第二类，政治接触。设动员型政治参与、抗争型政治参与、政府不公正对
待三个自变量。

动员型政治参与（以未投过票为参照）。CGSS 2010 问卷中，设计一个题
项询问受访者近三年是否在村委会、居委会选举中投过票，将其命名为动员型
政治参与。将没有投过和无效及缺失样本定义及编码为：0 = 未投过票。将投
过票编码为：1 = 投过票。

抗争型政治参与（以没有参加为参照）。CGSS 2010 问卷中，设计三个题
项询问受访者在过去一年中，在所处社区有否参加过集体上访、写联名信、抗
议或请愿三类活动。选项分为有和没有两类。对每个题项中无效值及缺失值做
"没有"处理后，将这三个题项相加，凡在三个题项中的任何一个或多个选项
上回答"有"的编码为 1，凡在三个题项中的所有选项中都回答为"没有"的
编码为 0，命名为抗争性政治参与。

① 胡荣，池上新. 社会资本、政府绩效与农村居民的政府信任 [J]. 中共天津市委党校学报，
2016（2）：62-75.

政府不公正对待（以未受到为参照）。CGSS 2010 问卷中，设计一个题项，请受访者回想一下，在过去一年中是否受到过政府有关部门或工作人员的不公正对待？分为"是"和"否"两个选项。将"是"编码为 1，将"否"和无效及缺失样本定义为"否"并编码为 0。

需要说明的是，政治接触按其性质可以分为良性政治接触和恶性政治接触两类。在本类自变量中，动员型政治参与属于良性政治接触。抗争型政治参与和政府不公正对待属于恶性政治接触。但两者稍有不同，抗争型政治参与属于集体行动范畴，政府不公正对待则发生在日常化、个别化的体验之中。

第三类，政治价值观。设威权主义价值观和自由主义价值观两个自变量。运用 SPSS 22.0 软件使用探索性因子分析法①提取。

CGSS 2010 关于政治价值观测量的题项主要有六个，询问受访者对下列政治观点的同意程度：①政府制定税收政策必须征求老百姓的意见。②如果政府侵占了我个人利益，我只能忍了。③政府官员的工作就是为老百姓服务。④对于领导送温暖等活动，老百姓应该感激。⑤老百姓应该服从政府。⑥只要纳了税，就有权利讨论政府怎么花钱。

每个题项的选项均分为：完全不同意、比较不同意、无所谓同意不同意、比较同意、完全同意五类，分别赋值 1~5。由于题项数量较多且选项设计相一致，将这六个题项的无效及缺失样本取所有有效样本的平均值，四舍五入归入相应等级后，决定采用探索性因子分析提取因子。

首先进行 KMO 和 Bartlett 球形检验。表 5-3 中第一轮的 KMO 值是 0.609，大于常见标准 0.6，并且 Bartlett 球形检验对应的 P 值为 0.000，小于 0.05 的判断标准，说明通过 KMO 和 Bartlett 球形检验，这六个题项适合进行探索性因子分析。

在进行首轮试探性分析（见表 5-4）后，首先淘汰了因子载荷系数绝对值低于 0.4 的题项②。

---

① 使用探索性因子分析法提取因子主要关注三项指标：一是进行 KMO 和 Bartlett 球形检验。KMO 值常见标准为 0.6，大于 0.6 即说明适合进行探索性因子分析。Bartlett 的球形检验，判断标准是其对应的 P 值（显著性）小于 0.05，当 P 值小于 0.05 时说明通过 Bartlett 球形检验。二是总方差解释率。总方差解释率代表全部因子合起来可以解释所有题项的信息量情况，通常情况下该值大于 50% 说明可以接受，大于 60% 说明分析结果较好。三是旋转后的成分矩阵表格，按其题项分组情况确定因子数量及所含题项。因子载荷系数绝对值低于 0.4 的题项应予淘汰。参见：周俊. 问卷数据分析——破解 SPSS 的六类分析思路 [M]. 北京：电子工业出版社，2017：55-56.

表 5-3　政治价值观因子分析：KMO 和 Bartlett 球形检验

指标		第一轮	第二轮
KMO 取样适切性量数		0.609	0.617
Bartlett 球形检验	近似卡方	2590.467	2487.946
	自由度	15.000	10.000
	显著性	0.000	0.000

资料来源：笔者依据 CGSS 2010 数据分析与整理。

接着对保留的五个题项进行第二轮探索性因子分析。首先，进行 KMO 和 Bartlett 球形检验，表 5-3 中第二轮的 KMO 值为 0.617，大于常见标准 0.6，并且 Bartlett 球形检验对应的 P 值为 0.000，小于 0.05 的判断标准。说明通过 KMO 和 Bartlett 球形检验，这五个题项适合进行探索性因子分析。

表 5-4　政治价值观因子分析：旋转后的成分矩阵结果（首轮）

题项	因子	
	1	2
政府制定税收政策必须征求老百姓的意见	—	0.795
如果政府侵占了我的个人利益，我只能忍了	—	—
政府官员的工作就是为老百姓服务	0.464	0.507
对于领导送温暖等活动，老百姓应该感激	0.802	—
老百姓应该服从政府	0.804	—
只要纳了税，就有权利讨论政府怎么花钱	—	0.796

提取方法：主成分分析法
旋转方法：Kaiser 标准化最大方差法

资料来源：笔者依据 CGSS 2010 数据分析与整理。

表 5-5 中展示了具体提起因子的个数是两个。所选五个题项的总方差解释率是 61.165%，说明这两个因子可以解释五个题项 61.165% 的信息量。整体探索性因子结果良好。

表 5-5　政治价值观因子分析：总方差解释

组件	初始特征值			提取载荷平方和			旋转载荷平方和		
	总计	方差百分比（%）	累计百分比（%）	总计	方差百分比（%）	累计百分比（%）	总计	方差百分比（%）	累计百分比（%）
1	1.821	36.420	36.420	1.821	36.420	36.420	1.536	30.710	30.710
2	1.237	24.745	61.165	1.237	24.745	61.165	1.523	30.455	61.165
3	0.722	14.445	75.610	—	—	—	—	—	—
4	0.632	12.647	88.256	—	—	—	—	—	—
5	0.587	11.744	100.000	—	—	—	—	—	—

提取方法：主成分分析法

资料来源：笔者依据 CGSS 2010 数据分析与整理。

　　旋转后的成分矩阵表格（见表 5-6）显示，"对于领导送温暖等活动，老百姓应该感激""老百姓应该服从政府"两个题项作为第一个因子。将这两个题项加总取平均值命名为威权主义价值观。"政府制定税收政策必须征求老百姓的意见""政府官员的工作就是为老百姓服务""只要纳了税，就有权利讨论政府怎么花钱"作为第二个因子，将三个题项的得分加总取平均值，命名为自由主义价值观。

表 5-6　政治价值观因子分析：旋转后的成分矩阵结果（最终）

题项	因子	
	1	2
政府制定税收政策必须征求老百姓的意见	—	0.794
政府官员的工作就是为老百姓服务	0.482	0.501
对于领导送温暖等活动，老百姓应该感激	0.811	—
老百姓应该服从政府	0.794	—
只要纳了税，就有权利讨论政府怎么花钱	—	0.799

提取方法：主成分分析法

旋转方法：Kaiser 标准化最大方差法

资料来源：笔者依据 CGSS 2010 数据分析与整理。

5. 媒介变量

本章将媒介变量分为传统媒介与新媒介两类，传统媒介类设电视使用自变量，新媒介类设互联网使用自变量，共计两个自变量。

CGSS 2010 关于媒介使用频率测量的题项有六个，询问受访者过去一年对报纸、杂志、广播、电视、互联网（包括手机上网）、手机定制消息六类媒介的使用情况。其中，报纸、杂志、广播、电视属于传统媒介，互联网（包括手机上网）、手机定制消息属于新媒介。本章根据 CGSS 2010 关于居民最主要媒介信息源的描述性统计（见表 5-7），在传统媒介和新媒介中各选择一个作为代表。从表 5-7 中我们可以看到，在传统媒介中，电视的使用频率最高。在新媒介中，互联网的使用频率最高。因此，本章选用电视与互联网分别作为传统媒介与新媒介的代表。

表 5-7　关于居民最主要媒体信息源的描述性统计

媒体信息源	频数	百分比（%）	有效百分比（%）	累计百分比（%）
报纸	249	5.0	5.0	6.6
杂志	13	0.3	0.3	6.9
广播	74	1.5	1.5	8.4
电视	3946	79.9	79.9	88.2
互联网（包括手机上网）	535	10.8	10.8	99.0
手机定制消息	47	1.0	1.0	100.0
缺失	77	1.6	1.6	1.6
总计	4941	100.0	100.0	—

资料来源：笔者依据 CGSS 2010 数据统计与整理。

在 CGSS 2010 题项中，将受访者过去一年对电视、互联网（包括手机上网）的使用情况分为从不、很少、有时、经常、总是五类，分别赋值 1~5。对这两个题项中的无效及缺失样本取所有有效样本平均值，四舍五入归入相应等级后生成电视使用与互联网使用两个变量。

上文所述变量设计的简要说明与描述性统计如表 5-8 所示。

表 5-8　因变量与自变量简要说明与描述性统计

	变量名称	变量类别	变量简要说明	均值	标准差
因变量	中央政府信任	定量变量	受访者对中央政府的信任程度（由低到高分别赋值 1~5）	4.64	0.591
	地方政府信任	定量变量	受访者对地方政府的信任程度（由低到高分别赋值 1~5）	2.96	0.980
	央地政府信任差	定量变量	中央政府信任减去地方政府信任的差值（由 1 到 4 的连续整数，共四等）	1.67	0.912
自变量（共五大类，28 个）					
地理分布变量	城乡（参照城市）	定类变量	1=农村，0=城市	0.43	0.495
	西部地区（参照中部）	定类变量	1=西部，0=中部或东部	0.62	0.485
	东部地区（参照中部）	定类变量	1=东部，0=中部或西部	0.33	0.471
人口特征变量	性别（参照女性）	定类变量	1=男性，0=女性	0.510	0.500
	年龄	定量变量	受访者实际年龄（2010 减去出生年）	47.428	15.135
	年龄平方	定量变量	受访者实际年龄的平方	2478.40	1498.06
	教育程度	定量变量	受访者最高教育程度（赋分 1~13）	4.600	2.775
	政治面貌（参照非共产党员）	定类变量	1=共产党员，0=非共产党员	0.125	0.331
制度变量	制度规范绩效	正式制度遵守	定量变量	受访者对法律法规、政府政策的遵守程度（由低到高分别赋分 1~5）	4.639	0.513
	绩效理性认知	家庭经济档次认同	定量变量	受访者的家庭经济状况在当地的档次（由低到高分别赋分 1~5）	2.596	0.765
		参加社会保障	定类变量	1=参加医保或基本养老保险，0=未参加	0.899	0.301
		政府减少贫富差距能力认同	定量变量	受访者对"政府能通过收税与支出来减少贫富悬殊"说法的同意程度（由低到高分别赋分 1~5）	3.560	1.054
	相对剥夺感	社会公平感	定量变量	受访者对当今社会是否公平的感知程度（由低到高分别赋分 1~5）	2.863	1.090
		收入公平感	定量变量	受访者对自己目前收入是否公平的感知程度（由低到高分别赋分 1~5）	2.783	1.233
		目前与十年前社会等级认同差值	定量变量	目前社会等级得分减去十年前社会等级得分的差值	0.673	1.687

续表

变量名称		变量类别	变量简要说明	均值	标准差
文化变量	社会资本 人际信任	关系信任	定量变量	将受访者对朋友、同事、领导干部、生意人、同学、老乡的信任程度（1~5）加总取平均值	3.253	0.555
	亲缘信任		定量变量	将受访者对自己家里人、亲戚的信任程度（由低到高分别赋分1~5）加总取平均值	4.471	0.510
	普遍信任		定量变量	受访者是否同意社会上绝大多数人都可信（由低到高分别赋分1~5）	3.448	1.123
	社会网络	工会会员	定类变量	1=工会会员，0=不是工会会员	0.221	0.415
		空闲时社交频率	定量变量	受访者过去一年在空闲时间社交的频率（由低到高分别赋分1~5）	2.615	1.016
	互惠规范	互惠规范行动	定量变量	将受访者是否会阻止社区或村庄小孩破坏花草树木转化为二分类变量（1=会，0=不会）	0.810	0.393
政治接触	动员型政治参与		定类变量	受访者近三年是否在村委会、居委会选举中投过票：1=投票，0=未投票	0.479	0.500
	抗争型政治参与		定类变量	将受访者在社区有否参加过集体上访、写联名信、抗议或请愿三个题项得分进行加总并做二类处理：1=参加，0=没有参加	0.024	0.153
	受到政府不公正对待		定类变量	1=是，0=否	0.129	0.335
文化变量 政治价值观	威权主义价值观		定量变量	将受访者对"对于领导送温暖等活动，老百姓应该感激""老百姓应该服从政府"的同意程度（赋分1~5）加总取平均值	4.028	0.671
	自由主义价值观		定量变量	将受访者对"政府制定税收政策必须征求老百姓的意见""政府官员的工作就是为老百姓服务""只要纳了税，就有权利讨论政府怎么花钱"的同意程度（赋分1~5）加总取均值	3.852	0.790

续表

变量名称		变量类别	变量简要说明	均值	标准差
媒介变量	传统媒介 电视使用	定量变量	受访者对电视的使用频率（赋分 1~5）	4.155	0.940
	新媒介 互联网使用	定量变量	受访者对互联网（含手机上网）的使用频率（赋分 1~5）	1.795	1.331

资料来源：笔者基于变量设计制作，均值与标准差系运用 SPSS 22.0 软件统计而得。

第二节　回归结果分析

为了准确揭示我国居民差序政府信任的总体生成机理，本章分别以中央政府信任、地方政府信任和央地政府信任差作为因变量，将所设自变量全部纳入，构建三个多元线性回归模型，如表 5-9 所示。

表 5-9　全国居民差序政府信任生成机理的回归分析

自变量		中央政府信任（模型Ⅰ）	地方政府信任（模型Ⅱ）	央地政府信任差（模型Ⅲ）
（常量）		2.359 *** （0.134）	0.756 *** （0.223）	1.603 *** （0.216）
地理分布变量	城乡[a]	0.032 * （0.018）	−0.026[+] （0.031）	0.048 ** （0.030）
	西部地区[b]	0.101 *** （0.019）	0.030[+] （0.032）	0.033 * （0.031）
	东部地区[b]	−0.129 *** （0.020）	−0.030[+] （0.034）	−0.051 ** （0.033）
人口特征变量	性别[c]	0.018 （0.016）	−0.036 ** （0.026）	0.050 *** （0.025）
	年龄	0.027 （0.003）	−0.234 ** （0.005）	0.269 *** （0.005）
	年龄平方	−0.001 （0.000）	0.225 ** （0.000）	−0.243 ** （0.000）
	教育程度	−0.079 *** （0.004）	−0.007 （0.007）	−0.043 * （0.006）
	政治面貌[d]	0.019 （0.026）	0.017 （0.044）	−0.006 （0.042）

续表

自变量			中央政府信任（模型Ⅰ）	地方政府信任（模型Ⅱ）	央地政府信任差（模型Ⅲ）
制度变量	制度规范绩效	正式制度遵守	0.104 *** （0.015）	0.024 + （0.026）	0.041 ** （0.025）
	绩效理性认知	家庭经济档次认同	−0.010 （0.011）	−0.003 （0.018）	−0.003 （0.018）
		参加社会保障 e	0.010 （0.026）	0.006 （0.043）	0.000 （0.042）
		政府减少贫富差距能力认同	0.040 ** （0.007）	0.014 （0.012）	0.011 （0.012）
	相对剥夺感	社会公平感	0.091 *** （0.008）	0.183 *** （0.013）	−0.138 *** （0.013）
		收入公平感	0.016 （0.007）	0.032 * （0.011）	−0.024 （0.011）
		目前与十年前社会等级认同差值	−0.018 （0.005）	−0.024 + （0.008）	0.014 （0.008）
文化变量	社会资本	人际信任	关系信任	0.101 *** （0.016）	0.218 *** （0.026）	−0.168 *** （0.025）
		亲缘信任	0.073 *** （0.017）	0.031 * （0.028）	0.014 （0.027）
		普遍信任	0.063 *** （0.007）	0.034 * （0.012）	0.004 （0.012）
		社会网络	工会会员 f	0.023 （0.022）	0.058 *** （0.037）	−0.047 ** （0.036）
			空闲时社交频率	0.011 （0.008）	0.020 （0.013）	−0.015 （0.013）
		互惠规范	互惠规范行动	0.034 * （0.020）	−0.021 （0.033）	0.044 *** （0.032）
	政治接触	动员型政治参与 g	0.044 *** （0.016）	0.082 *** （0.027）	−0.059 *** （0.026）
		抗争型政治参与 h	−0.017 （0.050）	−0.053 *** （0.084）	0.045 *** （0.081）
		政府不公正对待 i	−0.040 ** （0.023）	−0.125 *** （0.039）	0.108 *** （0.038）
	政治价值观	威权主义价值观	0.153 *** （0.012）	0.053 *** （0.021）	0.042 ** （0.020）
		自由主义价值观	−0.028 * （0.010）	−0.052 *** （0.017）	0.038 ** （0.016）
媒介变量	传统媒介	电视使用	0.046 *** （0.008）	0.011 （0.014）	0.018 （0.013）
	新媒介	互联网使用	−0.057 ** （0.008）	0.013 （0.014）	−0.050 ** （0.013）
F			42.377 ***	39.942 ***	23.536 ***
R²			0.195	0.185	0.118
N			4941	4941	4941

注：①表中数字为标准化系数，括号内为标准误。显著性水平标识：*** 表示 P<0.001；** 表示 P<0.01；* 表示 P<0.05；+ 表示 P<0.1。②分类变量参照组：a 表示城市；b 表示中部地区；c 表示女性；d 表示非共产党员；e 表示未参加社会保障；f 表示非工会会员；g 表示不会采取；h 表示未参与；i 表示未受到政府不公正对待。

一、地理分布变量对全国总体差序政府信任均具有显著影响

首先，城乡变量与中央政府信任、央地政府信任差显著正相关①，与地方政府信任边缘显著负相关。这表明，农村居民对中央政府的信任程度明显高于城市居民，其差序政府信任程度比城市居民更为显著，而城乡居民的地方政府信任差异则是十分微弱的。这表明，城乡变量在相当程度上影响着当代中国居民的差序政府信任程度。因此，对我国居民的差序政府信任进行城乡比较研究是非常必要的。

其次，在区域变量层面：第一，西部地区与中央政府信任、央地政府信任差显著正相关，与地方政府信任边缘显著正相关。这表明，西部居民对中央政府的信任程度明显高于中部居民，其差序政府信任程度比中部居民更为显著。西部居民与中部居民的地方政府信任差异则是十分微弱的。第二，东部地区与中央政府信任、央地政府信任差显著负相关，与地方政府信任边缘显著负相关。这表明，东部居民对中央政府的信任程度明显低于中部居民，其差序政府信任程度明显低于中部居民。东部居民与中部居民的地方政府差异则是十分微弱的。这表明，区域变量在相当程度上影响着我国居民的差序政府信任程度。因此，对当代中国居民的差序政府信任进行区域比较研究同样是非常必要的。

综合以上分析，在地理分布变量中，所设全部自变量对我国居民的差序政府信任构成总体层面的显著影响。

二、除政治面貌外的人口特征变量显著影响全国总体差序政府信任

首先，性别变量与地方政府信任显著负相关，与央地政府信任差显著正相

---

① 为行文简洁，本章使用显著正相关、显著负相关、边缘显著正相关、边缘显著负相关、非显著正相关、非显著负相关来表征自变量对因变量的影响关系。其含义是：第一，显著正相关：自变量对因变量具有正向（标准化回归系数为正数，下同）影响关系，并且达到 0.05、0.01 或 0.001 的显著性水平。第二，显著负相关：自变量对因变量具有负向（标准化回归系数为负数，下同）影响关系，并且达到 0.05、0.01 或 0.001 的显著性水平。第三，边缘显著正相关：自变量对因变量具有正向影响关系，仅仅达到 0.1 的边缘显著性水平。第四，边缘显著负相关：自变量对因变量具有负向影响关系，仅仅达到 0.1 的边缘显著性水平。第五，非显著正相关：自变量对因变量的正向影响关系没有达到显著性水平和边缘显著性水平。第六，非显著负相关：自变量对因变量的负向影响关系没有达到显著性水平和边缘显著性水平。特此说明。

关。这表明，男性居民对地方政府的信任程度明显低于女性居民，其差序政府信任程度明显高于女性居民。这与吕书鹏、吴结兵、朱雷蕊等学者的实证结论一致。这大概与男性和女性的思维方式差异相关联。一般认为，男性思维方式的特点是客观理性，往往以批判性、前瞻性的眼光来看待地方政府；女性思维方式的特点是感性自我，往往以包容性或局外人的视角来看待地方政府。因而，男性居民对地方政府的信任程度明显低于女性居民。这样，在中央政府信任程度基本相同的情况下，男性居民才拥有比女性居民更为显著的差序政府信任。

其次，年龄变量与地方政府信任显著负相关，与央地政府信任差显著正相关。年龄平方变量与地方政府信任显著正相关，与央地政府信任差显著负相关。这表明，年龄对地方政府信任的影响类似"U"形结构。在低年龄段，居民对地方政府的信任程度随着年龄的增加逐渐下降。在下降到一定程度后，到了高年龄段，居民对地方政府的信任程度又随着年龄增加逐渐上升。年龄对央地政府信任差的影响则类似倒"U"形结构。在低年龄段，居民的差序政府信任程度随着年龄的增加逐渐上升。上升到一定程度后，到了高年龄段，居民的差序政府信任程度又随着年龄增长逐渐下降。这与吴结兵等学者的研究结论基本一致。这是因为，低年龄段居民对地方政府的信任度较低，是因为低年龄段的居民使用互联网等新媒介的频率较高，政治信息来源多元，对自由主义价值观认同程度较高，因而对地方政府秉持一种理性批判的态度。高年龄段居民对地方政府的信任度较高，是因为高年龄段的居民使用电视等传统媒介的频率较高，政治信息来源单一，对威权主义价值观认同程度较高，因而对地方政府秉持相对宽容的态度。在中央政府信任程度基本相同的情况下，才会呈现出：低年龄段居民的差序政府信任程度随着年龄的增长逐渐上升，高年龄段居民的差序政府信任程度又随着年龄增长逐渐下降的分布特点。

再次，教育程度变量与中央政府信任和央地政府信任差均显著负相关。这意味着，居民的教育程度越高，对中央政府的信任程度越低，其差序政府信任程度更为轻微。相反，居民的教育程度越低，其差序政府信任程度更为显著。由此，本书得出结论：较低的教育程度，是我国居民差序政府信任的生成原因之一。这是因为，改革开放以来，我国的国民教育在内容上更注重公民权利意识和民主意识的培养；同时，较长的受教育年限使其具有更强的批判和反思意识。因此，教育程度较高的居民，相对于教育程度较低的居民，对中央政府往往持有理性批判甚至挑剔苛刻的眼光，在地方政府信任程度基本相同的前提下，其差序政府信任程度自然低于教育程度较低的居民。

最后，政治面貌变量对央地政府信任和央地政府信任差的影响关系均没有达到显著性水平，对我国居民的差序政府信任程度没有显著性影响。

综合以上分析，在人口特征变量中，所设自变量除政治面貌外，均显著影响了全国总体层面的差序政府信任程度。

三、制度规范绩效与相对剥夺感均对全国总体差序政府信任具有显著影响

首先，在制度规范绩效方面，正式制度遵守与中央政府信任和央地政府信任差显著正相关，与地方政府信任边缘显著正相关。这表明，居民对法律法规、政府政策等正式制度的遵守程度越高，对中央政府的信任程度越高，对地方政府的信任程度略为升高，其差序政府信任程度更为显著。这意味着，对正式制度的较高遵守程度，是我国居民差序政府信任的生成原因之一。这是因为，法律法规、政府部门的政策规定表征着一种制度公信力及政府公信力。在当代中国，中央领导地方，地方服从中央是基本的政治原则。国家层面的法律法规、中央政府及其组成部门的政策规定在相当程度上代表着中央政府的公信力，因其制定主体权威、制定程序规范、文本质量较好，居民的遵守程度相对较高。地方层面的法规规章、地方政府及其工作部门的政策规定在制定主体的权威性、制定程序的规范性、文本质量方面都要明显低于中央层面的法律法规、政府政策，因而居民的遵守程度相对较低。也就是说，对中央正式制度的遵守程度高于对地方正式制度的遵守程度，从而生成了我国居民的差序政府信任。

其次，在绩效理性认知方面，家庭经济档次认同、参加社会保障对央地政府信任和央地政府信任差的影响关系均没有达到显著性水平。政府缩小贫富差距能力认同与中央政府信任显著正相关，与央地政府信任差非显著正相关。这表明，居民对政府缩小贫富差距能力的认同程度越高，对中央政府的信任程度越高，但对其差序政府信任程度并不具有显著影响。回归分析结果表明，居民的绩效理性认知对差序政府信任程度不具有显著影响。这在一定程度上说明，改革开放以来，我国居民的物质生活条件有了巨大的改善，居民的生活水平由温饱走向全面小康。居民对中央政府和地方政府的期待已经超越了单纯的物质层面，因而，更加看重央地政府在公共服务和社会公平等方面的表现，因而家

庭经济档次认同对央地政府信任的影响关系不显著，这与以往的研究成果基本一致。已有研究表明，政府提供公共服务的质量和能力对央地政府信任和央地政府信任差具有显著的影响关系，但本章仅仅证实了较高的政府公共服务能力有助于提升居民对中央政府的信任程度。这可能是因为，基本养老或医疗方面的社会保障在 2010 年（问卷调查年度）前后刚刚进入试点或启动阶段，参加者还没有明显感受到这两方面的制度红利。政府缩小贫富差距能力认同仅与中央政府信任正相关则表明，居民对中央政府缩小贫富差距的能力更为认同，这意味着，中央政府在缩小贫富差距方面做出的切实努力会显著提升中央政府的信任水平。地方政府在此方面则应以更大的努力和诚意来赢得居民信任。

最后，在相对剥夺感方面，社会公平感与央地政府信任显著正相关，与央地政府信任差显著负相关。这表明，居民对社会公平的整体感知程度越高，对中央政府和地方政府的信任程度越高，其差序政府信任程度更为微弱。一般认为，社会公平是相当广义的范畴，涉及经济、政治、社会、规则等领域。罗尔斯在《正义论》中对一般意义上的正义观进行了如下概括："所有社会价值——自由和机会、收入和财富、自尊的基础——都要平等地分配，除非对其中的一种价值或所有价值的一种不平等分配合乎每一个人的利益。①"这可以看作是对社会公平的广义理解。社会公平既是政府信任产生的环境因素，又是政府行为的目的之一②。回归分析的结果表明，居民社会公平感知对地方政府信任度的影响程度要高于对中央政府信任的影响程度。这是因为，我国居民与中央政府很少发生直接的联系，主要通过传统媒介和新媒介来了解政策规定和政府信息，具有更多的抽象意义；而对本地政府在实现社会公平方面的努力与成效则有着更为直接的感知与体验。因而，居民较高的社会公平感知程度，对地方政府信任的提升力度更大。相反，居民较低的社会公平感知程度，对地方政府信任的下降力度更大，从而使得居民的差序政府信任程度更为显著。由此，本书得出结论：较低的社会公平感知程度，是我国居民差序政府信任的生成原因之一。

居民自身的收入公平感仅与地方政府信任显著正相关。目前与十年前社会等级认同差值与地方政府信任边缘显著负相关。这说明，居民对自身收入的公

① 罗尔斯. 正义论 [M]. 何怀宏, 何包钢, 廖申白, 译. 北京: 中国社会科学出版社, 1988: 58.
② 赵建国, 于晓宇. 社会公平对政府信任的影响研究——基于 CGSS 2010 数据的实证分析 [J]. 财贸研究, 2017 (3): 80-88, 113.

平感知程度越高，对地方政府的信任水平越高。目前与十年前社会等级认同差值越大，对地方政府的信任水平略为降低。但两者对央地政府信任差的影响关系均没有达到显著性水平，因而没有对其差序政府信任程度构成显著影响。

综合以上分析，在制度变量中，仅有制度规范绩效层面的正式制度遵守与相对剥夺感层面的社会公平感显著影响了全国总体层面的差序政府信任程度。

四、全国总体差序政府信任受到三类文化变量均衡的显著影响

（一）在社会资本方面

第一，人际信任中，关系信任、亲缘信任、普遍信任均与央地政府信任显著正相关，但只有关系信任与央地政府信任差显著负相关，亲缘信任与普遍信任对央地政府信任差的影响关系没有达到显著性水平。这表明，居民的关系信任程度、亲缘信任程度、普遍信任程度越高，对中央政府和地方政府的信任程度越高。这说明，人际信任状况的改善对央地政府信任具有溢出效应，较高的人际信任程度会促进央地政府信任的提升。但回归分析结果表明，亲缘信任与普遍信任对居民的差序政府信任程度没有构成显著影响。居民的关系信任（对除家里人、亲戚外的朋友、同事、领导干部、生意人、同学、老乡等的信任）程度越高，居民的差序政府信任程度越低。这说明，较高的关系信任程度对地方政府信任的提升力度大于对中央政府信任的提升力度。相反，较低的关系信任程度对地方政府信任的下降力度也大于对中央政府信任的下降力度，使得居民的差序政府信任程度更为显著。由此，本书得出结论：较低的关系信任程度是我国居民差序政府信任的生成原因之一。

第二，社会网络中，工会会员与地方政府信任显著正相关，与央地政府信任差显著负相关。空闲时社交频率对央地政府信任和央地政府信任差的影响关系均没有达到显著性水平，对居民的差序政府信任程度未构成显著影响。这表明，居民参与工会等正式社团组织，会明显提升对地方政府的信任程度，其差序政府信任程度更为轻微。这与胡荣、池上新的研究结论基本一致。本书则在全国层面验证了正式社团参与对地方政府信任和央地政府信任差的负向影响关系。这是因为，在我国，正式社团组织一般经本地政府及相关部门审查认可，参与者通过正式社团组织就相关问题与本地政府及相关部门沟通，往往会比个

人单独沟通更受到地方政府的重视，使问题的解决不仅高效，而且符合心理预期，因而会比非参与者对地方政府心存好感，从而提升了参与者对地方政府的信任程度。这样在中央政府信任水平基本相同的情况下，就起到了弱化差序政府信任程度的作用。由此，本书得出如下结论：正式社团组织参与的缺乏，是当代我国居民差序政府信任的生成原因之一。

第三，互惠规范中，互惠规范行动与中央政府信任和央地政府信任差显著正相关。有互惠规范意识并愿意付诸实践的居民，对中央政府的信任程度更高，其差序政府信任程度更为显著。按照帕特南的观点，互惠规范是人际信任产生的重要来源之一，而人际信任对政府信任具有溢出效应。同时，在当代中国，遵守互惠规范的居民更容易产生互助行为，更容易具有一定的集体荣誉感和社会责任感，更容易产生对国家制度的高度认同，进而提升对中央政府的信任水平。因此，互惠规范具有提高中央政府绩效、培育中央政府信任的积极作用。在地方政府信任程度基本相同的情况下，互惠规范行动就起到了强化差序政府信任程度的作用。由此，本书得出结论：互惠规范行动是我国居民差序政府信任的生成原因之一。

（二）在政治接触方面

第一，动员型政治参与和央地政府信任显著正相关，和央地政府信任差显著负相关。这意味着，居民参与基层选举投票等制度化的政治参与活动，会明显提升对中央政府和地方政府的信任程度，其差序政府信任程度更为轻微。这与吕书鹏的研究结论完全一致。这是因为，在我国，村民委员会主任和居民委员会主任的选举，尽管不是正式意义上的政治选举，但有国家法律的正式依据，有本地政府的规范指导，多数地方的选举活动能够合法有序地进行。对于参与过基层选举投票活动的居民，本身就表明了其对基层选举制度的高度认同，而在参与过程中能够更为直接地感受到本地政府的规范指导。因而，从政治接触的性质来说，参与基层选举投票活动属于和本地政府的良性接触，当然有助于央地政府信任的显著提升。但对地方政府的良性接触体验要比对中央政府的抽象体验更为深刻，因而对地方政府信任的提升力度更大，从而起到了弱化差序政府信任程度的作用。相反，这种动员型政治参与经历的缺乏，会同时降低央地政府的信任程度，但对地方政府信任的下降力度更大，使得差序政府信任程度更为显著。本书因此得出如下结论：动员型政治参与经历的缺乏，是我国居民差序政府信任的生成原因之一。

第二，抗争型政治参与和地方政府信任显著负相关，和央地政府信任差显著正相关。这意味着，有过抗争型政治参与经历的居民，对地方政府的信任程度更低，其差序政府信任程度更为显著。这与吕书鹏的研究结论完全一致。本章依据问卷设计，将参加集体上访、写联名信、抗议或请愿三类活动定义为抗争型政治参与。抗争型政治参与和动员型政治参与有着根本的不同，属于恶性政治接触。有过这类活动的居民往往对地方政府有着不满情绪，在其诉求没有得到地方政府的满足之后会更加不满，因而明显降低了对地方政府的信任程度。其后则有可能进一步向上级政府直至中央政府上告，期待得到合理解决，但并未明显波及中央政府的信任水平。因而在中央政府信任程度基本不变的情况下，起到了强化差序政府信任程度的作用。因此，抗争型政治参与经历是我国居民差序政府信任的生成原因之一。

第三，政府不公正对待与央地政府信任均显著负相关，与央地政府信任差显著正相关。政府不公正对待与抗争型政府参与同样属于恶性政治接触，与之不同的是，前者往往发生在日常化、个别化的体验之中。这种恶性体验源自居民对个体利益的维护与抗争，对居民政治心理伤害程度可能更大，不仅显著降低了对本地政府的信任程度，还波及中央政府的信任程度，但其对中央政府信任的破坏程度明显弱于对地方政府信任的破坏程度，因而仍然起到了强化差序政府信任程度的作用。本书因此得出如下结论：政府不公正对待是我国居民差序政府信任的生成原因之一。

(三) 在政治价值观方面

第一，威权主义价值观与央地政府信任和央地政府信任差均显著正相关。这意味着，居民对威权主义价值观的认同程度越高，对中央政府和地方政府的信任程度越高，其差序政府信任程度更为显著。本书的回归分析结果表明：威权主义价值观虽然对中央政府信任和地方政府信任都有显著的托举作用，但对中央政府的托举作用更大。因此，威权主义价值观是我国居民差序政府信任的生成原因之一。第二，自由主义价值观与央地政府信任均显著负相关，与央地政府信任差显著正相关。这说明，居民对自由主义价值观的认同程度越高，对中央政府和地方政府的信任程度更低，其差序政府信任程度更为显著。本书的回归结果表明，自由主义价值观对地方政府信任的负向影响作用明显大于对中央政府信任的负向影响作用，因而在相当程度上强化了差序政府信任。综上所述，本书得出如下结论：威权主义价值观和自由主义价值观都是我国居民差序政府信任的生成原因，但两者生成差序政府信任的机理截然不同。

综合以上分析，在文化变量中，社会资本、政治接触与政治价值观三类自变量对全国总体层面的差序政府信任程度均产生显著影响。并且，社会资本中人际信任、社会网络与互惠规范均对其产生显著影响，政治接触类与政治价值观类自变量均对其产生显著影响。这意味着，社会资本、政治接触与政治价值观三类文化变量对全国总体层面的差序政府信任构成均衡的显著影响。

五、媒介变量中的互联网使用对全国总体差序政府信任产生负向显著影响

首先，电视使用与中央政府信任显著正相关，对地方政府信任和央地政府信任差的影响关系没有达到显著性水平。这表明，居民对电视的使用频率越高，对中央政府的信任程度越高，但对当代中国居民的差序政府信任没有构成显著影响。本章依据 CGSS 2010 数据对人们使用最主要信息源的统计，验证电视使用对差序政府信任的影响关系，结果发现，电视使用仅对中央政府信任具有显著的正向影响，对全国居民的差序政府信任没有构成显著影响。这主要是因为，在我国，电视是传播政治新闻和政府信息的主要渠道，而中央电视台的收视率和影响力明显大于地方电视台。中央电视台的新闻节目以对中央政府的报道为主。因而，较高的电视使用频率对中央政府信任具有明显的托举作用，但对地方政府信任的影响关系并不显著。

其次，互联网使用与中央政府信任和央地政府信任差均显著负相关，对地方政府信任的影响关系没有达到显著性水平。这与吕书鹏、吴结兵等的研究结论基本一致。这表明，居民对互联网的使用频率越高，对中央政府的信任程度越低，其差序政府信任程度更为轻微。这主要是因为，与传统媒介相比，新媒介的组织性取代了传统媒介的高度组织性，在相当程度上消解了传统媒介的"把关人"权力[1]，政府对新媒介传播政治信息的筛选与管控变得越加困难。一方面，新媒介"技术门槛很低，任何人只要有一台联通互联网的电脑就可以发布、转发某些被主流媒介忽略的事件，或者撰写评论表达自己的政治主

---

[1]　卢春天，权小娟. 媒介使用对政府信任的影响——基于 CGSS 2010 数据的实证研究 [J]. 国际新闻界，2015（5）：66-80.

张①"。另一方面，与传统媒介相比，新媒介可以分钟甚至以秒作为单元传播，新闻可以在瞬间发布。一般而言，速度、实效与准确、公正、完整之间存在反比关联，片面乃至出错是快速最易滋生的弊端②。另外，客观来说，网络信息的过于开放和有效监管的困难，使得非主流立场、不负责任声音和非理性宣泄可以大行其道。这些互联网传播的负面特点与倾向，会明显降低对中央政府的信任程度，在地方政府信任基本不变的情况下，较高的互联网使用频率就起到了弱化差序政府信任的作用。相反，居民对互联网的使用频率越低，越不易受到上述负面特点与倾向的影响，从而使得其差序政府信任程度更为显著。

综合以上分析，在媒介变量中，互联网使用对全国总体差序政府信任产生负向的显著影响。从而，较低的互联网使用频率，是全国总体差序政府信任程度较为显著的原因之一。

本章小结

从宏观上看，我国居民的差序政府信任程度在总体上受到了地理分布、人口特征、制度、文化和媒介五类因素的显著影响。

从微观上看：第一，地理分布变量中，城乡变量与西部地区变量对全国居民的差序政府信任程度均具有显著的正向影响，东部地区变量则对其具有显著的负向影响。第二，人口特征变量中，年龄与年龄平方分别对全国居民的差序政府信任程度具有显著的正向影响与负向影响，这意味着年龄因素对其影响类似倒"U"形结构；性别（以女性为参照）与教育程度分别对其具有显著的正向影响与负向影响。第三，制度变量中，制度规范绩效中的正式制度遵守与相对剥夺感中的社会公平感分别对全国居民的差序政府信任程度具有显著的正向影响与负向影响；绩效理性认知对其并没有显著影响。第四，文化变量中，其一，在社会资本层面，关系信任、工会会员（以非工会会员为参照）对全国居民的差序政府信任程度具有显著的负向影响；互惠规范行动则对其具有显著

---

① 张雷，娄成武."政治博客"的发展现状及其未来趋势 [J]. 中山大学学报（社会科学版），2006（4）：99-102.

② 张晓峰，赵鸿燕. 政治传播研究 [M]. 北京：中国传媒大学出版社，2011：137.

的正向影响。其二，在政治接触层面，动员型政治参与对全国居民的差序政府信任程度具有显著的负向影响；抗争型政治参与、政府不公正对待均对其具有显著的正向影响。其三，在政治价值观层面，威权主义价值观与自由主义价值观均对全国居民的差序政府信任程度具有显著的正向影响，但两者的影响机制截然不同。第五，媒介变量中，互联网使用对全国居民的差序政府信任程度具有显著的负向影响；电视使用则对其没有显著影响。

　　研究表明，在所设 28 个自变量中，共有 18 个自变量对全国总体层面的差序政府信任具有显著影响，显著影响率达到 64.3%。并且，这 18 个自变量涵盖了地理分布、人口特征、制度、文化、媒介五类变量，因此，这五类变量对全国总体层面的差序政府信任具有较为均衡而又广域的显著影响，形成了差序政府信任生成机理的广域解释框架。

第六章

差序政府信任生成机理的
城乡与区域比较

本章在第五章对差序政府信任生成机理进行总体分析的基础上，进行城乡比较与区域比较研究，从而进一步揭示哪些因素及自变量显著形塑了差序政府信任在城乡与区域层面的分布特征。首先，在城乡层面，分别以城市与农村为选择变量，对城乡居民差序政府信任的生成机理进行实证分析、结果解释与比较研究。其次，在区域层面，分别以西部、中部与东部为选择变量，对西、中、东部居民差序政府信任的生成机理进行实证分析、结果解释与比较研究。最后，就显著影响城乡居民与区域居民差序政府信任程度的生成机理进行总结与归纳，得出主要研究结论。

第一节　城乡居民多元回归模型的结果分析

有关因变量与自变量设定与数据处理的详细说明请参阅第五章第一节第二部分。表6-1是城乡层面变量描述性统计的基本情况。为了准确揭示城乡居民差序政府信任的生成机理并进行比较研究，本章分别以中央政府信任、地方政府信任和央地政府信任差作为因变量，一次性纳入除城乡变量以外的其他自变量，以农村和城市作为选择变量，分别构建六个多元线性回归模型，如表6-2所示。需要说明的是，本节仅分析制度、文化、媒介三类解释变量对城乡居民差序政府信任的影响，对地理分布（西部地区与东部地区）与人口特征两类控制变量不再进行分析。

表 6-1 城乡层面变量描述性统计

类别（样本数）			城市（2821）		农村（2120）	
			均值	标准差	均值	标准差
因变量						
中央政府信任			4.57	0.635	4.73	0.512
地方政府信任			2.97	0.956	2.96	1.012
央地政府信任差			1.60	0.866	1.77	0.962
自变量						
控制变量	地理分布	西部地区	0.69	0.461	0.52	0.500
		东部地区	0.44	0.496	0.19	0.391
	人口特征	性别	0.51	0.500	0.51	0.500
		年龄	46.70	15.487	48.39	14.600
		年龄平方	2420.76	1525.211	2555.10	1457.979
		教育程度	5.56	3.026	3.32	1.709
		政治面貌	0.18	0.381	0.06	0.234
制度变量	制度规范绩效	正式制度遵守	4.66	0.490	4.61	0.540
	绩效理性认知	家庭经济档次认同	2.63	0.758	2.55	0.772
		参加社会保障	0.88	0.321	0.92	0.272
		政府减少贫富差距能力认同	3.52	1.089	3.61	1.005
	相对剥夺感	社会公平感	2.77	1.075	2.98	1.099
		收入公平感	2.71	1.244	2.88	1.212
		目前与十年前社会等级认同差值	0.51	1.732	0.89	1.602
文化变量	社会资本	关系信任	3.24	0.536	3.27	0.579
		亲缘信任	4.46	0.497	4.48	0.527
		普遍信任	3.37	1.132	3.55	1.101
		工会会员	0.35	0.478	0.04	0.207
		空闲时社交频率	2.76	1.011	2.43	0.991
		互惠规范行动	0.79	0.406	0.83	0.373
	政治接触	动员型政治参与	0.37	0.483	0.62	0.485
		抗争型政治参与	0.03	0.157	0.02	0.147
		受到政府不公正对待	0.12	0.319	0.15	0.355

续表

类别（样本数）			城市（2821）		农村（2120）	
			均值	标准差	均值	标准差
文化变量	政治价值观	威权主义价值观	3.96	0.697	4.12	0.623
		自由主义价值观	3.90	0.793	3.79	0.782
媒介变量	传统媒介	电视使用	4.19	0.910	4.10	0.976
	新媒介	互联网使用	2.20	1.498	1.26	0.803

注：因统计中涉及四舍五入，故存在中央政府信任均值与地方政府信任均值之差不完全等于央地政府信任差的情况。

资料来源：笔者基于变量设计制作，均值与标准差系运用 SPSS 22.0 软件统计而得。

表6-2 城乡居民差序政府信任生成机理的回归分析

自变量		中央政府信任		地方政府信任		央地政府信任差	
		农村（1）	城市（2）	农村（3）	城市（4）	农村（5）	城市（6）
（常量）		2.737*** (0.187)	2.072*** (0.188)	0.922** (0.358)	0.507+ (0.285)	1.816*** (0.353)	1.565*** (0.272)
地理分布变量	西部地区[a]	0.109*** (0.025)	0.099*** (0.029)	0.021 (0.047)	0.053* (0.045)	0.036 (0.046)	0.014 (0.043)
	东部地区[b]	-0.120*** (0.031)	-0.131*** (0.028)	-0.065** (0.059)	-0.010 (0.043)	0.004 (0.058)	-0.085*** (0.041)
人口特征变量	性别[c]	-0.002 (0.022)	0.029+ (0.022)	-0.035+ (0.042)	-0.032+ (0.034)	0.036+ (0.041)	0.057** (0.032)
	年龄	0.219+ (0.005)	-0.103 (0.004)	-0.201 (0.009)	-0.283** (0.007)	0.328* (0.009)	0.237* (0.006)
	年龄平方	-0.157 (0.000)	0.098 (0.000)	0.189 (0.000)	0.270** (0.000)	-0.282* (0.000)	-0.226* (0.000)
	教育程度	-0.016 (0.007)	-0.098*** (0.005)	0.013 (0.014)	-0.014 (0.008)	-0.022 (0.014)	-0.057* (0.007)
	政治面貌[d]	0.023 (0.047)	0.019 (0.032)	-0.016 (0.090)	0.046* (0.049)	0.029 (0.088)	-0.037+ (0.047)

续表

自变量		中央政府信任		地方政府信任		央地政府信任差	
		农村（1）	城市（2）	农村（3）	城市（4）	农村（5）	城市（6）
制度变量	制度规范绩效	正式制度遵守	0.111*** (0.020)	0.107*** (0.023)	0.047** (0.038)	0.012 (0.035)	0.010 (0.038)	0.065*** (0.033)
	绩效理性认知	家庭经济档次认同	−0.029 (0.015)	0.003 (0.016)	0.042* (0.028)	−0.042* (0.024)	−0.060** (0.028)	0.048* (0.023)
		参加社会保障ᵉ	0.010 (0.039)	0.010 (0.035)	0.004 (0.074)	0.003 (0.053)	0.001 (0.073)	0.004 (0.050)
		政府减少贫富差距能力认同	0.018 (0.011)	0.050** (0.010)	0.003 (0.020)	0.022 (0.015)	0.006 (0.020)	0.012 (0.015)
	相对剥夺感	社会公平感	0.099*** (0.010)	0.088*** (0.011)	0.219*** (0.020)	0.160*** (0.017)	−0.177*** (0.020)	−0.112*** (0.016)
		收入公平感	0.026 (0.009)	0.007 (0.009)	0.006 (0.017)	0.054** (0.014)	0.007 (0.017)	−0.054** (0.014)
		目前与十年前社会等级认同差值	0.007 (0.007)	−0.035⁺ (0.007)	−0.005 (0.013)	−0.039* (0.010)	0.009 (0.013)	0.018 (0.010)
文化变量	社会资本	关系信任	0.072** (0.021)	0.127*** (0.023)	0.199*** (0.040)	0.238*** (0.035)	−0.171*** (0.039)	−0.169*** (0.033)
		亲缘信任	0.068** (0.022)	0.075*** (0.024)	0.044* (0.042)	0.022 (0.037)	−0.010 (0.042)	0.031 (0.035)
		普遍信任	0.086*** (0.010)	0.049** (0.010)	0.055** (0.019)	0.020 (0.016)	−0.012 (0.019)	0.014 (0.015)
		工会会员ᶠ	−0.014 (0.052)	0.038⁺ (0.027)	−0.004 (0.100)	0.074*** (0.041)	−0.003 (0.099)	−0.054* (0.039)
		空闲时社交频率	0.016 (0.011)	0.007 (0.011)	0.022 (0.021)	0.014 (0.017)	−0.014 (0.021)	−0.010 (0.016)
		互惠规范行动	0.042* (0.029)	0.030⁺ (0.028)	0.003 (0.055)	−0.041* (0.042)	0.020 (0.054)	0.068*** (0.040)

续表

自变量			中央政府信任		地方政府信任		央地政府信任差	
			农村（1）	城市（2）	农村（3）	城市（4）	农村（5）	城市（6）
文化变量	政治接触	动员型政治参与[g]	0.045* (0.022)	0.038* (0.023)	0.063** (0.043)	0.083*** (0.035)	-0.042* (0.042)	-0.064*** (0.034)
		抗争型政治参与[h]	0.038+ (0.071)	-0.044** (0.069)	-0.056** (0.137)	-0.044* (0.105)	0.079*** (0.135)	0.017 (0.101)
		政府不公正对待[i]	-0.043* (0.030)	-0.038* (0.035)	-0.152*** (0.058)	-0.092*** (0.053)	0.137*** (0.057)	0.074*** (0.050)
	政治价值观	威权主义价值观	0.121*** (0.018)	0.169*** (0.017)	-0.009 (0.035)	0.103*** (0.026)	0.073*** (0.035)	0.010 (0.024)
		自由主义价值观	-0.016 (0.014)	-0.030+ (0.014)	-0.058** (0.026)	-0.034+ (0.021)	0.053* (0.026)	0.016 (0.020)
媒介变量	传统媒介	电视使用	0.006 (0.011)	0.068*** (0.012)	-0.043* (0.021)	0.046** (0.018)	0.049* (0.021)	0.000 (0.018)
	新媒介	互联网使用	-0.042+ (0.016)	-0.058* (0.010)	-0.009 (0.030)	0.028 (0.015)	-0.013 (0.030)	-0.073** (0.015)
F			13.874***	27.068***	19.643***	25.136***	13.149***	12.512***
R^2			0.152	0.207	0.202	0.195	0.145	0.108
N			2120	2821	2120	2821	2120	2821

注：①表 6-2 中数字为标准化系数，括号内数字为标准误。显著性水平标识：*** 表示 $P<0.001$；** 表示 $P<0.01$；* 表示 $P<0.05$；+表示 $P<0.1$。②分类变量参照组：a、b 均表示中部地区；c 表示女性；d 表示非共产党员；e 表示未参加社会保障；f 表示非工会会员；g 表示不会采取；h 表示未参与；i 表示未受到政府不公正对待。

一、城市居民差序政府信任的生成机理

依据表 6-2 中的模型（2）、模型（4）、模型（6），就制度、文化、媒介三类解释变量对城市居民差序政府信任影响的回归结果进行分析。

（一）制度变量影响城市居民差序政府信任的显著性分析

1. 在制度规范绩效方面

正式制度遵守与城市居民中央政府信任和央地政府信任差均显著正相关。

这表明，城市居民对法律法规、政府政策等正式制度的遵守程度越高，对中央政府的信任程度越高，其差序政府信任程度更为显著。由此，本书得出结论：对正式制度的较高遵守程度，是城市居民差序政府信任的生成原因之一。

2. 在绩效理性认知方面

第一，家庭经济档次认同与城市居民的地方政府信任显著负相关，与城市居民央地政府信任差显著正相关。这表明，城市居民对家庭经济状况的档次认同程度越高，对地方政府的信任程度越低，其差序政府信任程度更为显著。由此，本书得出结论：较高的家庭经济档次认同程度，是城市居民差序政府信任的生成原因之一。

第二，参加社会保障对城市居民央地政府信任和央地政府信任差的影响关系均没有达到显著性水平，其差序政府信任程度未受到其显著影响。

第三，政府减少贫富差距能力认同仅与城市居民中央政府信任显著正相关，对城市居民央地政府信任差的影响关系没有达到显著性水平。这表明，城市居民对政府减少贫富差距能力的认同程度越高，对中央政府的信任程度越高，但其差序政府信任程度未受到其显著影响。

3. 在相对剥夺感方面

第一，社会公平感与城市居民央地政府信任显著正相关，与城市居民央地政府信任差显著负相关。这表明，城市居民对社会公平的整体感知程度越高，对中央政府和地方政府的信任程度越高，其差序政府信任程度更为轻微。相反，城市居民对社会公平的整体感知程度越低，其差序政府信任程度更为显著。由此，本书得出结论：较低的社会公平感知程度，是城市居民差序政府信任的生成原因之一。

第二，收入公平感与城市居民地方政府信任显著正相关，与城市居民央地政府信任差显著负相关。这表明，城市居民对自身收入的公平感知程度越高，对地方政府的信任程度越高，其差序政府信任程度更为轻微。相反，城市居民对自身收入的公平感知程度越低，其差序政府信任程度更为显著。由此，本书得出结论：较低的收入公平感知程度，是城市居民差序政府信任的生成原因之一。

第三，目前与十年前社会等级认同差值与城市居民中央政府信任边缘显著负相关，与城市居民地方政府信任显著负相关，对城市居民的央地政府信任差的影响关系没有达到显著性水平。这表明，城市居民的目前与十年前社会等级认同差值越大，对中央政府的信任程度略为降低，对地方政府的信任程度明显降低，但目前与十年前社会等级认同差值对其差序政府信任程度没有显著影响。

（二）文化变量影响城市居民差序政府信任的显著性分析

1. 在社会资本方面

第一，人际信任中，关系信任与城市居民央地政府信任显著正相关，与城市居民央地政府信任差显著负相关。这表明，城市居民的关系信任程度越高，对中央政府和地方政府的信任程度越高，其差序政府信任程度更为轻微。相反，城市居民的关系信任程度越低，其差序政府信任程度更为显著。由此，本书得出结论：较低的关系信任程度是城市居民差序政府信任的生成原因之一。亲缘信任与普遍信任仅和城市居民中央政府信任显著正相关，对城市居民央地政府信任差的影响关系均没有达到显著性水平。这表明，城市居民的亲缘信任与普遍信任程度越高，对中央政府的信任程度越高，但对其差序政府信任程度并没有显著影响。

第二，社会网络中，工会会员与城市居民中央政府信任边缘显著正相关，与城市居民地方政府信任显著正相关，与城市居民央地政府信任差显著负相关。这表明，城市居民参与工会等正式社团组织，对中央政府的信任程度略为升高，对地方政府的信任程度明显升高，其差序政府信任程度更为轻微。相反，城市居民不参与工会等正式社团组织，其差序政府信任程度更为显著。由此，本书得出结论：工会等正式社团组织参与的缺乏，是城市居民差序政府信任的生成原因之一。空闲时社交频率对城市居民央地政府信任和央地政府信任差的影响关系均没有达到显著性水平，对城市居民的差序政府信任程度并没有显著影响。

第三，互惠规范中，互惠规范行动与城市居民中央政府信任边缘显著正相关，与城市居民地方政府信任显著负相关，与城市居民差序政府信任显著正相关。这表明，有互惠规范意识并愿意付诸实践的城市居民，对中央政府的信任程度略高，对地方政府的信任程度明显降低，其差序政府信任程度更为显著。由此，本书得出结论：互惠规范行动是城市居民差序政府信任的生成原因之一。

2. 在政治接触方面

第一，动员型政治参与和城市居民央地政府信任显著正相关，和城市居民央地政府信任差显著负相关。这意味着，城市居民参与基层选举投票等制度化的政治参与活动，会明显提升对中央政府和地方政府的信任程度，其差序政府信任程度更为轻微。从而，动员型政治参与的缺乏，是城市居民差序政府信任的生成原因之一。

第二，抗争型政治参与和城市居民央地政府信任显著负相关，对城市居民央地政府信任差的影响关系并没有达到显著性水平。这意味着，有过抗争型政治参与经历的城市居民，对中央政府和地方政府的信任程度明显降低，但其差序政府信任程度并未受到显著影响。

第三，政府不公正对待与城市居民央地政府信任均显著负相关，与城市居民央地政府信任差显著正相关。城市居民在与政府打交道的过程中，如果受到了政府及其工作人员的不公正对待，会明显降低其对中央政府和地方政府的信任程度，其差序政府信任程度更为显著。从而，政府不公正对待是城市居民差序政府信任的生成原因之一。

3. 在政治价值观层面

第一，威权主义价值观与城市居民央地政府信任均显著正相关，但对城市居民央地政府信任差的影响关系没有达到显著性水平。这表明，城市居民对威权主义价值观的认同程度越高，对中央政府和地方政府的信任水平越高，但对其差序政府信任程度并没有显著影响。

第二，自由主义价值观与城市居民央地政府信任均边缘显著负相关，对城市居民央地政府信任差的影响关系没有达到显著性水平。这意味着，城市居民对自由主义价值观的认同程度越高，对中央政府和地方政府的信任程度略低，但其差序政府信任程度并未受到显著影响。

（三）媒介变量影响城市居民差序政府信任的显著性分析

1. 在传统媒介方面

电视使用与城市居民央地政府信任显著正相关，对城市居民央地政府信任差的影响关系没有达到显著性水平。这表明，城市居民对电视的使用频率越高，对中央政府和地方政府的信任程度越高，但其差序政府信任程度并未受到显著影响。

2. 在新媒介方面

互联网使用与城市居民中央政府信任和央地政府信任差均显著负相关。这表明，城市居民对互联网的使用频率越高，对中央政府的信任程度越低，其差序政府信任程度更为轻微。相反，城市居民对互联网的使用频率越低，其差序政府信任程度则更为显著。由此，本书得出结论：较低的互联网使用频率，是城市居民差序政府信任的生成原因之一。

二、农村居民差序政府信任的生成机理

依据表 6-2 中的模型（1）、模型（3）、模型（5），就制度、文化、媒介三类解释变量对农村居民差序政府信任影响的回归结果进行分析。

（一）制度变量影响农村居民差序政府信任的显著性分析

1. 在制度规范绩效方面

正式制度遵守与农村居民央地政府信任均显著正相关，但对农村居民央地政府信任差的影响关系并没有达到显著性水平。这表明，农村居民对法律法规、政府政策等正式制度的遵守程度越高，对中央政府和地方政府的信任程度越高，但正式制度遵守程度对农村居民的差序政府信任程度并没有显著影响。

2. 在绩效理性认知方面

家庭经济档次认同与农村居民的地方政府信任显著正相关，与农村居民央地政府信任差显著负相关。这表明，农村居民对家庭经济状况的档次认同程度越高，对地方政府的信任程度越高，其差序政府信任程度更为轻微。相反，农村居民对家庭经济状况的档次认同程度越低，其差序政府信任程度更为显著。由此本书得出结论：对家庭经济档次的较低认同程度，是农村居民差序政府信任的生成原因之一。参加社会保障与政府减少贫富差距能力认同对农村居民央地政府信任和央地政府信任差的影响关系均没有达到显著性水平，对其差序政府信任程度并没有显著影响。

3. 在相对剥夺感方面

社会公平感与农村居民央地政府信任显著正相关，与农村居民央地政府信任差显著负相关。这表明，农村居民对社会公平的整体感知程度越高，对中央政府和地方政府的信任水平越高，其差序政府程度更为轻微。相反，农村居民对社会公平的整体感知程度越低，其差序政府信任程度更为显著。由此，本书得出结论：较低的社会公平感知程度，是农村居民差序政府信任的生成原因之一。收入公平感、目前与十年前社会等级认同差值对农村居民央地政府信任和央地政府信任差的影响关系没有达到显著性水平，因而对其差序政府信任程度没有显著影响。

（二）文化变量影响农村居民差序政府信任的显著性分析

1. 在社会资本方面

第一，人际信任中，关系信任、亲缘信任、普遍信任均与农村居民央地政府信任显著正相关，但只有关系信任与农村居民央地政府信任差显著负相关，亲缘信任与普遍信任对农村居民央地政府信任差的影响关系没有达到显著性水平。这表明，农村居民的关系信任程度、亲缘信任程度、普遍信任程度越高，对中央政府和地方政府的信任程度越高。但亲缘信任与普遍信任对农村居民的差序政府信任程度没有构成显著影响。关系信任程度越高，农村居民的差序政府信任程度越轻微。相反，关系信任程度越低，农村居民的差序政府信任程度更为显著。由此，本书得出结论：较低的关系信任程度是农村居民差序政府信任的生成原因之一。

第二，社会网络中，工会会员、空闲时社交频率对农村居民央地政府信任和央地政府信任差的影响关系均没有达到显著性水平，其差序政府信任程度并未受到显著影响。

第三，互惠规范中，互惠规范行动仅与中央政府信任显著正相关。有互惠规范意识并愿意付诸实践的农村居民，对中央政府的信任程度更高，但其差序政府信任程度并未受到显著影响。

2. 在政治接触方面

第一，动员型政治参与和农村居民央地政府信任显著正相关，和农村居民央地政府信任差显著负相关。这意味着，农村居民参与基层选举投票等制度化的政治活动，会明显提升对中央政府和地方政府的信任程度，其差序政府信任程度更为轻微。相对来说，不参与基层选举投票等制度化的政治活动，其差序政府信任更为显著。由此，本书得出结论：动员型政治参与的缺乏，是农村居民差序政府信任的生成原因之一。

第二，抗争型政治参与和农村居民中央政府信任边缘显著正相关，和农村居民地方政府信任显著负相关，和农村居民央地政府信任差显著正相关。这意味着，有过抗争型政治参与经历的农村居民，对中央政府的信任程度略为升高，对地方政府的信任程度明显降低，其差序政府信任程度更为显著。由此，本书得出结论：抗争型政治参与经历是农村居民差序政府信任的生成原因之一。

第三，政府不公正对待与农村居民央地政府信任均显著负相关，与农村居民央地政府信任差显著正相关。这表明，农村居民在与政府打交道的过程中，如果受到了政府及其工作人员的不公正对待，会明显降低其对中央政府和地方政府的信任程度，其差序政府信任程度更为显著。由此，本书得出结论：政府不公正对待是农村居民差序政府信任的生成原因之一。

3. 在政治价值观方面

第一，威权主义价值观与中央政府信任和央地政府信任差均显著正相关。这意味着，农村居民对威权主义价值观的认同程度越高，对中央政府的信任程度越高，其差序政府信任程度更为显著。由此，本书得出结论：对威权主义价值观的较高认同程度，是农村居民差序政府信任的生成原因之一。

第二，自由主义价值观与农村居民地方政府信任显著负相关、与农村居民央地政府信任差显著正相关。这表明，农村居民对自由主义价值的认同程度越高，对地方政府的信任程度更低，其差序政府信任程度更为显著。由此，本书得出结论：对自由主义价值观的较高认同程度是农村居民差序政府信任的生成原因之一。

(三) 媒介变量影响农村居民差序政府信任的显著性分析

1. 在传统媒介方面

电视使用与农村居民地方政府信任显著负相关，与农村居民央地政府信任差显著正相关。这表明，农村居民对电视的使用频率越高，对地方政府的信任程度越低，其差序政府信任程度更为显著。由此，本书得出结论：对电视使用的较高频率，是农村居民差序政府信任的生成原因之一。

2. 在新媒介方面

互联网使用与农村居民中央政府信任边缘显著负相关，对农村居民央地政府信任差的影响关系没有达到显著性水平。这表明，农村居民对互联网的使用频率越高，对中央政府的信任程度略为升高，但对差序政府信任程度并未构成显著影响。

三、城乡居民差序政府信任生成机理的比较分析

依据表 6-2 的模型 (5)、模型 (6)，结合模型 (1)、模型 (2)、模型 (3)、模型 (4)，就制度、文化、媒介三类解释变量对城乡居民差序政府信任

的影响比较分析如下：①

（一）制度变量对城市居民差序政府信任影响的显著性及均衡性明显大于农村居民

1. 在制度规范绩效方面

对正式制度的较高遵守程度，是城市居民差序政府信任的生成原因之一，但正式制度遵守对农村居民的差序政府信任程度并未构成显著影响。这是因为，城市居民受教育程度要明显高于农村居民，很多城市居民在工作中对法律法规、政府部门政策规定有充分的了解和认知，对中央良善的立法宗旨和政策意图有更透彻的理解，因而对正式制度的遵守程度较高，进而提升了对中央政府的信任程度，在地方政府信任程度基本不变的情况下，其差序政府信任程度自然更为显著。农村居民教育程度较低，为自身和家人生计辛苦劳作，虽然从宏观上对法律法规和政府部门政策规定有着制度认同和敬畏之情，但对其了解和认知的程度大大低于城市居民，因而也就无法深入考量和比较中央和地方在立法宗旨和政策意图上的差别，因而对正式制度的较高遵守程度，虽然显著提升了央地政府信任程度，但并未显著影响其差序政府信任程度。

2. 在绩效理性认知方面

家庭经济档次认同均显著影响了城乡居民的差序政府信任，但其影响方向完全相反。这是因为，当代中国城乡的经济发展水平存在着巨大的差异，由此塑造了城乡居民不同的政府信任倾向。首先，对于农村居民来讲，农村的经济发展水平较低，农村居民更看重地方政府的经济发展绩效。因而，当地方政府有着良好的经济发展绩效，进而惠及和促进了家庭经济状况的改善之时，农村居民对地方政府的信任程度就会明显提升。在既定的中央政府信任水平之下，就会对其差序政府信任程度起到弱化作用。相反，当地方政府较低的经济发展绩效无法改善农村居民的家庭经济状况之时，农村居民的地方政府信任程度就会明显下降。在既定的中央政府信任水平之下，就会对其差序政府信任程度起到强化作用。因此，对家庭经济档次的较低认同程度是农村居民差序政府信任的生成原因之一。其次，对于城市居民来讲，较高的经济发展水平使其家庭经

---

① 需要说明的是，在本部分以及下文中关于西部、中部和东部居民差序政府信任生成机理的比较分析中，主要比较城乡差异和区域差异并进行解释。与全国层面差序政府信任总体生成机理的结论是基本相同的，请参考全国总体层面生成机理的相关解释，在此不再赘述，特此说明。

济状况有了明显改善，其对政府绩效的认知更加理性与多元，开始趋向于后物质主义价值观。拥有后物质主义价值观的居民对政府的期待更高，甚至以批判性的眼光来看待政府的经济发展绩效。因此，城市居民对地方政府的期望不仅仅局限于经济发展绩效，对地方政府及其工作人员的评价标准也更趋多元与综合，诸如地方政府的施政动机、腐败程度、环境治理、公共设施等皆在城市居民的评价范畴之内。当地方政府在这些方面的表现不尽如人意之时，较高的家庭经济档次认同程度反而明显降低了城市居民的地方政府信任水平。这样，在既定的中央政府信任水平之下，就起到了强化差序政府信任程度的作用。因此，对家庭经济档次的较高认同程度则是城市居民差序政府信任的生成原因之一。

3. 在相对剥夺感层面

首先，社会公平感均显著影响了城乡居民的差序政府信任程度，并且影响方向完全一致：城乡居民对社会公平的整体感知程度越高，对央地政府信任均有明显的托举作用，但对地方政府信任的托举作用明显大于对中央政府信任的托举作用。因而，较高的社会公平感知程度起到了弱化城乡居民差序政府信任程度的作用。相反，较低的社会公平感知程度，就起到了强化城乡居民差序政府信任程度的作用。因此，较低的社会公平感知程度，均构成了城乡居民差序政府信任的生成原因之一。

其次，较低的收入公平感知程度，是城市居民差序政府信任的生成原因之一，但收入公平感知对农村居民的差序政府信任没有显著影响。这是因为，对城市居民来说，自身收入公平感知不仅是地方政府经济发展绩效的简单投射，实质上也是地方政府综合治理绩效的现实表征；不仅是自身收入的单纯经济认知，而且是在与社会平均水平进行比较后得出的主观结论。因而，城市居民对自身收入的公平感知程度越高，就代表着对地方政府综合绩效的整体肯定以及对自身经济社会地位的相对满足，对地方政府的信任水平就会明显升高，在既定的中央政府信任水平之下，就起到了弱化差序政府信任程度的作用。相反，城市居民对自身收入的公平感知程度越低，其差序政府信任程度就会更为显著。因此，较低的收入公平感知程度，是城市居民差序政府信任的生成原因之一。

综合以上分析，就农村居民而言，仅有绩效理性认知中的家庭经济档次认同与相对剥夺感中的社会公平感对其差序政府信任程度构成负向的显著影响，制度规范绩效对其未构成显著影响。就城市居民而言，制度规范绩效中的正式制度遵守、绩效理性认知中的家庭经济档次认同、相对剥夺感中的社会公平感与收入公平感对其差序政府信任程度均构成显著影响。由此，本书得出结论：制度变量对城市居民差序政府信任影响的显著性及均衡性明显大于农村居民。

（二）文化变量中的社会资本、政治接触与政治价值观分别对城乡居民差序政府信任构成最主要的显著影响

1. 在社会资本层面

第一，关系信任程度对城乡居民的差序政府信任程度均具有显著影响，并且两者影响方向完全一致：较低的关系信任程度均为城乡居民差序政府信任的生成原因之一。这是因为，关系信任表征着城乡居民与家里人、亲戚外的各类人群（朋友、同事、领导干部、生意人、同学、老乡）的信任关系。一方面，关系信任在人际信任中的权重最大，而人际信任对政府信任产生溢出效应，因而，较高的关系信任程度对央地政府信任均具有显著的托举作用。另一方面，朋友、同事、领导干部、生意人、同学、老乡等与地方政府及其工作人员总会存在直接或间接的联系，关系信任程度较高的居民在与地方政府及其工作人员打交道的过程中更具有人脉优势，常常受到"优待"。因而，较高的关系信任程度对城乡居民地方政府信任的托举作用明显大于对中央政府信任的托举作用，因而其差序政府信任程度更为轻微。相反，较低的关系信任程度，就成为城乡居民差序政府信任的共同生成原因之一。

第二，工会等正式社团组织参与的缺乏，是城市居民差序政府信任的生成原因之一，对农村居民的差序政府信任程度并未产生显著影响。这是因为，农村居民因为农业生产的地域特点和较低教育程度的限制，参与正式社团组织的可能性和数量要大大低于城市居民，因而对央地政府信任和央地政府信任差未构成显著影响。城市居民参与正式社团组织的数量以及参与质量都要大大优于农村居民，通过促进地方政府信任水平的提升而起到正向弥合差序政府信任的积极作用。

第三，互惠规范行动对城市居民的差序政府信任程度具有正向的显著影响，但对农村居民的差序政府信任程度并没有显著影响。这可能是因为，城市居民大都教育程度较高，具有固定的工作单位和稳定的职业，由国家财政支付薪水，在履行工作职责的过程中往往需要相互配合或合作，具有一定的集体荣誉感或社会责任感，愿意采取互惠规范行动。因而，愿意采取互惠规范行动的城市居民对中央政府的信任程度较高。又由于"批判性公民"的特质，城市居民对地方政府的绩效期待内容全面，标准较高，而地方政府的实际表现又与

其期待相去甚远，因而对地方政府的信任程度明显降低。因此，有互惠规范行动的城市居民，其差序政府信任程度更为显著。对于农村居民来讲，愿意采用互惠规范行动意味着其具有相对较强的规则意识和制度认同，因而对中央政府的信任程度更高，但并未显著影响到地方政府的信任程度，因而对其差序政府信任程度未构成显著影响。

2. 在政治接触方面

动员型政治参与的缺乏、受到政府不公正对待均为城乡居民差序政府信任生成的原因，而抗争型政治参与的经历仅是农村居民差序政府信任的生成原因之一，并未对城市居民的差序政府信任程度产生显著影响。这可能是因为，农村居民参与写联名信、集体上访、请愿等抗争型政治活动，或者认为其权益受到地方政府及其工作人员直接侵犯，或者认为地方政府裁断不公，因而对地方政府的信任程度明显降低，但仍然希望上级政府秉公处理，保持着对中央政府的较高信任。这样，就使得其差序政府信任程度更为显著，从而抗争型政府政治参与经历在相当程度上生成了农村居民的差序政府信任。对于城市居民来说，参与写联名信、集体上访、请愿等抗争型政治活动，通常意味着其对中央政府和地方政府的同等不满，对中央政府和地方政府的信任程度均产生了大体均衡的明显下降作用，因而对其差序政府信任程度未构成显著影响。

3. 在政治价值观方面

对威权主义价值观的较高认同程度是农村居民差序政府信任的生成原因之一，但并未对城市居民的差序政府信任程度产生显著影响。对自由主义价值观的较高认同程度，同样构成农村居民差序政府信任的生成原因之一，同样未对城市居民的差序政府信任程度产生显著影响。这说明，农村居民的差序政府信任程度深受政治价值观的影响。由于威权主义价值观对农村居民的中央政府信任具有明显的托举作用，而对农村居民的地方政府信任并没有显著影响。这样，在既定的地方政府信任水平之下，威权主义价值观便使得农村居民的差序政府信任程度更为显著。威权主义价值观对城市居民的央地政府信任均具有明显的托举作用，但其托举力度大体相当，因而对城市居民的差序政府信任程度并未构成显著影响。在自由主义价值观层面，由于其对农村居民的地方政府信任具有明显的下降作用，在既定的中央政府信任水平之下，农村居民的差序政府信任程度更为显著。对于城市居民来讲，自由主义价值观对城市居民央地政府信任均具有轻微程度的下降作用，但其下降程度大体均衡，因而对城市居民的差序政府信任程度没有显著影响。综合以上分析，就农村居民而言，政治接

触类与政治价值观类自变量均对其差序政府信任程度具有显著影响，社会资本
类自变量仅有关系信任对其具有显著影响。就城市居民而言，社会资本类中的
关系信任、工会会员与互惠规范行动均对其差序政府信任程度具有显著影响，
对社会资本的三个构成要素（人际信任、社会网络与互惠规范）全部涵盖；
政治接触类中的抗争型政治参与以及政治价值观类自变量均对其没有显著影
响。由此，本书得出结论：在文化变量中，政治接触与政治价值观是显著影响
农村居民差序政府信任程度的最主要因素，社会资本则是显著影响城市居民差
序政府信任程度的最主要因素。

（三）媒介变量中的互联网使用和电视使用分别与城乡居民差序政
府信任显著负相关和显著正相关

1. 在传统媒介方面

较高的电视使用频率是农村居民差序政府信任的生成原因之一，但电视使
用对城市居民的差序政府信任程度并没有显著影响。这是因为，农村居民对电
视使用的频率较高，对地方政府信任程度产生了明显的下降作用，但却无助于
中央政府信任程度的提升。在既定的中央政府信任水平之下，便使得其差序政
府信任更为显著。对城市居民来讲，较高的电视使用频率对城市居民央地政府
信任均具有明显的托举力度，但托举力度大体相当，因而对城市居民的差序政
府信任程度没有显著影响。

2. 在新媒介方面

较低的互联网使用频率则是城市居民差序政府信任的生成原因之一，但互
联网使用对农村居民的差序政府信任程度并没有显著影响。这是因为，较高的
互联网使用频率，对城市居民的中央政府信任具有明显的下降作用，而对城市
居民的地方政府信任程度几乎没有影响，从而使得其差序政府信任程度更为轻
微。相反，较低的互联网使用频率就会使得城市居民的差序政府信任更为显
著。对于农村居民来讲，较高的互联网使用频率仅仅对中央政府信任具有轻微
程度的下降作用，而对地方政府信任程度几乎没有影响，因而其对农村居民的
差序政府信任程度没有显著影响。

综合以上分析，电视使用对农村居民的差序政府信任程度具有正向的显著
影响关系，互联网使用则对城市居民的差序政府信任程度具有负向的显著影
响。由此，本书得出结论：在媒介变量中，互联网使用和电视使用分别与城乡
居民差序政府信任存在显著负相关和显著正相关。

第二节　西、中、东部居民多元
回归模型的结果分析

有关因变量与自变量设定与数据处理的详细说明请参阅第五章第一节第二部分。表6-3是区域层面变量描述性统计的基本情况。为了准确揭示西、中、东部居民差序政府信任的生成机理并进行比较研究，本章分别以中央政府信任、地方政府信任和央地政府信任差作为因变量，一次性纳入除西部地区变量、东部地区变量以外的其他自变量，以西部、中部和东部作为选择变量，分别构建九个多元线性回归模型，如表6-4所示。需要说明的是，本节仅分析制度、文化、媒介三类解释变量对西、中、东部居民差序政府信任的影响，对于地理分布（城乡）与人口特征两类控制变量不再进行分析。

表6-3　区域层面变量描述性统计

类别（样本数）		西部（1429）		中部（1876）		东部（1636）	
		均值	标准差	均值	标准差	均值	标准差
因变量							
中央政府信任		4.77	0.486	4.62	0.581	4.54	0.658
地方政府信任		3.01	1.056	2.93	0.925	2.95	0.971
央地政府信任差		1.76	0.993	1.68	0.874	1.59	0.873
自变量							
控制变量	地理分布	城乡	0.50	0.500	0.54	0.499	0.24	0.430
	人口特征	性别	0.50	0.500	0.49	0.500	0.54	0.499
		年龄	46.19	15.269	47.90	14.264	47.96	15.914
		年龄平方	2366.69	1499.512	2498.09	1415.837	2553.41	1581.428
		教育程度	4.18	2.615	4.15	2.371	5.48	3.112
		政治面貌	0.11	0.319	0.10	0.299	0.16	0.371

续表

类别（样本数）			西部（1429）		中部（1876）		东部（1636）	
			均值	标准差	均值	标准差	均值	标准差
制度变量	制度规范绩效	正式制度遵守	4.63	0.545	4.60	0.519	4.70	0.469
	绩效理性认知	家庭经济档次认同	2.56	0.776	2.55	0.774	2.68	0.739
		参加社会保障	0.92	0.278	0.88	0.321	0.90	0.297
		政府减少贫富差距能力认同	3.63	1.130	3.57	0.938	3.49	1.106
	相对剥夺感	社会公平感	2.97	1.169	2.89	1.027	2.74	1.078
		收入公平感	2.89	1.315	2.74	1.149	2.74	1.248
		目前与十年前社会等级认同差值	0.82	1.826	0.69	1.539	0.52	1.712
文化变量	社会资本	关系信任	3.23	0.607	3.26	0.536	3.26	0.529
		亲缘信任	4.42	0.563	4.50	0.477	4.48	0.493
		普遍信任	3.53	1.145	3.45	1.087	3.38	1.139
		工会会员	0.18	0.382	0.15	0.360	0.34	0.473
		空闲时社交频率	2.52	1.070	2.60	0.940	2.71	1.042
		互惠规范行动	0.85	0.354	0.79	0.409	0.80	0.403
文化变量	政治接触	动员型政治参与	0.50	0.500	0.48	0.500	0.47	0.499
		抗争型政治参与	0.03	0.165	0.02	0.130	0.03	0.165
		受到政府不公正对待	0.16	0.364	0.12	0.330	0.11	0.313
	政治价值观	威权主义价值观	4.20	0.641	3.95	0.628	3.97	0.715
		自由主义价值观	3.80	0.871	3.78	0.706	3.98	0.792
媒介变量	传统媒介	电视使用	4.10	0.965	4.13	0.928	4.23	0.928
	新媒介	互联网使用	1.59	1.170	1.58	1.153	2.21	1.542

注：因统计中涉及四舍五入，故存在中央政府信任均值与地方政府信任均值之差不完全等于央地政府信任差的情况。

资料来源：笔者基于变量设计制作，均值与标准差系运用 SPSS 22.0 软件统计而得。

表6-4 区域居民差序政府信任生成机理的回归分析

自变量		中央政府信任			地方政府信任			央地政府信任差		
		西部（1）	中部（2）	东部（3）	西部（4）	中部（5）	东部（6）	西部（7）	中部（8）	东部（9）
（常量）		3.205*** (0.204)	1.854*** (0.228)	1.917*** (0.256)	0.964* (0.436)	0.564 (0.360)	0.804* (0.380)	2.240*** (0.422)	1.290*** (0.354)	1.113** (0.361)
地理分布变量	城乡[a]	0.017 (0.027)	0.056* (0.030)	0.019 (0.039)	-0.034 (0.059)	0.017 (0.048)	-0.091*** (0.058)	0.044 (0.057)	0.019 (0.047)	0.116*** (0.055)
	性别[b]	0.063* (0.025)	-0.007 (0.026)	0.025 (0.030)	-0.009 (0.053)	-0.038+ (0.041)	-0.038+ (0.045)	0.040 (0.051)	0.035 (0.040)	0.061* (0.042)
	年龄	0.153 (0.005)	0.350** (0.005)	-0.280* (0.006)	-0.203 (0.010)	-0.112 (0.009)	-0.328* (0.008)	0.290+ (0.010)	0.352** (0.008)	0.154 (0.008)
人口特征变量	年龄平方	-0.104 (0.000)	-0.288* (0.000)	0.251+ (0.000)	0.158 (0.000)	0.132 (0.000)	0.318* (0.000)	-0.219 (0.000)	-0.332* (0.000)	-0.165 (0.000)
	教育程度	-0.096** (0.007)	-0.049 (0.007)	-0.093** (0.007)	-0.034 (0.014)	0.010 (0.012)	0.001 (0.010)	-0.011 (0.014)	-0.043 (0.012)	-0.071* (0.009)
	政治面貌[c]	0.027 (0.044)	-0.011 (0.046)	0.040 (0.044)	0.025 (0.093)	-0.030 (0.073)	0.062* (0.066)	-0.013 (0.090)	0.024 (0.072)	-0.039 (0.063)

续表

自变量		中央政府信任			地方政府信任			央地政府信任差		
		西部（1）	中部（2）	东部（3）	西部（4）	中部（5）	东部（6）	西部（7）	中部（8）	东部（9）
制度变量	制度规范绩效 正式制度遵守	0.049+ (0.023)	0.152*** (0.025)	0.114*** (0.032)	0.035 (0.049)	0.035 (0.039)	0.010 (0.048)	-0.013 (0.047)	0.065** (0.039)	0.075** (0.046)
	绩效理性认知 家庭经济档次认同	-0.004 (0.017)	-0.012 (0.018)	-0.007 (0.022)	-0.019 (0.036)	0.044+ (0.029)	-0.044+ (0.032)	0.018 (0.035)	-0.054* (0.028)	0.044+ (0.030)
	参加社会保障d	-0.009 (0.044)	0.029 (0.040)	0.011 (0.050)	-0.007 (0.095)	0.016 (0.063)	-0.001 (0.075)	0.003 (0.091)	0.002 (0.062)	0.009 (0.071)
	政府减少贫富差距能力认同	0.004 (0.011)	0.022 (0.014)	0.081*** (0.013)	0.018 (0.023)	-0.008 (0.021)	0.021 (0.020)	-0.017 (0.022)	0.023 (0.021)	0.038 (0.019)
	相对剥夺感 社会公平感	0.079** (0.011)	0.072** (0.013)	0.124*** (0.015)	0.163*** (0.024)	0.178*** (0.021)	0.209*** (0.022)	-0.135*** (0.024)	-0.141*** (0.021)	-0.139*** (0.021)
	收入公平感	0.034 (0.010)	0.019 (0.012)	0.001 (0.013)	0.068** (0.021)	0.000 (0.019)	0.024 (0.019)	-0.056* (0.020)	0.012 (0.018)	-0.026 (0.018)
	目前与十年前社会等级认同差值	0.009 (0.007)	-0.049* (0.009)	-0.007 (0.009)	-0.033 (0.015)	-0.019 (0.014)	-0.019 (0.013)	0.039 (0.014)	-0.013 (0.013)	0.016 (0.013)

续表

自变量		中央政府信任			地方政府信任			央地政府信任差		
		西部 (1)	中部 (2)	东部 (3)	西部 (4)	中部 (5)	东部 (6)	西部 (7)	中部 (8)	东部 (9)
社会资本	关系信任	0.135*** (0.023)	0.057* (0.026)	0.139*** (0.032)	0.228*** (0.050)	0.209*** (0.041)	0.219*** (0.047)	-0.176*** (0.049)	-0.183*** (0.041)	-0.139*** (0.045)
	亲缘信任	0.039 (0.024)	0.101*** (0.029)	0.077** (0.032)	0.056* (0.052)	0.037 (0.046)	0.002 (0.048)	-0.041 (0.050)	0.028 (0.045)	0.056* (0.046)
	普通信任	0.083** (0.011)	0.066*** (0.012)	0.038 (0.014)	-0.006 (0.024)	0.070** (0.019)	0.032 (0.020)	0.047+ (0.023)	-0.030 (0.019)	-0.008 (0.019)
	工会会员[e]	-0.004 (0.038)	0.023 (0.041)	0.047+ (0.037)	0.018 (0.081)	0.034 (0.065)	0.096*** (0.055)	-0.021 (0.078)	-0.021 (0.063)	-0.071* (0.053)
	空闲时社交频率	0.007 (0.012)	0.013 (0.014)	0.006 (0.015)	0.057* (0.026)	-0.009 (0.022)	0.010 (0.022)	-0.057* (0.025)	0.019 (0.022)	-0.007 (0.021)
	互惠规范行动	0.038 (0.035)	0.064** (0.031)	-0.003 (0.038)	-0.056* (0.075)	0.001 (0.049)	-0.015 (0.056)	0.078** (0.072)	0.042+ (0.048)	0.014 (0.053)
政治接触	动员型政治参与[f]	0.014 (0.026)	0.048* (0.027)	0.065** (0.031)	0.083** (0.056)	0.046 (0.042)	0.105*** (0.046)	-0.082* (0.055)	-0.017 (0.041)	-0.067** (0.044)
	抗争型政治参与[g]	-0.015 (0.074)	-0.018 (0.097)	-0.010 (0.089)	-0.052 (0.157)	-0.068** (0.153)	-0.031 (0.133)	0.047+ (0.152)	0.060** (0.151)	0.027 (0.126)
文化变量	政府不公正对待[h]	0.010 (0.034)	-0.034 (0.039)	-0.091*** (0.048)	-0.113*** (0.073)	-0.130*** (0.061)	-0.123*** (0.071)	0.125*** (0.070)	0.115*** (0.060)	0.069** (0.068)

续表

自变量		中央政府信任			地方政府信任			央地政府信任差		
		西部（1）	中部（2）	东部（3）	西部（4）	中部（5）	东部（6）	西部（7）	中部（8）	东部（9）
文化变量	政治价值观 威权主义价值观	0.155*** (0.020)	0.123*** (0.021)	0.175*** (0.023)	0.027 (0.043)	0.039+ (0.033)	0.109*** (0.034)	0.047+ (0.042)	0.041+ (0.033)	0.011 (0.032)
	自由主义价值观	-0.035 (0.014)	-0.041+ (0.018)	-0.019 (0.019)	-0.068** (0.030)	-0.067** (0.029)	-0.020 (0.028)	0.056* (0.029)	0.044+ (0.028)	0.008 (0.027)
媒介变量	传统媒介 电视使用	0.033 (0.013)	0.045* (0.014)	0.064** (0.016)	0.002 (0.028)	0.014 (0.022)	0.009 (0.024)	0.014 (0.027)	0.015 (0.021)	0.038 (0.023)
	新媒介 互联网使用	-0.057+ (0.014)	-0.031 (0.014)	-0.070* (0.014)	0.011 (0.031)	0.001 (0.023)	0.030 (0.020)	-0.039 (0.030)	-0.021 (0.022)	-0.086* (0.019)
F		10.569***	14.583***	18.291***	12.593***	16.075***	17.558***	9.025***	9.606***	9.179***
R^2		0.164	0.170	0.228	0.189	0.184	0.221	0.143	0.119	0.129
N		1429	1876	1636	1429	1876	1636	1429	1876	1636

注：①表中数字为标准化系数，括号内数字为标准误。显著性水平标识：*** 表示 $P<0.001$；** 表示 $P<0.01$；* 表示 $P<0.05$；+表示 $P<0.1$；②分类变量参照组：a—城市；b—女性；c—非共产党员；d—未参加社会保障；e—非工会成员；f—不会采取；g—未参与；h—未受到政府不公正对待。

一、西部居民差序政府信任的生成机理

依据表6-4中的模型（1）、模型（4）、模型（7），就制度、文化、媒介三类解释变量对西部居民差序政府信任的影响分析如下：

（一）制度变量影响西部居民差序政府信任的显著性分析

首先，在制度规范绩效方面，正式制度遵守与西部居民中央政府信任边缘显著正相关，对西部居民央地政府信任差的影响关系没有达到显著性水平。这表明，西部居民对法律法规、政府政策等正式制度的遵守程度越高，对中央政府的信任程度略高，但正式制度遵守对西部居民的差序政府信任程度并没有显著影响。

其次，在绩效理性认知方面。家庭经济档次认同、参加社会保障和政府减少贫富差距能力认同三个变量对西部居民央地政府信任和央地政府信任差的影响关系均没有达到显著性水平，因而其差序政府信任程度并未受到这三个因素的显著影响。

最后，在相对剥夺感方面。第一，社会公平感与西部居民央地政府信任显著正相关，与西部居民央地政府信任差显著负相关。这表明，西部居民对社会公平的整体感知程度越高，对中央政府和地方政府的信任程度越高，其差序政府信任程度更为轻微。相反，西部居民对社会公平的整体感知程度越低，其差序政府信任更为显著。由此，本书得出结论：较低的社会公平感知程度，是西部居民差序政府信任的生成原因之一。第二，收入公平感与西部居民地方政府信任显著正相关，与西部居民央地政府信任差显著负相关。这表明，西部居民对自身收入的公平感知程度越高，对地方政府的信任程度越高，其差序政府信任程度更为轻微。相反，西部居民对自身收入的公平感知程度越低，其差序政府信任程度更为显著。由此，本书得出结论：较低的收入公平感知程度，是西部居民差序政府信任的生成原因之一。第三，目前与十年前社会等级认同差值对西部居民央地政府信任和央地政府信任差的影响关系没有达到显著性水平，对西部居民的差序政府信任程度没有显著影响。

(二) 文化变量影响西部居民差序政府信任的显著性分析

1. 在社会资本方面

首先，人际信任中，关系信任与西部居民央地政府信任显著正相关，与西部居民央地政府信任差显著负相关。这表明，西部居民的关系信任程度越高，对中央政府和地方政府的信任程度越高，其差序政府信任程度更为轻微。相反，西部居民的关系信任程度越低，其差序政府信任程度更为显著。由此，本书得出结论：较低的关系信任程度是西部居民差序政府信任的生成原因之一。亲缘信任与西部居民地方政府信任显著正相关，对西部居民央地政府信任差的影响关系并没有达到显著性水平。这表明，西部居民的亲缘信任程度越高，对地方政府的信任程度越高，但亲缘信任对其差序政府信任程度并没有显著影响。普遍信任与西部居民中央政府信任显著正相关，与西部居民央地政府信任差边缘显著正相关。这意味着，西部居民的普遍信任程度越高，对中央政府的信任程度越高，其差序政府信任程度略为显著。

其次，社会网络中，空闲时社交频率与西部居民地方政府信任显著正相关，与西部居民央地政府信任差显著负相关。这表明，西部居民空闲时间的社交频率越高，对地方政府的信任水平越高，其差序政府信任程度更为轻微。相反，西部居民空闲时间的社交频率越低，其差序政府信任程度更为显著。由此，本书得出结论：较低的空闲时社交频率，是西部居民差序政府信任的生成原因之一。工会会员对西部居民的央地政府信任和央地政府信任差的影响关系均没有达到显著性水平，因而正式社团参与对西部居民的差序政府信任程度没有显著影响。

最后，互惠规范中，互惠规范行动与西部居民地方政府信任显著负相关，与西部居民央地政府信任差显著正相关。这表明，有互惠规范意识并愿意付诸实践的西部居民，对地方政府的信任程度明显降低，其差序政府信任程度更为显著。由此，本书得出结论：互惠规范行动是西部居民差序政府信任的生成原因之一。

2. 在政治接触方面

首先，动员型政治参与和西部居民地方政府信任显著正相关，和西部居民央地政府信任差显著负相关。这意味着，西部居民参与基层选举投票等制度化的政治参与活动，会明显提升对地方政府的信任程度，其差序政府信任程度更为轻微。由此，本书得出结论：动员型政治参与活动的缺乏，是西部居民差序政府信任的生成原因之一。

其次，抗争型政治参与和西部居民地方政府信任显著负相关，与西部居民央地政府信任差边缘显著正相关。这意味着，有过抗争型政治参与经历的西部居民，对地方政府的信任程度明显降低，其差序政府信任程度略为显著。

最后，政府不公正对待与西部居民地方政府信任显著负相关，与西部居民央地政府信任差显著正相关。这表明，西部居民在与政府打交道的过程中，如果受到了政府及其工作人员的不公正对待，会明显降低地方政府的信任程度，其差序政府信任程度更为显著。由此，本书得出结论：政府不公正对待是西部居民差序政府信任的生成原因之一。

3. 在政治价值观层面

首先，威权主义价值观与西部居民中央政府信任显著正相关，与西部居民央地政府信任差边缘显著正相关。这表明，西部居民对威权主义价值观的认同程度越高，对中央政府的信任程度越高，其差序政府信任程度略为显著。

其次，自由主义价值观与西部居民地方政府信任显著负相关、与西部居民央地政府信任差显著正相关。这意味着，西部居民对自由主义价值观的认同程度越高，对地方政府的信任程度越低，其差序政府信任程度更为显著。由此，本书得出结论：对自由主义价值观的较高认同程度，是西部居民差序政府信任的生成原因之一。

（三）媒介变量影响西部居民差序政府信任的显著性分析

1. 在传统媒介方面

电视使用对西部居民央地政府信任和央地政府信任差的影响关系均没有达到显著性水平，对西部居民的差序政府信任程度并没有显著影响。

2. 在新媒介方面

互联网使用与西部居民中央政府信任边缘显著负相关，对西部居民央地政府信任差的影响关系没有达到显著性水平。这表明，随着对互联网的使用频率的升高，西部居民对中央政府的信任程度略为降低，但互联网使用对西部居民的差序政府信任程度并没有显著影响。

二、中部居民差序政府信任的生成机理

依据表 6-4 中的模型（2）、模型（5）、模型（8），就解释变量对中部居

民差序政府信任的影响进行分析如下：

（一）制度变量对中部居民差序政府信任影响的显著性分析

1. 在制度规范绩效方面

正式制度遵守与中部居民中央政府信任和央地政府信任差均显著正相关。这表明，中部居民对法律法规、政府政策等正式制度的遵守程度越高，对中央政府的信任程度略为升高，其差序政府信任程度更为显著。由此，本书得出结论：较高的正式制度遵守程度，是中部居民差序政府信任的生成原因之一。

2. 在绩效理性认知方面

第一，家庭经济档次认同与中部居民地方政府信任边缘显著负相关，与中部居民央地政府信任差显著负相关。这表明，中部居民对家庭经济状况档次认同的程度越低，对地方政府的信任程度略高，其差序政府信任程度更为显著。相反，中部居民对家庭经济状况档次认同的程度越高，其差序政府信任程度更为轻微。由此，本书得出结论：较低的家庭经济档次认同程度，是中部居民差序政府信任的生成原因之一。

第二，参加社会保障和政府减少贫富差距能力认同两个变量对中部居民央地政府信任和央地政府信任差的影响关系均没有达到显著性水平，因而对中部居民差序政府信任程度未构成显著影响。

3. 在相对剥夺感方面

第一，社会公平感与中部居民央地政府信任显著正相关，与中部居民央地政府信任差显著负相关。这表明，中部居民对社会公平的整体感知程度越高，对中央政府和地方政府的信任程度越高，其差序政府信任程度更为轻微。相反，中部居民对社会公平的整体感知程度越低，其差序政府信任更为显著。由此，本书得出结论：较低的社会公平感知程度，是中部居民差序政府信任的生成原因之一。

第二，目前与十年前社会等级认同差值仅与中部居民中央政府信任显著负相关。目前与十年前社会等级认同差值和收入公平感对中部居民央地政府信任差的影响关系均没有达到显著性水平。这表明，中部居民目前与十年前的社会等级认同差值越大，对中央政府的信任程度越低。但目前与十年前社会等级认同差值和收入公平感对中部居民的差序政府信任程度均没有显著影响。

（二）文化变量对中部居民差序政府信任影响的显著性分析

1. 在社会资本方面

第一，人际信任中，关系信任与中部居民央地政府信任显著正相关，与中部居民央地政府信任差显著负相关。这表明，中部居民的关系信任程度越高，对中央政府和地方政府的信任程度越高，其差序政府信任程度更为轻微。相反，中部居民的关系信任程度越低，其差序政府信任程度更为显著。由此，本书得出结论：较低的关系信任程度是中部居民差序政府信任的生成原因之一。亲缘信任与中部居民中央政府信任显著正相关，普遍信任与中部居民央地政府信任显著正相关，但亲缘信任与普遍信任对中部居民央地政府信任差的影响关系并没有达到显著性水平。这表明，中部居民的亲缘信任程度越高，对中央政府的信任程度越高。中部居民的普遍信任程度越高，对中央政府和地方政府的信任程度越高。但亲缘信任与普遍信任对中部居民的差序政府信任程度均没有显著影响。

第二，社会网络中，工会会员、空闲时社交频率对中部居民央地政府信任和央地政府信任差的影响关系均没有达到显著性水平，因而对其差序政府信任程度并没有显著影响。

第三，互惠规范中，互惠规范行动与中部居民中央政府信任显著正相关，与中部居民央地政府信任差边缘显著正相关。这表明，有互惠规范意识并愿意付诸实践的中部居民，对中央政府的信任程度明显上升，其差序政府信任程度略为显著。

2. 在政治接触方面

第一，动员型政治参与和中部居民央地政府信任显著正相关，对中部居民央地政府信任差的影响关系没有达到显著性水平。这意味着，中部居民参与基层选举投票等制度化的政治参与活动，会明显提升对中央政府和地方政府的信任程度，但对其差序政府信任程度并没有显著影响。

第二，抗争型政治参与、政府不公正对待均与中部居民地方政府信任显著负相关，均与中部居民央地政府信任差显著正相关。这意味着，有过抗争型政治参与经历或受过政府不公正对待的中部居民，对地方政府的信任程度明显降低，其差序政府信任程度更为显著。由此，本书得出结论：抗争型政治参与、政府不公正对待均是中部居民差序政府信任的生成原因之一。

3. 在政治价值观方面

第一，威权主义价值观与中部居民中央政府信任显著正相关，与中部居民地方政府信任和央地政府信任差均边缘显著正相关。这表明，中部居民对威权主义价值观的认同程度越高，对中央政府的信任程度越高，对地方政府的信任程度略高，其差序政府信任程度略为显著。

第二，自由主义价值观与中部居民中央政府信任边缘显著负相关，与中部居民地方政府信任显著负相关，与中部居民央地政府信任差边缘显著正相关。这意味着，中部居民对自由主义价值观的认同程度越高，对中央政府的信任程度略低，对地方政府的信任程度明显降低，其差序政府信任程度略为显著。

(三) 媒介变量对中部居民差序政府信任影响的显著性分析

1. 在传统媒介方面

电视使用与中部居民中央政府信任显著正相关，对中部居民央地政府信任差的影响关系没有达到显著性水平。

2. 在新媒介方面

互联网使用对中部居民央地政府信任和央地政府信任差的影响关系均没有达到显著性水平。这表明，中部居民对电视的使用频率越高，对中央政府的信任程度越高，但电视使用与互联网使用对中部居民的差序政府信任程度均没有显著影响。

三、东部居民差序政府信任的生成机理

依据表 6-4 中的模型（3）、模型（6）、模型（9），就制度、文化、媒介三类解释变量对东部居民差序政府信任的影响进行分析如下：

(一) 制度变量对东部居民差序政府信任影响的显著性分析

1. 在制度规范绩效方面

正式制度遵守与东部居民中央政府信任和央地政府信任差均显著正相关。这表明，东部居民对法律法规、政府政策等正式制度的遵守程度越高，对中央政府的信任程度越高，其差序政府信任程度更为显著。由此，本书得出结论：对正式制度的较高遵守程度，是东部居民差序政府信任的生成原因之一。

2. 在绩效理性认知方面

第一，家庭经济档次认同与东部居民地方政府信任边缘显著负相关，与东部居民央地政府信任差边缘显著正相关。这表明，随着对家庭经济档次认同的程度的提高，东部居民对地方政府的信任程度略为降低，其差序政府信任程度略为显著。

第二，政府减少贫富差距能力认同仅与东部居民中央政府信任显著正相关。参加社会保障和政府减少贫富差距能力认同两个变量对东部居民央地政府信任差的影响关系均没有达到显著性水平。这表明，东部居民对政府减少贫富差距能力认同程度越高，对中央政府的信任程度越高。参加社会保障和政府减少贫富差距能力认同对东部居民的差序政府信任程度均没有显著影响。

3. 在相对剥夺感方面

第一，社会公平感与东部居民央地政府信任显著正相关，与东部居民央地政府信任差显著负相关。这表明，东部居民对社会公平的整体感知程度越高，对中央政府和地方政府的信任程度越高，其差序政府信任程度更为轻微。相反，东部居民对社会公平的整体感知程度越低，其差序政府信任更为显著。由此，本书得出结论：较低的社会公平感知程度，是东部居民差序政府信任的生成原因之一。

第二，收入公平感、目前与十年前社会等级认同差值对东部居民央地政府信任和央地政府信任差的影响关系均没有达到显著性水平，因而对东部居民的差序政府信任程度均没有显著影响。

(二) 文化变量对东部居民差序政府信任影响的显著性分析

1. 在社会资本方面

首先，人际信任中：其一，关系信任与东部居民央地政府信任显著正相关，与东部居民央地政府信任差显著负相关。这表明，东部居民的关系信任程度越高，对中央政府和地方政府的信任程度越高，其差序政府信任程度更为轻微。相反，东部居民的关系信任程度越低，其差序政府信任程度更为显著。由此，本书得出结论：较低的关系信任程度是东部居民差序政府信任的生成原因之一。其二，亲缘信任与东部居民中央政府信任显著正相关，与东部居民央地政府信任差显著正相关。这表明，东部居民的亲缘信任程度越高，对中央政府的信任程度越高，其差序政府信任程度更为显著。由此，本书得出结论：较高的亲缘信任程度是东部居民差序政府信任的生成原因之一。其三，普遍信任对东部居民的央地政府信任和央地政府信任差的影响关系均没有达到显著性水平，因而对其差序政府信任程度没有显著影响。

其次，社会网络中：其一，工会会员与东部居民中央政府信任边缘显著正相关，与东部居民地方政府信任显著正相关，与东部居民央地政府信任差显著负相关。这表明，参与工会等正式社团组织的东部居民，对中央政府的信任程度略高，对地方政府的信任水平更高，其差序政府信任程度更为轻微。相反，不参与工会等正式社团组织的东部居民，其差序政府信任程度更为显著。由此，本书得出结论：工会等正式社团组织参与的缺乏，是东部居民差序政府信任的生成原因之一。其二，空闲时社交频率对东部居民央地政府信任和央地政府信任差的影响关系均没有达到显著性水平，因而对其差序政府信任程度没有显著影响。

最后，互惠规范中，互惠规范行动对东部居民的央地政府信任和央地政府信任差的影响关系均没有达到显著性水平，因而对其差序政府信任程度并没有显著影响。

2. 在政治接触方面

首先，动员型政治参与和东部居民央地政府信任均显著正相关，和东部居民央地政府信任差显著负相关。这意味着，东部居民参与基层选举投票等制度化的政治参与活动，会明显提升对中央政府和地方政府的信任程度，其差序政府信任程度更为轻微。相反，未参与基层选举投票等制度化的政治参与活动的东部居民，其差序政府信任程度更为显著。由此，本书得出结论：动员型政治参与的缺乏，是东部居民差序政府信任的生成原因之一。

其次，抗争型政治参与对东部居民的央地政府信任和央地政府信任差的影响关系均没有达到显著性水平，因而对其差序政府信任程度并没有显著影响。

最后，政府不公正对待与东部居民央地政府信任均显著负相关，与东部居民央地政府信任差显著正相关。这表明，东部居民在与政府打交道的过程中，如果受到了政府及其工作人员的不公正对待，会明显降低对中央政府和地方政府的信任程度，其差序政府信任程度更为显著。由此，本书得出结论：政府不公正对待是东部居民差序政府信任的生成原因之一。

3. 在政治价值观方面

首先，威权主义价值观与东部居民央地政府信任显著正相关，对东部居民央地政府信任差的影响关系没有达到显著性水平。这表明，东部居民对威权主义价值观的认同程度越高，对中央政府和地方政府的信任程度越高，但威权主义价值观对其差序政府信任程度并没有显著影响。

其次，自由主义价值观对东部居民的央地政府信任和央地政府信任差的影响关系均没有达到显著性水平，因而对其差序政府信任程度并没有显著影响。

（三）媒介变量对东部居民差序政府信任影响的显著性分析

1. 在传统媒介方面

电视使用与东部居民中央政府信任显著正相关，对东部居民央地政府信任差的影响关系没有达到显著性水平。这表明，东部居民对电视使用的频率越高，对中央政府的信任程度越高，但电视使用对东部居民的差序政府信任程度没有显著影响。

2. 在新媒介方面

互联网使用与东部居民中央政府信任和央地政府信任差均显著负相关。这表明，东部居民对互联网的使用频率越高，对中央政府的信任程度越低，其差序政府信任程度更为轻微。相反，东部居民对互联网的使用频率越低，其差序政府信任程度更为显著。由此，本书得出结论：较低的互联网使用频率，是东部居民差序政府信任的生成原因之一。

四、西、中、东部居民差序政府信任生成机理的比较分析

依据表6-4中的模型（7）、模型（8）、模型（9），结合模型（1）至模型（6），就制度、文化、媒介三类解释变量对西部、中部和东部居民差序政府信任的影响比较分析如下：

（一）制度变量对中部居民差序政府信任显著影响的均衡性明显强于东、西部居民

1. 在制度规范绩效方面

对正式制度的较高遵守程度，均是中部居民和东部居民差序政府信任的生成原因之一，但正式制度遵守对西部居民的差序政府信任程度并未构成显著影响。这是因为，中部和东部居民的教育程度要明显高于西部居民，他们在生活和工作中对法律法规、政府部门政策规定有充分的了解和认知，对中央良善的立法宗旨和政策意图有更透彻的理解，因而对正式制度的遵守程度较高，进而提升了对中央政府的信任程度，在地方政府信任程度基本不变的情况下，其差

序政府信任程度自然更为显著。西部居民教育程度较低，为自身和家人生计辛苦劳作，虽然从宏观上对法律法规和政府部门政策规定有着制度认同和敬畏之情，但对其了解和认知的程度大大低于中部和东部居民，因而也就无法深入考量和比较中央和地方在立法宗旨和政策意图上的差别，因而对正式制度有较高遵守程度，对中央政府信任仅具有较低程度的托举作用，但不足以显著影响其差序政府信任程度。

2. 在绩效理性认知方面

家庭经济档次认同对西部居民的差序政府信任程度没有显著影响，但均在一定程度上影响了中部居民和东部居民的差序政府信任程度，且影响方向完全相反。这是因为，中部和东部的经济发展水平存在着较大的差异，由此塑造了中部和东部居民不同的政府信任倾向。其一，对于中部居民来讲，由于经济发展水平较低，中部居民较为看重地方政府的经济发展绩效。因而，当地方政府有着良好的经济发展绩效，进而惠及和促进了家庭经济状况的改善之时，中部居民对地方政府的信任程度就会略有提升。在既定的中央政府信任水平之下，就会对其差序政府信任程度起到弱化作用。相反，当地方政府较低的经济发展绩效无法改善中部居民的家庭经济状况之时，中部居民的地方政府信任程度就会下降。在既定的中央政府信任水平之下，就会对其差序政府信任程度起到强化作用。因此，对家庭经济档次的较低认同程度是中部居民差序政府信任的生成原因之一。其二，对于东部居民来讲，由于经济发展水平较高，东部居民的家庭经济状况有了明显改善，加之受其较高教育程度的影响，开始趋向于后物质主义价值观。拥有后物质主义价值观的居民对政府的期待更高，甚至以批判性的眼光来看待政府的经济发展绩效。因此，东部居民对地方政府的期望不仅仅局限于经济发展绩效，对地方政府及其工作人员的评价标准也更趋多元与综合，诸如地方政府的施政动机、腐败程度、环境治理、公共设施等皆在城市居民的评价范畴之内。当地方政府在这些方面的表现不尽如人意时，较高的家庭经济档次认同程度反而降低了城市居民的地方政府信任水平。这样，在既定的中央政府信任水平之下，就在较低程度上起到了强化差序政府信任程度的作用。因此，对家庭经济档次的较高认同程度使得东部居民的差序政府信任程度略为显著。

3. 在相对剥夺感层面

其一，社会公平感均显著影响了西部、中部和东部居民的差序政府信任程度，并且影响方向完全一致：居民对社会公平的整体感知程度越高，对央地政府信任托举作用越大，但由于对地方政府信任的托举作用明显大于对中央政府信任的托举作用，较高的社会公平感知程度起到了弱化居民差序政府信任程度的作用。相反，较低的社会公平感知程度，就起到了强化居民差序政府信任程度的作用。因此，较低的社会公平感知程度，均构成西部、中部和东部居民差序政府信任的生成原因之一。

其二，较低的收入公平感知程度，是西部居民差序政府信任的生成原因之一，但收入公平感对中部和东部居民的差序政府信任程度没有显著影响。这是因为，对西部居民来说，自身的收入水平及社会地位在平均程度上明显低于中部和东部居民，相对剥夺感更为强烈。当地方政府在经济发展绩效和公共服务绩效方面的明显改善使其个人收入状况有明显改观之时，就会明显提升对地方政府的信任程度。因而，西部居民对自身收入的公平感知程度越高，对地方政府的信任程度越高，在既定的中央政府信任水平之下，就起到了弱化差序政府信任程度的作用。相反，西部居民对自身收入的公平感知程度越低，其差序政府信任程度就会更为显著。因此，较低的收入公平感知程度，是西部居民差序政府信任的生成原因之一。

综合以上分析，在制度变量中，制度规范绩效中的正式制度遵守、绩效理性认知中的家庭经济档次认同、相对剥夺感中的社会公平感对中部居民差序政府信任程度均具有显著影响；东部居民差序政府信任程度仅受到后两个变量的显著影响；西部居民差序政府信任程度则仅受到相对剥夺感中的社会公平感与收入公平感两个变量的显著影响，制度规范绩效与绩效理性认知类变量对其均没有显著影响。由此，本书得出结论：制度变量对中部居民差序政府信任显著影响的均衡性明显强于东、西部居民。

（二）文化变量对西部居民差序政府信任显著影响的均衡性明显强于中、东部居民

1. 在社会资本方面

首先，人际信任中：①关系信任程度对西部、中部和东部居民的差序政府信任程度均构成显著影响，并且三者影响方向完全一致，即较低的关系信任程度均是西部、中部和东部居民差序政府信任的生成原因之一。②较高的亲缘信任程度是东部居民差序政府信任的生成原因之一，但对西部和中部居民的差序政府信任程度并未构成显著影响。这是因为，东部居民由于生活水平和社会地位明显高于中部和西部居民，对于中央政府施行善治、普惠于民的动机与能力

有着相对较高的理性认知。在这一理性认知之下，对家人、亲戚的信任程度较高，会使得友善和谐的亲缘信任关系对中央政府信任产生溢出效应，因而对中央政府信任具有明显的托举作用。同时，由于地方政府在综合治理绩效方面的整体表现与东部居民的较高期待有较大差距，较高的亲缘信任程度对地方政府信任便无法产生溢出效应。这样，在既定的地方政府信任水平之下，较高的亲缘信任程度对中央政府信任水平的明显提升就起到了强化差序政府信任程度的作用。因此，较高的亲缘信任程度是东部居民差序政府信任的生成原因之一。

其次，社会网络中，工会等正式社团组织参与的缺乏，是东部居民差序政府信任的生成原因之一，对西部和中部居民的差序政府信任程度并未产生显著影响。这是因为，西部和中部居民因为受到较低的经济发展水平和教育程度的限制，参与正式社团组织的积极性、参与数量和质量要明显低于东部居民，因而对其央地政府信任和央地政府信任差均没有显著影响。东部居民在较高的经济发展水平和教育程度的长期影响之下，有着较强的民主意识和社会参与意识，参与正式社团组织的积极性、参与数量和质量都要大大优于西部和中部居民，通过促进地方政府信任水平的提升而起到正向弥合差序政府信任的积极作用，因而，工会等正式社团组织参与的缺乏，在一定程度上造成了东部居民的差序政府信任。

最后，互惠规范中，互惠规范行动对西部居民的差序政府信任程度具有显著的正向影响，对中部居民则仅具有边缘显著的正向影响，但对东部居民的差序政府信任程度并没有显著影响。这可能是因为，在西部居民中，愿意采取互惠规范行动者要比不愿意采取互惠规范行动者的规则意识和合作意识更强，对地方政府的绩效期待相对较高，而地方政府的实际表现又与之相去甚远，因而明显降低了对地方政府的信任程度。在既定的中央政府信任水平之下，其差序政府信任程度自然更为显著。对于中部居民，愿意采取互惠规范行动者因为对国家制度和中央政策的较高认同而保持了对中央政府的较高信任水平，在既定的地方政府信任水平之下，使得其差序政府信任程度略为显著。东部居民中，愿意采取互惠规范行动者数量较多，几乎成为常态。与不愿意采取互惠规范行动者无法形成鲜明的对比，因而对央地政府信任和差序政府信任程度均没有显著影响。综合起来看，互惠规范行动对差序政府信任程度正向影响的显著性水平自西向东呈明显减弱趋势。

2. 在政治接触方面

首先，动员型政治参与的缺乏均是西部和东部居民差序政府信任程度的生成原因之一，但动员型政治参与对中部居民的差序政府信任程度没有显著影响。这是因为，动员型政治参与对西部、中部和东部居民的地方政府信任均具有明显的托举作用，但对西部、中部和东部居民中央政府信任的影响关系则有着鲜明的差异。对于西部居民而言，动员型政治参与并未对西部居民的中央政府信任产生显著的托举作用，在既定的中央政府信任水平之下，其对地方政府信任的明显托举作用使得其差序政府信任更为轻微。对于东部居民来讲，动员型政治参与中央政府信任虽然同样具有明显的托举作用，但其托举力度明显弱于对地方政府信任的托举力度，因而，使得其差序政府信任程度更为轻微。正是由于这样两种不同的作用机制，才使得动员型政治参与对西部居民和东部居民的差序政府信任程度均产生弱化作用。相反，动员型政治参与的缺乏就成为西部和东部居民差序政府信任程度的生成原因之一。对于中部居民来讲，虽然动员型政治参与对中部居民的央地政府信任均具有明显的托举作用，但其托举力度大体相当，因而其差序政府信任程度并未受到显著影响。

其次，抗争型政治参与是中部居民差序政府信任的生成原因之一，但仅在较低程度上正向影响着西部居民的差序政府信任程度，对东部居民的差序政府信任则没有显著影响。这是因为，抗争型政治参与对西部、中部和东部居民的中央政府信任均没有显著影响，而对西部、中部和东部居民地方政府信任的负向影响关系的显著性水平则有着较大的差别。对西部居民来说，仅达到了0.05的显著性水平，因而使得其差序政府信任程度略为显著。对中部居民来说，则达到了0.01的显著性水平，因而使得其差序政府信任程度更为显著。对于东部居民来说，则没有达到显著性水平，因而使得其差序政府信任程度并未受到显著影响。

最后，政府不公正对待是西部、中部和东部居民差序政府信任生成的共同原因之一。这是因为，西部、中部和东部居民在与地方政府及其工作人员打交道的过程中受到了不公正对待，均明显降低了对地方政府的信任程度，但对中央政府信任的影响关系则存在着较大的不同。对西部和中部居民而言，政府不公正对待并未显著影响其中央政府信任程度，在既定的中央政府信任水平之下，便使得其差序政府信任程度更为显著。对于东部居民来讲，政府不公正对待同时对中央政府信任也产生了明显的下降作用，但其下降力度小于对地方政府信任的下降力度，因而使得其差序政府信任更为显著。

3. 在政治价值观方面

首先，对威权主义价值观的较高认同程度使得西部和中部居民的差序政府信任程度略为显著，但威权主义价值观对东部居民的差序政府信任程度并没有显著影响。这是因为，对威权主义价值观的较高认同程度均明显提升了西部、中部和东部居民的中央政府信任程度，但对地方政府信任的影响关系则存在着鲜明的差异。对西部居民而言，威权主义价值观对其地方政府信任程度没有显著影响，在既定的地方政府信任水平之下，使得其差序政府信任程度略为显著。就中部居民而言，威权主义价值观对其地方政府信任程度仅具有较低程度的正向影响，因而使得其差序政府信任程度略为显著。对东部居民来讲，对威权主义价值观较高的认同程度同样对地方政府信任产生了明显的托举作用，但与对中央政府信任的托举力度大体相当，因而对其差序政府信任程度并未构成显著影响。

其次，对自由主义价值观的较高认同程度，是西部居民差序政府信任的生成原因之一，但仅使得中部居民的差序政府信任程度略为显著，而对东部居民的差序政府信任程度则不构成显著影响。这是因为，对西部居民而言，对自由主义价值观的较高认同程度显著降低了对地方政府的信任程度，对中央政府信任的影响关系则不具有显著性。在既定的中央政府信任水平之下，使得西部居民的差序政府信任程度更为显著。而对中部居民来说，对自由主义价值观的较高认同程度使得中央政府的信任水平略有下降，但对地方政府信任的下降力度更为显著，从而使得中部居民的差序政府信任程度略为显著。对东部居民来讲，自由主义价值观对央地政府信任和央地政府信任差的影响关系均没有达到显著性水平，因而对其差序政府信任程度并没有显著影响。

综合以上分析，社会资本类变量中的关系信任、空闲时社交频率、互惠规范行动（涵盖人际信任、社会网络、互惠规范三个社会资本要素）、政治接触类变量中的动员型政治参与和政府不公正对待、政治价值观类变量中的自由主义价值观对西部居民差序政府信任程度均具有显著影响；而对于中部居民而言，仅有社会资本中的关系信任、政治接触中的抗争型政治参与和政府不公正对待对其差序政府信任程度具有显著影响，政治价值观类变量仅对其具有边缘显著性影响；就东部居民来说，社会资本类变量中的关系信任、亲缘信任、工会会员（仅涵盖人际信任、社会网络两个社会资本要素）、政治接触类变量中的动员型政治参与和政府不公正对待对其差序政府信任程度具有显著影响，政治价值观类变量则对其没有显著影响。由此，本书得出结论：文化变量对西部居民差序政府信任显著影响的均衡性明显强于中、东部居民。

（三）以互联网为平台的新媒介仅与东部居民的差序政府信任程度显著负相关

1. 在传统媒介方面

电视使用显著提升了中部和东部居民的中央政府信任水平，但对西部、中部和东部居民的差序政府信任程度均没有显著影响。

2. 在新媒介方面

较低的互联网使用频率则是东部居民差序政府信任的生成原因之一，但互联网使用对西部和中部居民的差序政府信任程度均没有显著影响。这是因为，对东部居民来说，较高的互联网使用频率，对其中央政府信任产生了明显的下降作用，而对其地方政府信任程度没有显著影响。在既定的地方政府信任水平之下，使得其差序政府信任程度更为轻微。相反，较低的互联网使用频率就会使得东部居民的差序政府信任更为显著。对于西部和中部居民来讲，较高的互联网使用频率或者使得中央政府信任程度略有下降，或者对其没有显著影响，对地方政府信任的影响关系则均未达到显著性水平。这样，在既定的地方政府信任水平之下，就使得互联网使用对中部和西部的差序政府信任程度均没有显著影响。

综合以上分析，电视使用显著提升了中、东部居民的中央政府信任程度，但未对西、中、东部居民的差序政府信任程度产生显著影响；互联网使用仅显著降低了东部居民的中央政府信任水平，对其差序政府信任程度具有负向的显著影响。由此，本书得出结论：以互联网为平台的新媒介仅与东部居民的差序政府信任程度显著负相关。

本章小结

通过对城乡居民差序政府信任生成机理的回归分析，我们可以看出：从宏观上看，制度、文化和媒介三类变量对城乡居民的差序政府信任程度均具有显著影响。从微观上看：首先，制度变量中，相对剥夺感中的社会公平感对城乡居民的差序政府信任程度均具有显著的负向影响，收入公平感仅对城市居民构成显著的负向影响。绩效理性认知中的家庭经济档次认同对城乡居民的差序政府信任程度分别具有显著的正向影响与负向影响。制度规范绩效中的正式制度遵守仅对城市居民具有显著的正向影响。其次，文化变量中，社会资本与政治接触对城乡居民的差序政府信任程度均具有显著影响，政治价值观仅对农村居民具有显著影响。最后，媒介变量中，以电视为代表的传统媒介仅对农村居民的差序政府信任程度具有显著的正向影响，而以互联网为平台的新媒介仅对城市居民具有显著的负向影响。

通过对西部、中部、东部居民差序政府信任生成机理的回归分析，我们可以看出：从宏观上看，制度、文化变量对西部、中部、东部居民的差序政府信任程度均具有显著影响，媒介变量仅对东部居民具有显著影响，对西部和中部居民均没有显著影响。从微观上看：首先，制度变量中，制度规范绩效中的正式制度遵守仅对中部与东部居民的差序政府信任程度具有显著的正向影响；绩效理性认知中的家庭经济档次认同仅对中部居民具有显著的负向影响；相对剥夺感中的社会公平感对西部、中部和东部居民均具有显著的负向影响，收入公平感仅对西部居民具有显著的负向影响。其次，文化变量中，在社会资本方面，关系信任对西部、中部和东部居民的差序政府信任程度均具有显著的负向影响；亲缘信任与工会会员分别仅对东部居民具有显著的正向影响与负向影响；空闲时社交频率与互惠规范行动分别仅对西部居民具有显著的负向影响与正向影响。在政治接触方面，政府不公正对待对西部、中部和东部居民的差序政府信任程度均具有显著的正向影响；动员型政治参与分别仅对西部与东部居民具有显著的负向影响；抗争型政治参与仅对东部居民具有显著的正向影响。在政治价值观方面，自由主义价值观仅对西部居民的差序政府信任程度具有显著的正向影响。最后，媒介变量中，以互联网为平台的新媒介仅对东部居民的差序政府信任程度具有显著的负向影响；以电视为代表的传统媒介对西部、中部和东部居民均没有显著影响。

研究表明，在以上三大类因素所涵盖的20个自变量中，对农村居民与城市居民差序政府信任具有显著影响关系的自变量分别为9个与10个，显著影响率分别达到45%与50%；对西部、中部与东部居民差序政府信任具有显著影响关系的自变量分别为8个、6个与8个，显著影响率分别达到40%、30%与40%。从而，在城乡与区域层次仍然呈现出了大体均衡的状态。因此，制度、文化、媒介因素共同形塑了差序政府信任的城乡差异与区域差异。

第七章

差序政府信任的正向弥合

我国居民中所存在的适度的差序政府信任有利于强化党中央的权威和集中统一领导，保证中央政府的权威。但如果地方政府信任严重弱化，甚至滑入"塔西佗陷阱"，从而导致居民差序政府信任程度过于显著，可能产生弱化地方治理、阻滞国家治理现代化进程的消极倾向。本章首先归纳关于差序政府信任分布特征与生成机理研究的主要结论；其次以此为依据，在确保中央政府权威（不降低中央政府信任）的前提下，从制度、文化和媒介三个方面给出正向弥合差序政府信任的策略建议；最后指出本书研究不足，对研究的未来前景进行展望。

第一节　主要结论

本书以新制度主义、政治文化、政治传播为理论基础，基于 CGSS 2010 问项数据，从全国总体、城乡与区域层面，对当代中国差序政府信任的分布特征进行多向度揭示，对其生成机理进行了实证检验与比较分析。现将研究的主要结论归纳如下：

一、差序政府信任呈现出全国总体的同质性和城乡区域的异质性特征

本书基于央地政府高度信任比例差、央地政府信任均值差、差序政府信任者比例三个向度，从全国总体、城乡与区域三个层次揭示了差序政府信任的分布特征（本部分所列出的数据来源于第三章第三节，详细数据请参见该节）。

首先，在全国总体层面，其一，居民对中央政府高度信任的比例（89.2%）明显高于地方政府（65%），比例差高达24.2%。其二，全国居民的中央政府信任度均值（4.38）高于地方政府信任度均值（3.69），均值差为0.69。其三，"央强地弱"的差序政府信任（42.2%）与"央地皆强"的无差序政府信任（54%），是政府信任的主流形态。虽然央地皆强的无差序政府信任者比例稍大于差序政府信任者比例，但差序政府信任者比例仍高达40%以上。综上所述，我国居民的差序政府信任在央地政府高度信任比例差、央地政府信任均值差、差序政府信任者比例三个向度均较为明显，具有显著的同质性特征。

其次，从城乡与区域层次上看，我国居民的差序政府信任的三个向度在保持明显同质倾向的基础上又均呈现出显著的异质性特征，农村居民、中西部居民的差序政府信任程度比城市居民、东部居民更为显著。

在城乡层次，农村居民在央地政府高度信任比例差、央地政府信任均值差、差序政府信任者比例三个向度分别高于城市居民5.1%、0.2%、7.5%，城乡差距较为明显。城乡居民的差序政府信任者比例均接近或超过四成，而在"央地皆强"的无差序政府信任者比例方面，城乡居民皆达到50%，城市居民反高于农村居民5.2%。城乡居民中"央地皆强"的无差序政府信任者占比虽然均高于差序政府信任者，但差序政府信任者占比仍然较高。

在区域层次，中部居民与西部居民在央地政府高度信任比例差（分别为28.8%与24.2%）、央地政府信任均值差（分别为0.82与0.78）、差序政府信任者比例（分别为47.4%与47%）三个向度均明显高于东部居民（三个向度分别为19.4%、0.54、34.7%）。需要特别说明的是，在差序政府信任者比例方面，西、中、东部居民占比均在35%以上，而中、西部居民占比则达到或超过了47%。而在"央地皆强"的无差序政府信任者比例方面，西、中、东部居民均达到50%以上，东部居民分别反高于中、西部居民9.4%与8.9%。由此可见，在西、中、东部，"央地皆强"的无差序政府信任者占比均高于差序政府信任者，但中、西部的差距并不明显，东部的差距则明显高于中、西部。而西、中、东部居民中的差序政府信任者占比均较高，中、西部十分接近，均明显高于东部。这说明，在中西部，差序政府信任与"央地皆强"的无差序政府信任共同构成政府信任的主流形态。而在东部，"央地皆强"的无差序政府信任是政府信任的主流形态，其次才是差序政府信任。综合以上分析，中、东部的三个向度差值分别为9.4%、0.28、12.7%，西、东部则分别为4.8%、0.24、12.3%。中、西部则分别只有4.6%、0.04、0.4%。中、西部居民的差序政府信任程度比东部居民更为显著，东部居民的差序政府信任已退居为政府信任的次主流形态，中、西部居民的差序政府信任程度相差并不明显。

综上所述，我们有理由对我国居民的中央政府信任水平保持乐观而又积极的态度，但地方政府信任水平亟待提升，这在农村和中西部地区较为严重。

二、五类因素对全国总体差序政府信任构成均衡而又广域的显著影响

本书以地理分布与人口特征作为控制变量，以制度、文化与媒介作为解释变量，就五类变量（因素）对我国居民差序政府信任在全国总体层面的生成机理进行实证检验与比较归纳，得出如下研究结论。

第一，地理分布中的城乡因素与区域因素对全国居民的差序政府信任程度均具有显著影响，与差序政府信任在城乡层面与区域层面的分布特征相一致。

第二，人口特征中，年龄对其的影响类似倒"U"形结构：即在低年龄段，居民的差序政府信任程度随着年龄的增加不断增强；在高年龄段，随着年龄的增加又表现出逐渐弱化的趋势。男性居民、教育程度越低的居民，其差序政府信任程度越显著。

第三，制度因素中，居民对正式制度遵守的程度越高、对社会公平的感知程度越低，其差序政府信任程度均更为显著。

第四，文化因素中，在社会资本方面，关系信任程度较低、正式社团组织参与缺乏、愿意采取互惠规范行动的居民，其差序政府信任程度均更为显著。在政治接触方面，动员型政治参与经历缺乏、有过抗争型政治参与经历、受过政府不公正对待的居民，其差序政府信任程度均更为显著。在政治价值观方面，对威权主义价值观或自由主义价值观认同程度较高的居民，其差序政府信任程度均更为显著。

第五，媒介使用中，互联网使用频率越低的居民，其差序政府信任程度更为显著。

研究表明，在所设 28 个自变量中，共有 18 个自变量对全国总体层面的差序政府信任具有显著影响，显著影响率达到 64.3%。并且，这 18 个自变量涵盖了地理分布、人口特征、制度、文化、媒介五类变量，因此，这五类因素对全国总体层面的差序政府信任均具有较为均衡而又广域的显著影响，形成了我国居民差序政府信任生成的广域解释框架。

三、制度、文化、媒介因素共同形塑了差序政府信任的城乡差异与区域差异

本书以制度、文化与媒介作为解释变量，就三类变量（因素）对当代中国差序政府信任城乡与区域层面的生成机理分别进行实证检验与比较归纳，得出如下研究结论。

首先，关于城乡层面差序政府信任的生成机理，本书发现，制度、文化与媒介因素对城乡居民的差序政府信任程度均具有显著影响。其中，制度因素中的绩效理性认知与相对剥夺感对城乡居民的差序政府信任程度均具有显著影响，制度规范绩效仅显著影响了城市居民；文化因素中的社会资本与政治接触均显著影响了城乡居民的差序政府信任程度，政治价值观仅对农村居民具有显著影响；媒介因素中，电视使用频率与互联网使用频率分别显著影响了城乡居民的差序政府信任程度。

其次，关于区域层面差序政府信任的生成机理，本书发现，制度、文化因素均显著影响了西部、中部和东部居民的差序政府信任程度，媒介因素仅对东部居民具有显著影响。其中，制度因素中的相对剥夺感对西部、中部、东部居民的差序政府信任程度均具有显著影响，制度规范绩效显著影响了中部和东部居民，绩效理性认知则仅对中部居民具有显著影响；文化因素中的社会资本与政治接触均显著影响了西部、中部和东部居民的差序政府信任程度，政治价值观对西部、中部和东部居民影响的显著性则呈现出逐渐弱化直至消失的趋势；媒介因素中的互联网使用频率仅显著影响了东部居民的差序政府信任程度。

最后，通过对城乡层面与区域层面差序政府信任生成机理的比较分析，本书发现：①制度因素中，正式制度遵守、家庭经济档次认同、社会公平感、收入公平感均显著影响了城乡层面与区域层面居民的差序政府信任程度。其中，社会公平感知程度越低的城乡居民与不同区域居民，其差序政府信任程度均更为显著。对正式制度遵守程度越高的城市居民与东部居民，其差序政府信任程度均更为显著。较高的家庭经济档次认同程度，使得城市居民的差序政府信任程度更为显著；而较低的家庭经济档次认同程度，使得农村居民与中部居民的差序政府信任程度均更为显著。对自身收入公平感知程度越低的城市居民与中部居民，其差序政府信任程度均更为显著。②文化因素中，社会资本、政治接触、政治价值观均显著影响了城乡层面与区域层面居民的差序政府信任程度。

其一，在社会资本方面，关系信任程度越低的城乡居民与不同区域居民，其差序政府信任程度均更为显著。亲缘信任程度较高的城市居民，其差序政府信任程度更为显著。正式社团组织参与缺乏的城市居民与东部居民、愿意采取互惠规范行动的城市居民与西部居民，空闲时社交频率较低的西部居民，其差序政府信任程度均更为显著。其二，在政治接触方面，受到政府不公正对待的城乡居民与不同区域居民、动员型政治参与经历缺乏的城乡居民与西部、东部居民、有过抗争型政治参与经历的农村居民与中部居民，其差序政府信任程度均更为显著。其三，在政治价值观方面，对威权主义价值观认同程度越高的农村居民、对自由主义价值观认同程度越高的农村居民与西部居民，其差序政府信任程度均更为显著。③媒介因素中，电视使用频率较高的农村居民、互联网使用频率较低的城市居民与东部居民，其差序政府信任程度均更为显著。

　　研究表明，在以上三大类因素所涵盖的 20 个自变量中，对农村居民与城市居民差序政府信任具有显著影响关系的自变量分别为 9 个与 10 个，显著影响率分别达到 45% 与 50%；对西部、中部与东部居民差序政府信任具有显著影响关系的自变量分别为 8 个、6 个与 8 个，显著影响率分别达到 40%、30% 与 40%。从而，在城乡与区域层次仍然呈现出了大体均衡的状态。因此，制度、文化、媒介因素共同形塑了差序政府信任的城乡差异与区域差异。

第二节　正向弥合之策略

一、提升制度绩效

　　制度绩效是指制度运作所产生的实际效果。本书将制度类自变量分为制度规范绩效（设正式制度遵守一个自变量）、绩效理性认知（设家庭经济档次认同、参加社会保障、政府减少贫富差距能力认同三个自变量）、相对剥夺感（设社会公平感、收入公平感、目前与十年前社会等级认同差值三个自变量）三类，实证检验各自变量对居民差序政府信任程度的影响。本书根据实证分析结果得出结论，在确保居民对中央政府高位信任的前提下，提升居民的社会公平整体感知程度、缩小城乡居民的家庭收入差距、加强基层政府的公共服务能力建设能够适度弱化居民的差序政府信任程度。

（一）提升居民的社会公平整体感知程度

本书发现，社会公平感与中央政府信任和地方政府信任均显著正相关，但与央地政府信任差显著负相关。居民对社会公平的整体感知程度越高，其差序政府信任的程度更为微弱。以上结论在全国总体、城乡与区域层面均得到验证。这说明，较高的社会公平整体感知程度，对中央政府信任和地方政府信任均具有显著的正向托举作用，但对地方政府信任的托举力度更大。因而，提升居民的社会公平感，在全国总体、城乡与区域层面均能达到缩减差序政府信任程度的正向弥合目的。

社会公平感是人们基于社会公平而产生的主观感受。一般认为，社会公平是社会政治、经济、文化及其他方面的权益分配于社会成员之间所达到的均衡而平等的配置状态。因而社会公平感在本质上也可以理解为居民对上述权益关系是否合理的主观价值评判①。新时代，党和国家更加注重社会资源及社会权益的公平分配。党的十八大提出，要逐步建立社会公平保障体系。党的十九大则提出，"让改革发展成果更多更公平惠及全体人民"。

提升居民的社会公平感，一方面，央地政府可以通过完善相关法规政策强化规则公平，缩小贫富差距，改善中低收入人群的经济和社会地位来实现。党的十八大以来，以习近平总书记为核心的党中央通过实施"精准扶贫"战略，到2020年底取得了脱贫攻坚战的全面胜利，创造了彪炳史册的人间奇迹，极大提升了我国居民的社会公平感知程度。另一方面，中央政府加大对基本供给服务的财政投入，地方政府提高基本公共服务供给水平，使所有居民都能公平可及地获得大致均等的基本公共服务，也能够增加居民的社会公平感。本书实证检验表明，就全国总体而言，居民社会公平感知对地方政府信任度的影响程度要高于对中央政府信任的影响程度，地方政府在实现社会公平方面的努力与成效直接影响到地方政府信任水平。因而，地方政府基本公共服务供给水平的提升以及基本公共服务均等化程度的提高会显著提升居民的地方政府信任程度。这样，在中央政府信任水平恒定甚至有所提高的情况下，就会弱化居民的差序政府信任程度。

---

① 陈家付. 现阶段我国社会公平保障问题研究 [D]. 济南：山东师范大学，2009.

(二) 缩小城乡居民的家庭收入差距

本书发现，家庭经济档次认同对城乡居民的差序政府信任程度分别具有显著的正向影响与负向影响。对于农村居民来说，其对家庭经济状况在当地的档次认同程度越高，其差序政府信任程度更为轻微。对于城市居民来讲，其对家庭经济状况在当地的档次认同程度越高，其差序政府信任程度更为显著。家庭经济档次认同直接来源于城乡居民的家庭收入。因此，缩小城乡居民的家庭收入差距，能够达到缩减差序政府信任程度的正向弥合目的。

已有研究表明，改革开放以来，经济发展本身并不是城乡居民家庭收入差距扩大的原因，而国家坚持重工业优先发展的战略方是其根本原因①。从目前来看，我国为缩小城乡收入差距已经取得了明显成效，但是问题还没有得到根本解决。卓有成效地推动城市化进程，努力提高城镇化的质量才是缩小城乡居民家庭收入差距的根本之道。具体而言，一是要促进乡村振兴，大力发展农村的非农产业，更多发展符合比较优势的劳动密集型企业，为农村提供更多的就业岗位。二是进一步拓宽就业渠道和丰富就业形式，提高城市就业吸纳能力，同时在平等对待农民工及其子女的基础上对其进行素养教育与就业培训。三是努力消除城乡壁垒，循序渐进地革除城乡分割的二元户籍制度。四是要逐步革除偏向城市的制度安排和政策，最终实现城乡居民基本公共服务的均等化，在城乡一体化上作出切实努力，迈出更大步伐。

(三) 加强基层政府的公共服务能力建设

本书发现，在全国总体层面，居民是否参加社会保障以及对政府缩小贫富差距能力的认同程度这两个公共服务绩效变量对地方政府信任的影响关系不具有显著性。这在相当程度上表明，基层政府目前的公共服务能力与人民群众的理想期待之间仍然存在着相当大的距离。应当看到，在新时代，中国共产党反复强调，"坚持以人民为中心""把人民对美好生活的向往作为奋斗目标"，民众对基层政府公共服务能力的期待更为直接和多元，所以标准可能更为"严格"。

当前，加强基层政府的公共服务能力建设：一方面，在确保中央政府权威

---

① 陈斌开，林毅夫. 发展战略、城市化与中国城乡收入差距 [J]. 中国社会科学, 2013 (4)：81-102.

与集中统一领导的前提下，要适度拓展基层政府自治空间，激励基层政府通过政策创新和治理创新来增强地方治理能力。对于基层政府的政策创新与治理创新，中央政府应当进行必要的干预与指导，对于在此方面做出重要贡献的基层政府应当给予肯定表彰和经验推广。另一方面，基层政府要加强回应性政府建设，根据民众的需求变化及时调整施政重点，不断满足居民对政府公共服务能力的新期待。这是因为，基层政府回应性弱，是导致当代中国差序政府信任的重要原因。基层政府积极回应民众在公共服务方面的诉求和期待，能够改善不平衡的差序信任格局①。

二、培育新型行政文化

行政文化是居民对公共行政活动的情感、态度、价值观乃至信仰的集中表现。政府与社会的合作融通、政府与公民的良性接触、政治价值观的培植引导是新型行政文化的基本特质。本书将文化类自变量分为社会资本（分为人际信任、社会网络与互惠规范三小类，设六个自变量）、政治接触（设动员型政治参与、抗争型政治参与、受到政府不公正对待三个自变量）、政治价值观（设威权主义价值观、自由主义价值观两个自变量），实证检验各自变量对居民差序政府信任程度的影响。本书发现，在确保中央政府高位信任的前提下，增加社会资本存量、形成良性政治接触机制、打造权威与理性并重的政治价值观能够适度弱化居民的差序政府信任程度。

（一）增加社会资本存量

首先，本书发现，提升居民的关系信任程度，在全国总体、城乡和区域层面均能达到缩减差序政府信任程度的正向弥合目的。关系信任测量的是受访者对朋友、同事、领导干部、生意人、同学、老乡信任的平均程度，表征的是居民在更为具体而且普遍的社会交往层面的特定信任关系。

提升居民的关系信任程度，必须从关键性的社会因素入手。一是要不断发展社会生产力，提升居民对政府经济发展绩效和公共服务绩效的满意指数。二是要推介传统诚信文化，将社会主义核心价值观的"诚信"要求落到实处。

---

① 吴结兵，李勇，张玉婷. 差序政府信任：文化心理与制度绩效的影响及其交互效应 [J]. 浙江大学学报（人文社会科学版），2016，46（5）：157-169.

在良好政府绩效的乐观滋养与诚信氛围的长期熏陶之下，居民的关系信任程度就会得以改善，从而对差序政府信任的正向弥合起到更加积极的作用。

其次，本书发现，参与工会等正式社团组织在全国总体层面能够起到缩减差序政府信任程度的正向弥合作用。但在城乡区域层面，仅对城市居民和东部居民具有显著的正向弥合作用。这在相当程度上说明，当居民的物质生活水平越为改善，居民的政治信息来源越为多元，居民越渴望有较为丰富的社会生活和担当一定的社会角色，越希望参与常态化的社会组织。在当前，要使正式社团组织参与发挥其缩减城市居民和东部居民差序政府信任程度的正向弥合作用，必须拓展社团组织的发展空间、提高社团组织参与质量。从制度上化解地方政府发展社团组织的高度生产风险、将社团组织发展纳入数量和质量兼顾的地方政府绩效考核内容，则是其中的重点施策方向。

(二) 形成良性政治接触机制

首先，本书发现，规范和引导居民积极参与基层选举投票活动，能够达到缩减全国居民（总体）、城乡居民、西部和东部居民差序政府信任程度的正向弥合目的。就村民委员会选举来说，从制度上进一步厘清选民资格，向村民讲清楚村委会成员选举的政治意义与利益关照，确保选举程序依法进行，选举过程公开透明，严厉查处违法选举、贿赂选举等现象，明确本地基层政府的指导与监督责任，并将其纳入政府绩效考核体系之中。就居民委员会选举来说，一方面，我们可以扩大城市社区居委会直接选举的范围，甚至实现 100% 直接选举。另一方面，要进一步完善民主选举的程序，特别是在候选人参选、竞选，以及正式投票选举等环节，进一步增强透明性，做到公平、公正、公开。

其次，本书发现，减少抗争型政治参与能够达到缩减全国居民（总体）、农村居民、西部和东部居民差序政府信任程度的正向弥合目的。为此，可以从以下几方面着手：一是坚守人民本位的政府立场。各级政府及其工作人员时时处处秉持人民本位的执政观去防范风险、化解矛盾，即使一时处理不力或解决不当，也往往能够得到多数群众的理解与谅解。二是以疏导取代堵塞，将社会矛盾真正化解在基层，而不能用压制、堵塞或许空愿的方式将社会矛盾变相推给上级政府。三是地方政府要树立法治思维，运用法治方式来化解社会矛盾。地方政府及其工作部门要做到依法行政，明确与严守自己处理社会矛盾的权限和边界，对于涉法涉诉的社会矛盾，要依法引导居民寻求司法救济。四是严惩相关责任人员。对于侵害群众权益、化解社会矛盾不力、激化社会矛盾的政府工作人员，要依法严惩。

最后，本书发现，政府及其工作人员的公正对待能够达到缩减全国居民（总体），城乡居民，西、中、东部居民差序政府信任程度的正向弥合目的。为形成地方政府及其工作人员公正对待居民利益诉求的良好政治生态，应从以下几个方面着力：一是严格贯彻中央"八项规定"精神，改进各级政府的工作作风，对违反"八项规定"精神的政府领导人员和工作人员依法依纪进行处分。对政府为居民办理具体事项过程中的"吃拿卡要"行为，依法依规严厉惩处。二是贯彻全心全意为人民服务的宗旨，坚持"群众利益无小事"，温和、友善、规范、文明地做好本职工作，树立执政为民的良好形象。三是由政府以外的第三方机构开展居民对政府及其工作人员的满意度测评活动，并通过媒介向社会公布。

（三）打造权威与理性并重的政治价值观

本书发现，降低居民对自由主义价值观的认同程度，能够达到缩减全国居民（总体）、农村居民、西部和中部居民差序政府信任程度的正向弥合目的。改革开放以来，"中国人存在较为一致的，因此是主导性的政治价值观，这种价值观的基本特征是偏好、信任并顺从权威政府，但强调政府以人的自由与发展为导向[1]"。因此，我国民众的政治价值观正处于由威权主义价值观向自由主义价值观转换的过渡时期。我们应抓住威权主义价值观有所弱化但尚未消失的关键时机，在善治及整体性治理的框架下实现对威权主义价值观的创造性转化，减少居民对自由主义价值观的认同程度，培育权威与理性并重的政治价值观，实现既强化中央政府权威，又提升地方政府公信力的双赢。

三、改善政治传播

政治传播是在政治人物、新闻媒介以及公众之间发生的以政治信息和公众舆论为传递内容的交互性过程。政治传播方式与政府信任密切相关。现代社会的政治传播方式可以分为传统媒介与新媒介两大类，其中传统媒介以电视为代表，新媒介以互联网为代表。本书将媒介类自变量分为传统媒介（设电视使

---

① 李路路，钟智锋. "分化的后权威主义"——转型期中国社会的政治价值观及其变迁分析[J]. 开放时代，2015（1）：171-191.

用一个自变量)、新媒介（设互联网使用一个自变量）两类，实证检验各自变量对居民差序政府信任程度的影响。本书根据实证分析结果得出结论，在确保居民对中央政府高位信任的前提下，强化农村居民对中央政府和地方政府的政治认同能够适度弱化农村居民的差序政府信任程度；强化中央主流网站的吸引力与影响力，能够适度弱化城市居民与东部居民差序政府信任程度。

（一）强化农村居民对中央政府和地方政府的政治认同

本书发现，较高的电视使用频率起到了强化农村居民差序政府信任程度的作用。在传统媒介方面，中央政府与地方政府可以通过改善电视传播来强化农村居民对中央政府和地方政府的政治认同，达到缩减其差序政府信任程度的正向弥合目的。

作为国家传媒的中央广播电视总台，建议从以下两个方面着手：一方面，在做好中央政府活动与政策主流宣传的同时，以农民群体的情感与文化需求为导向优化相关频道及栏目内容，保持与提升农村居民对中央政府的高度信任。另一方面，在新闻类栏目中，适当加大对地方政府及其工作人员的正面报道力度，有助于提升农村居民对地方政府的信任水平。

对于县乡两级人民政府来讲，应当把本地电视台作为促进乡村振兴、推进政务公开、增强本地政府透明度的重要平台，在实现政府与农民的良性政治沟通方面发挥重要的纽带作用。此外，还可以开办一些专题类、访谈类节目，在推进政治参与、提供公共服务、了解民情民意等方面发挥积极作用。

（二）强化中央主流网站的吸引力与影响力

本书发现，较高的互联网使用频率，显著降低了城市居民与东部居民的中央政府信任水平，从而弱化了其差序政府信任程度。这说明，在经济发展水平较高、居民教育程度较高、政治信息获取渠道多元的城市地区与东部地区，"批判性公民"的特质已经有所显现。需要注意的是，此种弱化是在降低中央政府信任水平的前提下发生的，是应当警醒与认真应对的逆向弥合。"互联网背景下政府信任建设需要平衡好制度与行动的关系，发挥好政府、公民、社会组织和新闻媒体的积极性和主动性。①"

首先，在大力提升城市居民与东部居民地方政府信任水平的前提下，采取

---

① 王连伟，杨梦莹. 互联网时代政府信任研究进展 [J]. 山东行政学院学报，2018 (6)：6-10.

经费投入、技术升级、人才引进等有效举措优化中央主流网站的板块及内容，强化中央主流网站的吸引力与影响力。其次，对互联网进行有效监管，及时弱化及消解非主流网站对小道消息及虚假消息的传播。最后，及时应对与化解网络舆情，树立中央政府权威与公正的良好形象。以上这些举措，有助于增强中央政府的公信力，进而起到正向弥合城市居民与东部居民差序政府信任程度的作用。

第三节　研究不足与未来展望

一、研究不足

本书研究的不足之处主要表现为：

第一，本书所选数据样本仅设计了中央政府信任与地方政府信任两个问项，本书对我国居民差序政府信任分布特征与生成机理的揭示均是基于单一的央地政府维度。差序政府信任是表征居民对各级人民政府的信任随着政府层级的降低而逐级递减的专用术语。因此，此种单一向度的研究虽然反映了差序政府信任的典型特征，但未能揭示差序政府信任的渐变性。

第二，在差序政府信任生成机理的实证分析中，受所选数据问项约束的限制，本书设计的极少数自变量或欠缺精准性，或过于简单化，如用家庭经济档次认同表征居民对政府经济发展绩效的认知、用是否是工会会员表征居民对正式社团组织的参与等，这可能在一定程度上影响相关研究结论的精准性。

第三，由于本书注重所选数据样本的普遍性（覆盖全国 31 个省份）与均衡性（城乡样本与区域样本分布均衡），所有研究结论均是基于 CGSS 2010 的实证分析得出，因而具有一定的局限性。

二、未来展望

鉴于上述研究不足，未来可与相关专家和专业调查机构进行技术合作，弥补本书所选问卷数据设计的不足，设计适用于我国居民差序政府信任研究的专用问卷来进行科学调查，进一步提升研究结论的科学性。例如，可以设计省级、市级、县级和乡级等多个政府信任维度，展现差序政府信任程度的渐进性变化。同时，在自变量的设计中也可以更为丰富和科学，从而保证研究结论的精准性与细腻性。

参考文献

［1］习近平. 之江新语［M］. 杭州：浙江人民出版社，2007.

［2］中共中央宣传部. 习近平新时代中国特色社会主义思想学习纲要［M］. 北京：学习出版社，2019.

［3］党的十九大报告辅导读本［M］. 北京：人民出版社，2017.

［4］《中共中央关于深化党和国家机构改革的决定》《深化党和国家机构改革方案》辅导读本［M］. 北京：人民出版社，2018.

［5］《中共中央关于坚持和完善中国特色社会主义制度、推进国家治理体系和治理能力现代化若干重大问题的决定》辅导读本［M］. 北京：人民出版社，2019.

［6］中国社会科学院语言研究所词典编辑室. 现代汉语词典（第5版）［M］. 北京：商务印书馆，2010.

［7］徐西坤，王鑫. 新说文解字：细说英语词根词源［M］. 北京：中国水利电力出版社，2011.

［8］翟学伟，薛天山. 社会信任：理论及其应用［M］. 北京：中国人民大学出版社，2014.

［9］张缨. 信任、契约及其规制——转型期中国企业间信任关系及结构重组研究［M］. 北京：中国社会科学出版社，2001.

［10］费孝通. 乡土中国　生育制度［M］. 北京：北京大学出版社，1998.

［11］薛晓源，陈家刚. 全球化与新制度主义［M］. 北京：社会科学文献出版社，2004.

［12］毛寿龙. 政治社会学：民主制度的政治社会基础［M］. 长春：吉林出版集团股份有限公司，2007.

［13］叶浩生. 西方心理学的历史与体系［M］. 北京：人民教育出版社，1998.

［14］张晓峰，赵鸿燕. 政治传播研究［M］. 北京：中国传媒大学出版

社，2011.

[15] 陆雄文. 管理学大辞典［M］. 上海：上海辞书出版社，2013.

[16] 刘吉发. 政治学新论（第二版）［M］. 北京：中国人民大学出版社，2016.

[17] 王亚南. 中国官僚政治研究［M］. 北京：商务印书馆，2010.

[18] 周桂钿. 中国传统政治哲学［M］. 石家庄：河北人民出版社，2007.

[19] 肖群忠. 中国道德智慧十五讲［M］. 北京：北京大学出版社，2008.

[20] 郝玉明. 慎德研究——以儒家传统为中心［M］. 北京：中国社会科学出版社，2015.

[21] 上官酒瑞. 现代社会的政治信任逻辑［M］. 上海：上海人民出版社，2012.

[22] 王义保. 中国古代专制主义的政治学分析［M］. 北京：中国社会科学出版社，2012.

[23] 瞿同祖. 清代地方政府［M］. 北京：法律出版社，2003.

[24] 张康之，李传军. 行政伦理学教程（第三版）［M］. 北京：中国人民大学出版社，2014.

[25] 景天魁. 现代社会科学基础（定性与定量）［M］. 北京：中国社会科学出版社，1994.

[26] 朱贻庭. 伦理学大辞典（修订本）［M］. 上海：上海辞书出版社，2011.

[27] 徐尚昆. 信任与治理［M］. 北京：人民出版社，2021.

[28] 郑也夫. 信任论［M］. 北京：中信出版社，2015.

[29] 王连伟. 互联网背景下政府信任建设长效机制研究［M］. 济南：山东大学出版社，2020.

[30] 李佳. 信任型法治政府［M］. 北京：社会科学文献出版社，2018.

[31] 谢治菊. 农民政府信任的实证调查与逻辑建构［M］. 北京：人民出版社，2015.

[32] 尹保红. 政府信任危机研究［M］. 北京：国家行政学院出版社，2014.

[33] 牟永福. 基层政府信任的逻辑与建构——基于华北地区于镇的个案研究［M］. 北京：知识产权出版社，2013.

[34] 程倩. 论政府信任关系的历史类型［M］. 北京：光明日报出版社，

2009.

　[35] 郭根. 中国特色政治信任研究 [M]. 上海：华东理工大学出版社，2017.

　[36] 王正祥. 传媒对村民政治信任和社会信任的影响研究 [M]. 北京：科学出版社，2018.

　[37] 熊花，王刚. 治理与信任：基于政府与行业协会维度的研究 [M]. 北京：知识产权出版社，2019.

　[38] 丁香桃. 变化社会中的信任与秩序——以马克思人学理论为视角 [M]. 杭州：浙江大学出版社，2013.

　[39] 张康之. 行政伦理的观念与视野 [M]. 南京：江苏人民出版社，2018.

　[40] 王伟，鄯爱红. 行政伦理学 [M]. 北京：人民出版社，2005.

　[41] 陈朋. 基于信任的地方治理：现实议题与空间拓展 [M]. 南京：江苏人民出版社，2017.

　[42] 卢春龙，严挺. 中国农民政治信任的来源：文化、制度与传播 [M]. 北京：社会科学文献出版社，2016.

　[43] 李汉林. 中国社会发展年度报告（2013）[M]. 北京：中国社会科学出版社，2013.

　[44] 于建嵘. 抗争性政治：中国政治社会学基本问题 [M]. 北京：人民出版社，2010.

　[45] 马克思，恩格斯. 马克思恩格斯全集（第四十二卷）[M]. 中共中央马克思恩格斯列宁斯大林著作编译局，编译. 北京：人民出版社，1979.

　[46] 马克思，恩格斯. 马克思恩格斯选集（第一卷）[M]. 中共中央马克思恩格斯列宁斯大林著作编译局，编译. 北京：人民出版社，2012.

　[47] 乔治·弗雷德里克森. 公共行政的精神 [M]. 张成福，等译. 北京：中国人民大学出版社，2003.

　[48] 小约瑟夫·S. 奈，菲利普·D. 泽利科，戴维·C. 人们为什么不信任政府 [M]. 朱芳芳，译. 北京：商务印书馆，2015.

　[49] 埃里克·尤斯拉纳. 信任的道德基础 [M]. 张敦敏，译. 北京：中国社会科学出版社，2006.

　[50] 阿尔蒙德，维巴. 公民文化——五国的政治态度和民主 [M]. 马殿君，等译. 杭州：浙江人民出版社，1989.

［51］罗纳德·英格尔哈特. 现代化与后现代化：43 个国家的文化、经济与政治变迁［M］. 严挺，译. 北京：社会科学文献出版社，2013.

［52］罗伯特·帕特南. 使民主运转起来［M］. 王列，赖海榕，译. 南昌：江西人民出版社，2001.

［53］霍恩比. 牛津高阶英汉双解词典（第四版）［M］. 李北达，译. 北京：商务印书馆，1997.

［54］迪尔凯姆. 社会学方法论的准则［M］. 狄玉明，译. 北京：商务印书馆，1995.

［55］列宁. 哲学笔记［M］. 中共中央马克思恩格斯列宁斯大林著作编译局，编译. 北京：人民出版社，1993.

［56］彼得·什托姆普卡. 信任：一种社会学理论［M］. 程胜利，译. 北京：中华书局，2005.

［57］弗朗西斯·福山. 信任：社会道德和繁荣的创造［M］. 李婉容，译. 呼和浩特：远方出版社，1998.

［58］安东尼·吉登斯. 现代性与自我认同［M］. 赵旭东，等译. 北京：生活·读书·新知三联书店，1998.

［59］亚里士多德. 尼各马可伦理学［M］. 廖申白，译注. 北京：商务印书馆，2003.

［60］尤尔根·哈贝马斯. 重建历史唯物主义［M］. 郭官义，译. 北京：社会科学文献出版社，2000.

［61］戴维·伊斯顿. 政治生活的系统分析［M］. 王浦劬，译. 北京：华夏出版社，1999.

［62］巴伯. 信任：信任的逻辑与局限［M］. 牟斌，等译. 福州：福建人民出版社，1989.

［63］卢曼. 信任：一个社会复杂的简化机制［M］. 瞿铁鹏，李强，译. 上海：上海人民出版社，2005.

［64］盖伊·彼得斯. 政治科学中的制度理论：新制度主义（第三版）［M］. 王向民，段红伟，译. 上海：上海人民出版社，2016.

［65］河连燮. 制度分析：理论与争议（第二版）［M］. 李秀峰，柴宝勇，译. 北京：中国人民大学出版社，2014.

［66］阿尔蒙德，鲍威尔. 比较政治学：体系、过程和政策［M］. 曹沛霖，等译. 北京：东方出版社，2007.

［67］布赖恩·麦克奈尔. 政治传播学引论［M］. 殷祺, 译. 北京: 新华出版社, 2005.

［68］基思·福克斯. 政治社会学［M］. 陈崎, 耿喜梅, 肖咏梅, 译. 北京: 华夏出版社, 2008.

［69］罗尔斯. 正义论［M］. 何怀宏, 何包钢, 廖申白, 译. 北京: 中国社会科学出版社, 1988.

［70］马克·E. 沃伦. 民主与信任［M］. 吴辉, 译. 北京: 华夏出版社, 2004.

［71］马克斯·韦伯. 社会学的基本概念［M］. 顾忠华, 译. 桂林: 广西师范大学出版社, 2005.

［72］张成福, 边晓慧. 重建政府信任［J］. 中国行政管理, 2013 (9): 7-14.

［73］肖唐镖, 王欣. 中国农民政治信任的变迁——对五省份60个村的跟踪研究 (1999~2008)［J］. 管理世界, 2010 (9): 88-94.

［74］汤志伟, 钟宗炬. 基于知识图谱的国内外政府信任研究对比分析［J］. 情报杂志, 2017 (2): 201-206.

［75］张晓林. 营造一个好的政治生态［J］. 前线, 2015 (3): 22-25.

［76］石平. 要有一个好的政治生态［J］. 求是, 2014 (18): 57.

［77］邵景均. 以政府诚信带动社会诚信建设［J］. 中国行政管理, 2016 (8): 5.

［78］方雷, 赵跃妃. 关于差序政府信任研究的文献考察——以 1993—2016 年华裔学的研究为分析文本［J］. 学习与探索, 2017 (10): 38-44.

［79］张厚安, 蒙桂兰. 完善村民委员会的民主选举制度 推进农村政治稳定与发展——湖北省广水市村民委员会换届选举调查［J］. 社会主义研究, 1993 (4): 38-43.

［80］吕书鹏. 差序政府信任: 概念、现状及成因——基于三次全国调查数据的实证研究［J］. 学海, 2015 (4): 148-157.

［81］李连江. 差序政府信任［J］. 二十一世纪, 2012 (6): 108-114.

［82］叶敏, 彭妍. "央强地弱"政治信任结构的解析——关于央地关系一个新的阐释框架［J］. 甘肃行政学院学报, 2010 (3): 49-57.

［83］沈士光. 论政治信任——改革开放前后比较的视角［J］. 学习与探索, 2010 (2): 60-65.

［84］上官酒瑞. 级差政府信任与社会管理困境［J］. 上海青年管理干部学院学报，2011（4）：50-53.

［85］张晓军，刘太刚，吴峥嵘. 政府信任的距离悖论：中美两国为何反向而行？——基于"承诺—兑现"的信任生成机制的分析［J］. 天津行政学院学报，2016（1）：3-9.

［86］梁荣桓，梁国越. "反距离悖论"下地方政府信任问题探析［J］. 中州大学学报，2011（2）：31-33.

［87］刘雪丰. "逆距离悖论"的形式主义风险及其防范［J］. 湖南师范大学社会科学学报，2018（1）：23-27.

［88］耿静. 政府信任的差序化：基层治理中的"塔西佗陷阱"及其矫治［J］. 理论导刊，2013（12）：31-33.

［89］张小劲，陈波，苏毓淞. 差序政治信任的城乡比较——基于2015年中国城乡社会治理调查数据的实证研究［J］. 湘潭大学学报（哲学社会科学版），2017（6）：32-39.

［90］胡荣. 农民上访与政治信任的流失［J］. 社会学研究，2007（3）：39-55.

［91］谢治菊. 论我国农民政治信任的层级差异——基于 A 村的实证研究［J］. 中共浙江省委党校学报，2011（3）：77-82.

［92］刘伟. 政策变革与差序政府信任再生产——取消农业税的政治效应分析［J］. 复旦学报（社会科学版），2015（3）：157-164.

［93］胡荣，胡康，温莹莹. 社会资本、政府绩效与城市居民对政府的信任［J］. 社会学研究，2011（1）：96-117.

［94］高学德，翟学伟. 政府信任的城乡比较［J］. 社会学研究，2013（2）：1-27.

［95］段雪辉. 政府信任与政治参与研究［J］. 中共福建省委党校学报，2016（3）：61-68.

［96］谢秋山，许源源. "央强地弱"政治信任结构与抗争性利益表达方式——基于城乡二元分割结构的定量分析［J］. 公共管理学报，2012（4）：12-20，122-123.

［97］谢星全，陈光. "央强地弱"政治信任结构与群体性事件——基于中国综合社会调查的定量研究［J］. 山东警察学院学报，2017（1）：98-109.

［98］黄信豪. 解释中国社会差序政府信任：体制形塑与绩效认知的视角

[J]. 政治科学论丛, 2014 (1): 55-90.

[99] 管玥. 政治信任的层级差异及其解释: 一项基于大学生群体的研究 [J]. 公共行政评论, 2012 (2): 67-99, 179-180.

[100] 张洪忠, 马思源, 韩秀. 中央与地方: 网民的政府信任度比较 [J]. 新闻与传播研究, 2016 (S1): 78-84.

[101] 罗家德, 帅满, 杨鲲昊. "央强地弱"政府信任格局的社会学分析——基于汶川震后三期追踪数据 [J]. 中国社会科学, 2017 (2): 85-102, 208.

[102] 肖唐镖. 当代中国政治改革与发展的体制资源——对地方官员的一项初步分析 [J]. 国家行政学院学报, 2005 (4): 70-74.

[103] 胡荣, 池上新. 社会资本、政府绩效与农村居民的政府信任 [J]. 中共天津市委党校学报, 2016 (2): 62-75.

[104] 陈波, 苏毓淞. 政治信任的城乡比较——基于2015城乡社会治理调查数据的实证研究 [J]. 华中科技大学学报 (社会科学版), 2017 (4): 85-95.

[105] 熊美娟. 政治信任研究的理论综述 [J]. 公共行政评论, 2010 (6): 153-180.

[106] 虞崇胜, 陈鹏. 政治信任研究: 历史、逻辑和测量——基于1955年来全球政治信任研究成果的文献分析 [J]. 比较政治学研究, 2012 (1): 77-97.

[107] 李路路, 钟智锋. "分化的后权威主义"——转型期中国社会的政治价值观及其变迁分析 [J]. 开放时代, 2015 (1): 171-191.

[108] 卢克·基尔. 社会资本及政府信任动态研究 [J]. 蒋林, 章莉, 译. 国外理论动态, 2012 (12): 67-78.

[109] 胡荣, 庄思薇. 媒介使用对中国城乡居民政府信任的影响 [J]. 东南学术, 2017 (1): 94-111.

[110] 李艳霞. 何种信任与为何信任?——当代中国公众政治信任现状与来源的实证分析 [J]. 公共管理学报, 2014 (2): 21-31, 144-145.

[111] 刘一伟. 收入不平等对地方政府信任的影响及其机制分析 [J]. 探索, 2018 (2): 38-47.

[112] 刘晖. 政府绩效对合法性水平层级差异的作用机制——中央政府与地方政府的比较 [J]. 北京航空航天大学学报 (社会科学版), 2007 (1):

34-37.

[113] 吕书鹏, 肖唐镖. 政府评价层级差异与差序政府信任——基于 2011 年全国调查数据的实证研究 [J]. 北京行政学院学报, 2015 (1): 29-38.

[114] 上官酒瑞. 级差政治信任的形成机理、风险及改革思路——基于压力型体制的一种分析 [J]. 中共中央党校学报, 2015 (5): 53-60.

[115] 卢春天, 权小娟. 媒介使用对政府信任的影响——基于 CGSS 2010 数据的实证研究 [J]. 国际新闻界, 2015, 37 (5): 66-80.

[116] 上官酒瑞. 论级差政治信任的结构特质、成因及可能风险 [J]. 内蒙古社会科学 (汉文版), 2014, 35 (6): 19-24.

[117] 刘雪华, 辛璐璐. 公民参与视野下的政府信任差序化危机及应对 [J]. 上海行政学院学报, 2015 (2): 48-55.

[118] 陈丽君, 朱蕾蕊. 差序政府信任影响因素及其内涵维度——基于构思导向和扎根理论编码的混合研究 [J]. 公共行政评论, 2018, 11 (5): 52-69.

[119] 薛立勇. 政府信任的层级差别及其原因解析 [J]. 南京社会科学, 2014 (12): 57-64.

[120] 吴结兵, 李勇, 张玉婷. 差序政府信任: 文化心理与制度绩效的影响及其交互效应 [J]. 浙江大学学报 (人文社会科学版), 2016, 46 (5): 157-169.

[121] 吕书鹏, 朱正威. 政府信任区域差异研究——基于对 China Survey 2008 数据的双层线性回归分析 [J]. 公共行政评论, 2015 (8): 125-145.

[122] 王庆原. 信念的伦理品格 [D]. 厦门: 厦门大学, 2011.

[123] 刘中起, 风笑天. 整体的 "社会事实" 与个体的 "社会行动"——关于迪尔凯姆与韦伯社会学方法论的逻辑基点比较 [J]. 社会科学辑刊, 2002 (2): 46-50.

[124] 聂立清, 郑永廷. 人的本质及其现代发展——对马克思人的本质思想的再认识 [J]. 现代哲学, 2007 (2): 104-109.

[125] 徐彪. 公共危机事件后的政府信任修复 [J]. 中国行政管理, 2013 (2): 31-35.

[126] 林雪霏. 转型逻辑与政治空间——转型视角下的当代政府信任危机分析 [J]. 社会主义研究, 2012 (6): 40-45.

[127] 韩兆柱, 何雷. 地方政府信任再生: 影响维度、作用机理与策略

启示 [J]. 中国行政管理, 2016 (7): 96-100, 139.

[128] 张成福, 边晓慧. 论政府信任的结构和功能 [J]. 教学与研究, 2013 (10): 13-21.

[129] 邹育根, 江淑. 中国地方政府信任面临的挑战与重建——国内学术界关于地方政府信任问题研究现状与展望 [J]. 社会科学研究, 2010 (5): 41-46.

[130] 梅立润, 陶建武. 中国政治信任实证研究: 全景回顾与未来展望 [J]. 社会主义研究, 2018 (3): 162-172.

[131] 张婍, 王二平. 社会困境下政治信任对公众态度和合作行为的影响 [J]. 心理科学进展, 2010 (10): 1620-1627.

[132] 宋少鹏, 麻宝斌. 论政治信任的结构 [J]. 行政与法, 2008 (8): 25-27.

[133] 吴亲恩. 台湾民众的政治信任差异: 政治人物、政府与民主体制三个面向的观察 [J]. 台湾政治学刊, 2007 (1): 147-200.

[134] 张润泽, 张燮. 国内政治信任研究的理论进路及其发展趋向 [J]. 当代世界与社会主义, 2014 (3): 198-202.

[135] 杨钰. 政府公信力研究综述与学术反思 [J]. 湖北社会科学, 2012 (12): 26-30.

[136] 魏淑艳, 唐荣呈. 我国政府信任流失的三维检视与信任重塑 [J]. 东北大学学报 (社会科学版), 2014 (5): 492-497.

[137] 王玉良. 缺失与建构: 公共冲突治理视域下的政府信任探析 [J]. 中国行政管理, 2015 (1): 11-15.

[138] 孙昕, 徐志刚, 陶然, 等. 政治信任、社会资本和村民选举参与——基于全国代表性样本调查的实证分析 [J]. 社会学研究, 2007 (4): 165-187.

[139] 张川川, 胡志成. 政府信任与社会公共政策参与——以基层选举投票和社会医疗保险参与为例 [J]. 经济学动态, 2016 (3): 67-77.

[140] 郑建君. 政治信任、社会公正与政治参与的关系——一项基于625名中国被试的实证分析 [J]. 政治学研究, 2013 (6): 61-74.

[141] 郑也夫. 信任与社会秩序 [J]. 学术界, 2001 (4): 30-40.

[142] 刘米娜, 杜俊荣. 转型期中国城市居民政府信任研究——基于社会资本视角的实证分析 [J]. 公共管理学报, 2013 (2): 64-74.

[143] 熊美娟. 政治信任测量的比较与分析——以澳门为研究对象 [J].
公共管理学报, 2014 (1): 10-17.

[144] 朱春奎, 毛万磊. 政府信任的概念测量、影响因素与提升策略
[J]. 厦门大学学报 (哲学社会科学版), 2017 (3): 89-98.

[145] 吕书鹏. 差序政府信任与政治体制支持 [J]. 西安交通大学学报
(社会科学版), 2017 (6): 113-120.

[146] 沈毅, 刘俊雅. "韧武器抗争" 与 "差序政府信任" 的解构——以
H 村机场噪音环境抗争为个案 [J]. 南京农业大学学报 (社会科学版), 2017
(3): 9-20.

[147] 朱德米. 新制度主义政治学的兴起 [J]. 复旦学报 (社会科学
版), 2001 (3): 108-114.

[148] 石凯, 胡伟. 新制度主义 "新" 在哪里 [J]. 教学与研究, 2006
(5): 65-69.

[149] 陈伟. "混合经济福利" 的耦合型辩证观与 "混合经济照顾" 的结
构性风险——一个新制度主义的解释框架 [J]. 学习与实践, 2017 (3):
81-90.

[150] 李炳全. 科尔的文化心理学理论探析 [J]. 常州工学院学报 (社
会科学版), 2006 (4): 35-39.

[151] 周丽. 科尔的文化心理学理论解读 [J]. 西安社会科学, 2011
(5): 16-18.

[152] 薛祥. 从公民文化到社会资本理论——西方政治文化研究三重范
式的嬗变与反思 [J]. 宁夏社会科学, 2018 (4): 50-57.

[153] 张晓峰, 荆学民. 现代西方政治传播研究述评 [J]. 教学与研究,
2009 (7): 76-85.

[154] 李元书. 政治传播学的产生和发展 [J]. 政治学研究, 2001 (3):
68-77.

[155] 卢春龙, 严挺. 政治传播与政治信任的关系——以中国农民的政
治信任为考察对象 [J]. 学习与探索, 2015 (12): 54-62.

[156] 王浦劬, 郑姗姗. 政府回应、公共服务与差序政府信任的相关性分
析——基于江苏某县的实证研究 [J]. 中国行政管理, 2019 (5): 101-108.

[157] 刘欣. 相对剥夺地位与阶层认知 [J]. 社会学研究, 2002 (1):
81-90.

［158］麻宝斌，马永强. 公平感影响政府信任的绩效评价路径分析［J］. 学习论坛，2019（4）：56-61.

［159］麻宝斌，马永强. 新时代政府信任的来源——社会公平和经济绩效及其影响力比较［J］. 理论探讨，2019（3）：160-165.

［160］赵延东.“社会资本”理论述评［J］. 国外社会科学，1998（3）：19-22.

［161］刘开华，刘东建. 改革开放40年中国政治传播实践探索与理论构建［J］. 新闻爱好者，2018（6）：16-20.

［162］王连伟，杨梦莹. 互联网时代政府信任研究进展［J］. 山东行政学院学报，2018（6）：6-10.

［163］陈斌开，林毅夫. 发展战略、城市化与中国城乡收入差距［J］. 中国社会科学，2013（4）：81-102.

［164］陈永国，樊佳慧. 差序政府信任的动态变化：对城市治理的意义［J］. 城市治理研究，2018（1）：64-80.

［165］赵建国，于晓宇. 社会公平对政府信任的影响研究——基于CGSS 2010数据的实证分析［J］. 财贸研究，2017（3）：80-88，113.

［166］张雷，娄成武.“政治博客”的发展现状及其未来趋势［J］. 中山大学学报（社会科学版），2006（4）：99-102.

［167］朱蕾蕊. 中国差序政府信任的特征、影响因素及形成机制研究［D］. 杭州：浙江大学，2018.

［168］高巍. 当前中国居民政府信任的区域比较［D］. 济南：山东大学，2015.

［169］郭慧云. 论信任［D］. 杭州：浙江大学，2013.

［170］杨建宇. 当代中国政府信任层级差异研究［D］. 济南：山东大学，2016.

［171］李思然. 中国基层政治信任：一种综合解释框架［D］. 上海：复旦大学，2011.

［172］孟俊山. 社会资本视角下政治信任的生成机制研究［D］. 上海：华东师范大学，2018.

［173］Pharr S. J.，Putnam R. D. Disaffected Democracies：What's Troubling the Trilateral Countries? ［M］. Princeton：Princeton University Press，2000.

［174］Robert L.，Sharkansky I. Urban Politics and Pubic Policy ［M］. New

York: Harper & Rom, 1971.

[175] Benjamin B. Critical Citizens: Global Support for Democratic Governance [M]. New York: Oxford University Press, 1999.

[176] Patterson T. E. Out of Order [M]. New York: Times Books, 1995.

[177] Norris P. A Virtuous Circle [M]. Cambridge: Cambridge University Press, 2000.

[178] Garment S. Scandal: The Crisis of Mistrust in American Politics [M]. New York: Times Books, 1991.

[179] Braithwaite V. , Levi M. Trust and Governance [M]. New York: Russell Sage Foundation, 1998.

[180] Kaid L. L. Handbook of Political Communication Research [M]. New Jersey: Mahwah. Lawrence Erlbaum Associates, Inc. , 2004.

[181] Nimmo D. , Sanders K. R. The Handbook of Political Communication [M]. Sage Publications Inc. , 1984.

[182] Baltes P. B. , Smelser N. J. International Encyclopedia of the Social and Behavioral Sciences [M]. New York: Elsevier, 2001.

[183] Li L. , O'brien K. J. Villagers and Popular Resistance in Contemporary China [J]. Modern China, 1996, 22 (1): 28-61.

[184] Bernstein T. P. , Lü X. Taxation without Representation: Peasants, the Central and the Local States in Reform China [J]. The China Quarterly, 2000 (163): 742-763.

[185] Li L. Political Trust in Rural China [J]. Modern China, 2004, 30 (2): 228-258.

[186] Zhao D. , Hu W. Determinants of Public Trust in Government: Empirical Evidence from Urban China [J]. International Review of Administrative Sciences, 2015, 83 (2): 1-20.

[187] Newton K. Trust, Social Capital, Civil Society, and Democracy [J]. International Political Science Review, 2001, 22 (2): 201-214.

[188] Mishler W. , Rose R. What are the Origins of Political Trust? Testing Institutional and Cultural Theories in Post-communist Societies [J]. Comparative Political Studies, 2001, 34 (1): 30-62.

[189] Hetherington M. J. The Political Relevance of Political Trust [J].

American Political Science Review, 1998, 92 (4): 791-808.

[190] Rudolph T. J. , Evans J. Political Trust, Ideology, and Public Support for Government Spending [J]. American Journal of Political Science, 2005, 49 (3): 660-671.

[191] Long S. Personality and Political Alienation among White and Black Youth: A Test of the Social Deprivation Model [J]. The Journal of Politics, 1978, 40 (2): 433-457.

[192] Putnam R. D. Bowling Alone: America's Declining Social Capital [J]. Journal of Democracy, 1995, 6 (1): 65-78.

[193] Shi T. Cultural Values and Political Trust: A Comparison of the People's Republic of China and Taiwan [J]. Comparative Politics, 2001, 33 (4): 401-419.

[194] Walker K. L. Gangster Capitalism and Peasant Protest in China: The Last Twenty Years [J]. Journal of Peasant Studies, 2006 (1): 1-33.

[195] Robinson M. J. Public Affairs Television and the Growth of Political Malaise: The Case of "The Selling of the Pentagon" [J]. American Political Science Review, 1976 (2): 409-432.

[196] Li L. Political Trust and Petitioning in the Chinese Countryside [J]. Comparative Politics, 2008, 40 (2): 209-226.

[197] Su Z. , Ye Y. , He J. , et al. Constructed Hierarchical Government Trust in China: Formation Mechanism and Political Effects [J]. Pacific Affairs, 2016 (4): 771-794.

[198] Easton D. A. Re-assessment of the Concept of Political Support [J]. British Journal of Political Science, 1975, 5 (4): 435-457.

[199] Miller A. H. , Listhaug O. Political Parties and Confidence in Government: A Comparison of Norway, Sweden and the United States [J]. British Journal of Political Science, 1990, 20 (3): 357-386.

[200] Miller A. H. Political Issues and Trust in Government: 1964 – 1970 [J]. American Political Science Review, 1974 (3): 951-972.

[201] Hooghe M. , Marien S. A Comparative Analysis of the Relationship between Political Trust and Forms of Political Participation in Europe [J]. European Societies, 2013, 15 (1): 131-152.

［202］Almond G. A. Comparatived Political Systems ［J］. Journal of Politics, 1956, 18 （3）: 391-409.

［203］Manion M. Democracy, Community, Trust: The Impact of Elections in Rural China ［J］. Comparative Political Studies, 2006, 39 （3）: 301-324.

附　录

中国综合社会调查（CGSS）2010 年度调查问卷
（居民问卷）（部分）

1. 问卷编号：　　［＿＿＿｜＿＿＿｜＿＿＿｜＿＿＿｜＿＿＿］

2. 样本序号：［＿＿＿｜＿＿＿｜＿＿＿］

3. 抽样页类型：［＿＿＿］

4. 调查地点：（记录地点的名称）

省/自治区/直辖市名称：＿＿＿＿＿＿＿＿＿＿＿＿

市+县/区名称：＿＿＿＿＿＿＿＿＿＿＿＿＿＿＿

乡/镇/街道名称：＿＿＿＿＿＿＿＿＿＿＿＿＿＿

居委会/村委会名称：＿＿＿＿＿＿＿＿＿＿＿＿＿

5. 样本类型：

城市（居委会/社区）……………………………………………… 1

农村（村委会）……………………………………………………… 2

6. 访问员（签名）：＿＿＿＿＿＿代码：＿＿＿ ＿＿＿ ＿＿＿＿＿＿＿＿

7. 一审（签名）：＿＿＿＿＿＿

　　二审（签名）：＿＿＿＿＿＿

　　复核（签名）：＿＿＿＿＿＿

关于中国综合社会调查（CGSS）的说明

中国综合社会调查（Chinese General Social Survey，缩写为 CGSS），是中国第一个全国性、综合性、连续性的大型社会调查项目。目的是通过定期、系统地收集中国人与中国社会各个方面的数据，总结社会变迁的长期趋势，探讨具有重大理论和现实意义的社会议题，推动国内社会科学研究的开放性与共享性，为政府政策决策与国际比较研究提供数据资料。

中国综合社会调查由中国人民大学联合全国各地的学术机构共同执行。2003 年开始，每年对全国各地 10000 多户家庭进行抽样调查。经过严格的科学抽样，我们选中了您家作为调查对象。您的合作对于我们了解有关情况和制定社会政策，有十分重要的意义。为了获得准确的数据，请您依据实际情况，回答访问员提出的问题。如果因此对您的生活和工作造成不便，我们深表歉意，请您理解和帮助我们的工作。

对问卷中问题的回答，没有对错之分，您只要根据平时的想法和实际情况回答就行。对于您的回答，我们将按照《中华人民共和国统计法》第三章第十四条的规定，对您所提供的所有信息绝对保密，并且只用于统计分析，请您不要有任何顾虑。我们在以后的科学研究、政策分析以及观点评论中发布的是大量问卷的信息汇总，而不是您个人、家庭、村委会/居委会的具体信息，不会造成您个人、家庭、村委会/居委会信息的泄露。请您放心。

在_____（省、自治区、直辖市）的调查，由中国人民大学和_____（合作单位名称）联合进行。参与调查的所有访问员和督导员都佩戴中国人民大学统一核发的证件，如果您对调查员的身份有任何疑问，欢迎您随时拨打电话：010-62516896 进行核查。

希望您协助我们完成这次访问，谢谢您的合作。

中国人民大学中国调查与数据中心

A 部分（节选）

社会人口属性

A2. 性别（访问员记录）

男 ·· 1

女 ·· 2

A3. 您的出生日期是什么？［记录公历年。如果被访者以农历、生肖或其他方式报告自己的出生年，请换算成公历后再记录］

记录：［___│___│___│___］年［___│___］月［___│___］日

A7a. 您目前的最高教育程度是（包括在读的）：

没有受过任何教育 ···································· 01

私塾 ·· 02

小学 ·· 03

初中 ·· 04

职业高中 ·· 05

普通高中 ·· 06

中专 ·· 07

技校 ·· 08

大学专科（成人高等教育）···················· 09

大学专科（正规高等教育）···················· 10

大学本科（成人高等教育）···················· 11

大学本科（正规高等教育）···················· 12

研究生及以上 ·· 13

其他（请注明：_____）·········· 14

A10. 您目前的政治面貌是：

共产党员，入党时间是：［___│___│___│___］年 ························ 1

民主党派 ·· 2

共青团员 ·· 3

群众 ·· 4

生活方式

A28. 过去一年，您对以下媒体的使用情况是：

	从不	很少	有时	经常	总是
1. 报纸	1	2	3	4	5
2. 杂志	1	2	3	4	5
3. 广播	1	2	3	4	5
4. 电视	1	2	3	4	5
5. 互联网（包括手机上网）	1	2	3	4	5
6. 手机定制消息	1	2	3	4	5

A31. 人们在空闲时从事不同的活动。过去一年，您是否经常在您的空闲时间做下面的事情：

	从不	很少	有时	经常	总是
1. 社交	1	2	3	4	5

社会态度

A33. 您是否同意现代社会中绝大多数人都是可以信任的？【出示卡片 2】

完全不同意 ··· 1

比较不同意 ··· 2

无所谓同意不同意 ·· 3

比较同意 ·· 4

完全同意 ·· 5

A35. 您认为当今的社会是不是公平的？

完全不公平 ··· 1

比较不公平 ··· 2

居中 ·· 3

比较公平 ·· 4

完全公平 ·· 5

阶级认同

A43. 在我们的社会里，有些群体居于顶层，有些群体则处于底层。下面是一个从上往下看的图。"10"代表最顶层，"1"代表最底层。

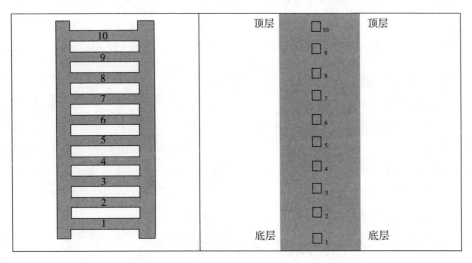

A43a. 您认为您自己目前在哪个等级？注意："10"代表最顶层，"1"代表最底层。

记录：[＿＿ | ＿＿]

A43b. 您认为您10年前在哪个等级？注意："10"代表最顶层，"1"代表最底层。

记录：[＿＿ | ＿＿]

政治参与行为与态度

A45. 请问您是不是工会会员？

是 ··· 1

以前是，现在不是 ······································· 2

从来都不是 ··· 3

社会保障

A61. 您目前是否参加了以下社会保障项目？

	参加了	没有参加	不适用
城市基本医疗保险/新型农村合作医疗保险/公费医疗	1	2	3
城市/农村基本养老保险	1	2	3

家庭

A64. 您家的家庭经济状况在当地属于哪一档？

远低于平均水平 ………………………………………………… 1

低于平均水平 …………………………………………………… 2

平均水平 ………………………………………………………… 3

高于平均水平 …………………………………………………… 4

远高于平均水平 ………………………………………………… 5

D 部分（节选）

D2. 对于下面几类人，您的信任度怎么样？【出示卡片 4】

	完全不可信	比较不可信	居于可信与不可信之间	比较可信	完全可信
1. 自己家里人	1	2	3	4	5
2. 亲戚	1	2	3	4	5
3. 朋友	1	2	3	4	5
4. 同事	1	2	3	4	5
5. 领导干部	1	2	3	4	5
6. 生意人	1	2	3	4	5
7. 同学	1	2	3	4	5
8. 老乡	1	2	3	4	5

D3. 您对于下面这些机构的信任程度怎么样？【出示卡片 4】

	完全 不可信	比较 不可信	居于可信与 不可信之间	比较 可信	完全 可信
2. 中央政府	1	2	3	4	5
3. 本地政府（农村指乡政府）	1	2	3	4	5

D5a. 考虑到您的教育背景、工作能力、资历等各方面因素，您认为自己目前的收入是否公平？

不公平 ·· 1

不太公平 ··· 2

一般 ··· 3

比较公平 ··· 4

公平 ··· 5

D9. 您是否同意以下说法？【出示卡片2】

	完全 不同意	比较 不同意	无所谓同 意不同意	比较 同意	完全 同意
1. 政府制定税收政策必须征求老百姓的意见	1	2	3	4	5
2. 如果政府侵占了我个人的利益，我只能忍了	1	2	3	4	5
3. 政府官员的工作就是为老百姓服务	1	2	3	4	5
4. 对于"领导送温暖"等举动，老百姓应该感激	1	2	3	4	5
5. 老百姓应该服从政府	1	2	3	4	5
6. 只要纳了税，就有权利讨论政府怎么花钱	1	2	3	4	5

D13a. 请您回想一下，在过去一年中，您是否受到过政府有关部门或工作人员的不公正对待？

是 ·· 1

否 ·· 2

D14. 如果你住的社区或村庄有玩耍的孩子在破坏花木或公共物品，你是否会阻止他们？

不会 ·· 1

不一定 ··· 2

肯定会 ………………………………………………………………… 3

D16. 近三年，您是否在居（村）委会的换届选举中投过票？

投过票 …………………………………………………………………… 1

没有投过票 ……………………………………………………………… 2

D20. 在过去一年中，您在所处社区有没有参加过以下活动？

	有	没有
3. 参加集体上访	1	2
4. 参加写联名信	1	2
7. 参加抗议或请愿	1	2

D22. 请问您的下列行为的发生程度如何？

	从不	很少	有时	经常	总是
3. 遵守政府部门的政策规定	1	2	3	4	5
5. 遵守法律法规	1	2	3	4	5

后 记

本书是教育部人文社会科学研究规划基金项目（18YJAZH029）的最终结项成果。在本著作完成之际，向所有给予我支持和帮助的家人、老师和朋友表示衷心的感谢！

感恩我的母亲，她与父亲含辛茹苦地生育与养育了我和妹妹，可母亲却出乎意料地、过早地离开了我们，令人痛心与怀念！她的慈爱、节俭与刚强成为我永不磨灭的记忆和不断前进的动力。本著作的完成可以看作是对她给予我的生育与养育深恩的些许回报，相信她的在天之灵定能得到慰藉。感谢我的父亲、妻子与儿子，他们在做好自身工作的同时，积极主动地承担家里的责任，使我能够拥有充足的时间潜心研究。

本书的完成得益于导师的悉心指导与帮助。感谢我的博士生导师李兆友教授。能够师从李老师攻读东北大学行政管理专业的博士研究生并最终毕业，是我人生中的一大幸事与乐事，具有里程碑式的意义。李老师待人真诚、平易近人、师德高尚、学养深厚，在我攻读博士学位的过程中以及在东北大学访学期间，李老师及师母在生活上给予了我无微不至的关爱与照顾。在本著作的选题、撰写、修正与完稿的过程中，始终能够感受到李老师的温良与宽容、专业与精细、关照与提携。我还要感谢东北大学文法学院行政管理学科的娄成武、刘武、孙萍、魏淑艳、杜宝贵、蒋龙翔等老师，他们在教学中给予我知识的养分、研究的灵感。特别感谢雷国平、李坚、曹海军等老师，他们在本著作的写作过程中，给我提出了弥足珍贵的意见与建议。感谢曹军梅、卢立峰等学长，以及丁华、陈永章、王洪涛、张琦、李富余等同窗学友给予我的关照与鼓励，在与他们的交流中我深受启发。

感谢我的老领导、吉林师范大学马克思主义学院常务副院长王柏文教授。他年长我几岁，为人忠良厚道、做事规范精细，堪称我的兄长，在我攻读博士学位以及本著作写作过程中给予我非常多的关照、提携与鼓励，让我受益良多。感谢我的领导、吉林师范大学经法学院院长王晓杰教授，他为我攻读博士学位提供了工作便利与访学的经费支持，在项目申报过程中给予了我悉心而又专业的指导，并且时刻鞭策着我，使我不敢懈怠。感谢王震、崔慧永、王桂玥、王立国、葛龙等老师给予我的教学支持与友情协助，使我有较为充分的时间进行研究。特别感谢郝玉明、冯立荣、奚亚丽、曹振杰、丛玉飞、赵洪丹、杨明、刘颖等老师，他们在本书的修正方面做了很多工作。

本书的部分内容已经以学术论文的形式在期刊上公开发表。感谢《河南师范大学学报》（哲学社会科学版）的张家鹿、陈浩天编辑，《学习与实践》的钱丽艳编辑，《理论导刊》的张晓妍编辑，他们对论文的审阅与认可为本书的顺利写作与最终完成奠定了良好的前期基础。感谢本著作所引用注释及参考文献的作者们，他们的研究成果为本著作提供了充分的文献支撑，培植了深厚的学术根基。

感谢参与本项目评审的专家学者对本项目选题与研究框架的认可。感谢本项目组全体成员的通力合作。感谢吉林师范大学科研处的赵志勇教授与邢欣欣科长，他们在本项目的申报与研究过程中给予我专业指导、真诚协助与友情支持。

感谢经济管理出版社各位编辑对本书出版所付出的劳动。

胡晓利
2021 年 6 月 27 日于吉林师范大学图书馆